Reinhold Bärenz

Wann essen die Jünger?

Reinhold Bärenz

Wann essen die Jünger?

Die Kunst einer gelassenen Seelsorge

HERDER

FREIBURG · BASEL · WIEN

© Verlag Herder GmbH, Freiburg im Breisgau 2008
Alle Rechte vorbehalten
www.herder.de

Umschlagkonzeption: Groothuis, Lohfert, Consorten | glcons.de
Umschlaggestaltung: Finken & Bumiller
Umschlagmotiv: photocase.com (rola)

Satz: Barbara Herrmann, Freiburg
Herstellung: fgb · freiburger graphische betriebe
www.fgb.de

Gedruckt auf umweltfreundlichem, chlorfrei gebleichtem Papier
Printed in Germany

ISBN 978-3-451-29957-5

Inhalt

B WIE GOTT BERÜHRT
„GEBT IHR IHNEN ZU ESSEN!" (Lk 9,13)

A

WO GOTT BERÜHRT
„UND ES WURDEN ZWÖLF KÖRBE VOLL"

(Mt 14,20)

I   Verstehen durch Berühren

Als ich acht Jahre alt war, wurde ich einmal von meiner Mutter in den Lebensmittelladen unseres Heimatdorfes geschickt, um verschiedene Dinge einzukaufen. Es war der einzige Laden dieser Art, und er lag nicht weit von meinem Elternhaus entfernt in einer Seitenstraße. In jener Zeit gab es noch keine Straßenbezeichnungen. Nur die Straße, in der sich dieser Laden befand, hatte einen Namen: Alle Bewohner unseres Dorfes nannten sie nach der Inhaberin des Ladens die „Paulagasse".

Paula, eine Frau mittleren Alters, die über ihrem festen und schwarzen Haar stets ein buntes Tuch trug, das um die Stirn gewunden und nach hinten mit einer Spange zusammengehalten wurde, bediente die Leute, die zu ihr zum Einkaufen kamen, stets aufmerksam und bestimmt zugleich. Sie war in gewisser Weise eine Autorität in unserem Dorf. Ich erinnere mich noch genau wie ich eines Tages den Laden betrat. Es war am späten Vormittag, also zu der Zeit, als die meisten Kunden zum Einkaufen kamen. So musste ich im hinteren Teil des Ladenraumes noch eine ganze Weile anstehen, bis ich zum Ladentisch kam und Paula den von meiner Mutter geschriebenen Einkaufszettel übergeben konnte.

Der Warteplatz war für mich nicht „ungefährlich", wie sich bald herausstellte. Es befanden sich dort auf einer alten Holzbank zwei größere Körbe mit Brotstücken, die mit einem leckeren Zuckerguss überzogen waren. Paula musste jedes Mal, wenn jemand etwas davon verlangte, eigens ihren angestammten Platz hinter dem Ladentisch verlassen. Dies war an jenem Tag nicht der Fall. Natürlich hatte meine Mutter nicht die in den beiden Körben befindlichen Zuckerbrotstücke aufgeschrieben. Dies änderte jedoch nichts daran, dass mit der erforderlichen Wartezeit, je länger sie dauerte, die Versuchung immer größer wurde, eines dieser Brotstücke an mich zu nehmen. Das Risiko, dabei entdeckt zu werden, war gering, weil keine anderen Leute hinter mir anstanden und ich in ganz unmittelbarer Nähe zu den beiden Körben stand.

Nachdem ich den Auftrag meiner Mutter erfüllt hatte, machte ich mich wieder auf den Heimweg durch die Paulagasse, mit der rechten Hand immer wieder nach dem kleinen Zuckerbrotstück in der Hosentasche tastend, um zu prüfen, ob es noch da war. Ich wusste, dass ich etwas getan hatte, was nicht in Ordnung war, während ich gleichzeitig von einem großen Stolz erfüllt war, das erste Mal in meinem Leben etwas Begehrenswertes erobert zu haben. In unser Elternhaus zurückgekehrt, übergab ich der Mutter die Einkäufe und begab mich in mein kleines Zimmer, wo ich das mitgebrachte Zuckerbrotstück auf dem Nachttisch neben meinem Bett deponierte, unterlegt von einem weißen Taschentüchlein. Völlig unerwartet kam jedoch meine Mutter in das Zimmer und sah das Zuckerbrotstück. Ihre Frage „Woher hast du das?" war sicher rhetorischer Natur. Der Herkunftsort musste ihr bekannt gewesen sein, weil ich zuvor schon in ihrem Auftrag Zuckerbrote eingekauft hatte. So blieben für mich nur zwei Möglichkeiten zu antworten: Entweder „Paula hat es mir gegeben", oder „ich habe es mir bei Paula genommen". Ich entschied mich für das Letztere, und die Antwort meiner Mutter lautete prompt: „Das musst du sofort zu Paula zurückbringen."

Der Weg durch die Paulagasse ist diesmal unendlich lang gewesen. Was würde jetzt geschehen? Wie würde Paula handeln? Durch das Fenster des Ladens konnte ich sehen, dass noch zwei Leute im Laden waren. Ich wartete, bis sie herauskamen, dann schickte ich mich an einzutreten. Vor Paula stehend öffnete ich meine rechte Hand mit dem Zuckerbrotstück und streckte sie ihr hin. Dabei waren meine Augen nach unten auf den Boden gerichtet. Dann zu Paula aufschauend, und mit meinen Augen ihren Blick suchend, wartete ich ab, was jetzt passieren würde. Auf dem Weg in den La-

Wo Gott berührt

den hatte ich geistig schon verschiedene Szenarien durchexerziert. Doch es geschah etwas völlig Unerwartetes: Paula trat hinter ihrem Ladentisch hervor, fasste mich bei der linken Hand und ging mit mir schweigend zum Ort der Tat, zur alten Holzbank mit den zwei Körben. Sie griff in einen der Körbe, nahm ein zweites Stück heraus und legte es mir in die linke Hand. Sodann fasste sie meine beiden Hände mit den Zuckerbrotstücken und legte sie mir zusammen. Eine Geste, die mir bereits aus der Zeit vertraut war, als mich meine Mutter das Beten gelehrt hatte.

Meine Erfahrung mit Paula reichte und reicht weit über den Tag hinaus. Zum ersten Mal in meinem Leben kam das Wort „Gott" bewusst ins Spiel. Es war die Erfahrung, dass die Gnade Gottes keine Grenzen hat. Es war die Erfahrung, dass es in der Welt so etwas wie eine verborgene Mitte geben muss. Es war, mit Worten des Philosophen Walter Benjamin ausgedrückt, eine Erfahrung von „Wohlwollen ohne jeden Beisatz"[1]. Mir war etwas widerfahren, was ein erstes großes Staunen in meinem Leben auslöste. Der späte Ludwig Wittgenstein, der sich anders als der frühe aufgeschlossen für das religiöse Sprechen zeigte, schrieb: „Eines tun wir immer, wenn wir ein Wort diskutieren: Wir fragen, auf welche Weise man es uns gelehrt hat. Das zerstört einerseits eine Menge irriger Vorstellungen und gibt uns andererseits eine primitive Sprache an die Hand, in der das Wort verwendet wird. Das ist zwar nicht die Sprache, die man spricht, wenn man zwanzig ist, aber man bekommt so eine grobe Annäherung an das Sprachspiel, das gespielt werden soll. So ist es mit dem Wort ‚Gott'."[2] Irgendwann und irgendwo taucht es in unserem Sprachgebrauch auf, umgeben von Phantasien und Emotionen, von unbewussten oder bewussten Sehnsüchten und Wünschen. Es verlangt nur noch danach, kontextuiert und situiert zu werden.

Als ich einige Wochen nach meiner Erfahrung mit Paula mit meinen Eltern den sonntäglichen Gottesdienst in unserer Dorfkirche besuchte, las der Pfarrer aus dem Evangelium eine Erzählung vor, in der ebenfalls von Körben die Rede war. Im Unterschied zum Laden von Paula, wo auf der Holzbank nur zwei Körbe standen, erzählte die Geschichte im Evangelium sogar von zwölf Körben, die etwas enthielten, was die Menschen damals offenbar begehrten, wonach sie sich sehnten, worauf sie Hunger hatten und das sie ganz offensichtlich satt machte. In den Evangeliumserzählungen von der „Speisung der Vielen" werden die Körbe immer erst zum Schluss erwähnt. Das kann den Eindruck erwecken, sie seien nur Nebensache. Auch in der von mir beschriebenen Erfahrung mit Paula spielen die Körbe nur eine Nebenrolle. Und doch sind sie es gewesen, die meiner zeitlich so begrenzten Erfahrung einen Anspruch auf Signifikanz über den Tag hinaus verliehen haben. Beim Hören des Evangeliums am besagten Sonntag in der Kirche ist es die Stelle mit den Körben gewesen, wo mich Gott berühren konnte.

Damals gab es in unserem Dorf viele Korbflechterfamilien, die ihren Lebensunterhalt mit Heimarbeit verdienten. Schon früh wurde ich auf die Körbe aufmerksam, da ich meinen Vater, der in unserem Dorf Posthalter war, in den Sommerferien oft beim Postaustragen begleitete. Die immer wieder neuen Formen und Motive, welche diese Korbflechter mit großer Phantasie und Hingabe erfanden und erschufen, haben mich ungeheuer fasziniert. Und so hat sich Gott offenbar meiner Erfahrung mit den Körben bedient, um in mir einen Boden zu schaffen, auf dem so etwas wie meine „erste Theologie" entstehen konnte. Oder, allgemeiner formuliert: „Jede Version Gottes ist autobiographisch."[3]

II Die Körbe

1 Jesu Seelsorge ist kein Sparmodell

„Die Speisung der Vielen" wird in allen vier Evangelien in sechs Erzählungen überliefert: Die Speisung der Fünftausend in Mt 14,13–21 / Mk 6,32–44 / Lk 9,10–17, die Speisung der Viertausend in Mt 15,32–39 / Mk 8,1–10 und noch einmal die Speisung der Fünftausend in Joh 6,1–15, wobei die johanneische Fassung Eigentümlichkeiten der beiden synoptischen Erzählungen widerspiegelt. Den Körben wurde in der bisherigen theologischen Auslegung dieser Erzählung jedoch nicht die gleiche Beachtung wie den Broten und Fischen geschenkt. Oberflächlich betrachtet, ist dies auch gar nicht verwunderlich. Die Körbe können in gewisser Weise nicht mit den Broten und Fischen mithalten. Sie haben eine völlig andere Qualität; im Gegensatz zu den Broten und Fischen besitzen sie ihren Wert nicht in sich selbst, sondern partizipieren am Wert ihres Inhalts. Sie können auf vielerlei Weise Verwendung finden: beim Aufbewahren, beim Weitertragen bzw. Weitergeben, beim Verteilen, beim Darreichen. Aber von all diesen Möglichkeiten sprechen die Speisungserzählungen nicht ausdrücklich. Im Zusammenhang mit dem *Vorgang* des Wunders hätten sie beim Erzählen durchaus aktuell werden können, doch gerade über diesen schweigen sich die Erzählungen ja alle aus. Sie zeigen offenkundig wenig Interesse am äußeren Wundergeschehen selbst. Auslegen heißt also in diesem Fall, den Reichtum von Erfahrungen in den Texten zu entdecken.

Das Wunder der „Speisung der Vielen" geschieht in einer unauffälligen und unspektakulären, eigentlich unsichtbaren Weise. Offenbar folgen die Evangelien der Lebensweisheit, die Antoine de Saint-Exupéry seinen „Kleinen Prinzen" wie folgt aussprechen lässt:

„Was wichtig ist, sieht man nicht." Gleichwohl sollen aber die Fülle, ja, die Überfülle und der Überfluss in der Folge dieses Wunders ausgedrückt werden: „Alle wurden satt." Und für diese Botschaft lassen sich die Körbe in den Dienst nehmen. Sie haben keinen Selbstzweck, sondern werden gebraucht, um auf die Faktizität des Wunders aufmerksam zu machen. Die Feststellung, dass alle satt wurden, findet sich in allen Evangeliumsgeschichten genauso wie die Erwähnung der Körbe. Der im Evangelium festgestellte Überfluss ist konkret gefasst im Einsammeln der übriggebliebenen Speisestücke in Körben nach dem Wundergeschehen. Wie bereits erwähnt, werden die Körbe erst zum Schluss der Erzählungen genannt – und es „wurden zwölf Körbe voll" heißt es in Mt 14,20. Dass noch so viel übrig geblieben ist, darf als ein Zeichen dafür angesehen werden, dass die Heilsökonomie Gottes keine Grenzen kennt. Diese folgt also nicht einer Lehre der Knappheit, sondern einer Lehre des Überflusses. Ihr Programm ist kein Sparmodell. Es lautet: Gott bewirkt durch vieles, was auch durch weniges zu bewirken wäre. Und wenn man den Speisungserzählungen mit den Körben folgt, so hat er bei der Wahl seiner Mittel einen Zug ins Unbedeutsame, ins Unscheinbare, ins zuletzt Genannte, ins Selbstverständliche, ins Alltägliche. Er will uns das Große im Kleinen erkennen lassen. Im Übrigen ist dieses hier gezeichnete Bild im Neuen Testament nicht völlig neu. Vielmehr fußt es auf dem Boden des Alten Testaments.

2 Anklänge einer uralten Tradition

Auf die alttestamentliche Herkunft der Metapher der zwölf Körbe verweist die Zahlenangabe „zwölf". Bei der Auslegung dieser Zahl empfehlen exegetische Kommentatoren zwar Zurückhaltung und machen darauf aufmerksam, dass es hier keine absolute Sicherheit geben kann. Jedoch geht man mit solchen Deutungen einigermaßen sicher, die der inneren Richtung des Evangeliums im Ganzen ent-

Wo Gott berührt

sprechen, ihr also nichts Neues hinzufügen, sondern das Gemeinsame von einer neuen Seite her beleuchten. Die 12-Zahl der Körbe kann vor dem Hintergrund gesehen werden, dass „alle satt wurden". Diese Aussage ist nur zu verstehen im Kontext der alttestamentlichen Sättigung in der Wüste (Ex 16,8.12). Auch 2 Kön 4,44 erzählt: „Sie aßen und ließen noch übrig." In den Speisungserzählungen erfüllt sich das alttestamentliche Sattwerden in einer Überbietung, die ausdrücken will, dass die Speisung durch Jesus mehr ist als die Speisung Israels in der Wüste oder wie sehr sie auch mehr ist als die des Elischa. Dass „alle aßen und satt wurden" ist außerdem eine endzeitliche Verheißung, die sich bereits in der Zeit der Kirche realisiert: Jesus gibt das Brot für „alle" = „die Vielen" von Mk 14,24/ Mt 15,32–39.

In der Überlieferung steht jedenfalls fest, dass Jesus als der Bote Gottes den suchenden und hungernden Menschen auf wunderbare Weise mehr als ihre tägliche Portion und Ration Nahrung schenken wollte. Gott sorgt also für das ganze Leben des Menschen, und zwar im Überfluss. Am Ende bleibt sogar noch etwas übrig, das mitgenommen werden kann, das nicht verlorengehen soll. Was übrig bleibt, sind nicht ganze Brote, sondern Stücke bzw. Teile der ersten fünf Brote, die Jesus gesegnet hat. In symbolischer Rücksicht vermutet man, dass die zwölf Körbe für die zwölf Apostel und Israel stehen, und die sieben Körbe (Mk 8,1–9.14–21 spricht von den „Jüngern" und nicht von den „Zwölf") die siebzig Heidenvölker repräsentieren. Die Zahlen in der Bibel lassen sich in zwei Gruppen einteilen: in anthropologische und kosmische Zahlen. Die 12-Zahl ist dem Kreislauf des Jahres zugeordnet. Sie will den kosmischen Einklang von Schöpfung und Bundesgeschehen versinnbildlichen. Bis zum Ende des 19. Jahrhunderts ist die christliche Theologie von der Vorstellung einer Weltwoche ausgegangen. Diese Vorstellung ist aus dem Judentum übernommen und gehört damit zum ältesten Gut christlicher Theologie. Man hat die Weltgeschichte als Weltwoche verstanden, wobei „ein Tag vor Gott gleich 1000 Jahren ist" (Ps 90,4; 2 Petr 3,8). Ein wörtliches Verständnis dieser 7000 Jahre ist durch die moderne Wissenschaft unmöglich gemacht worden. Doch die dahinterliegende theologische Bedeutung der 12-Zahl – sei es bei den zwölf Stammvätern oder bei den zwölf Aposteln und bis hinein in die 12-Zahl der Körbe in der „Speisung der Vielen" – gilt bis heute: Sie will die Treue Gottes zu den Menschen zeigen. Die Kontinuität steht dafür, dass der Zusammenhang zwischen Gott und Mensch nie gänzlich unterbrochen ist, sondern dass die Treue Gottes durch alle dunklen Strecken und Stellen hindurchführt.[4]

Was zu den Körben gesagt wurde, gilt auch für die Zahl der fünftausend Menschen, die am Mahl teilgenommen haben. Positiv ist in der Zahl „zwölf" wie auch in der Zahl der Mahlteilnehmer eine Veranschaulichung der Fülle des Segens Jesu festzumachen. Wenn zwölf Körbe mit Brotstücken übrig bleiben, ist klar, dass alle Leute aufgrund des geschehenen Wunders satt geworden sein müssen. Die verwendeten Zahlen können in jedem Fall demonstrieren, dass das Übriggebliebene noch weit mehr ausmacht als die fünf Brote, die am Anfang da waren. Und so steht das Übrigbleiben des Restes im Dienst der bereits erwähnten theologischen Gesamtaussage unserer Erzählungen. Der Akzent liegt nicht auf der Vermehrung, sondern auf der Überbietung nach dem Motto „Denn so spricht der Herr: Man wird essen und noch übrig lassen" (2 Kön 4,43). Jesus erweist sich also als ein Prophet, als der endzeitliche Prophet, der Hirte Israels.

Mir selbst passierte es bald, dass ich von meiner positiven Erfahrung mit dem Inhalt der Körbe bei Paula auf den Inhalt der Körbe in der Evangeliumserzählung schloss: die Brote und die Fische. Wie kostbar muss den Leuten damals die Erfahrung mit ihnen gewesen sein, dass sie bis heute, nach zweitausend Jahren, im Gottesdienst der Kirche immer noch erzählt wird?

III Die Brote und die Fische

1 Tiefe spirituelle Symbolik

Im Gegensatz zu den Körben hat man sich mit der theologischen Bedeutung der Brote und Fische, einschließlich ihrer numerischen Symbolik, in der späteren Tradition viel beschäftigt. Die einschlägigen exegetischen Kommentare stimmen darin überein, dass die Brote in den Erzählungen im Zusammenhang mit dem alttestamentlichen Manna gesehen werden wollen. Das Frühjudentum erwartete die Wiederholung der Mannaspende in der messianischen Heilszeit. „Da fallen aus der Höhe wieder Mannamengen, sie zehren davon in jenen Jahren, weil sie das Ende der Zeiten miterlebt haben". Im Midrasch, der sich an den Bibeltext anschließenden und erklärenden rabbinischen Literatur, ist zu lesen: „Wie der erste Erlöser (Mose) das Manna (vom Himmel) fallen ließ, so wird auch der letzte Erlöser das Manna fallen lassen." Auf dem Hintergrund dieser Hoffnung ist auch das Ansinnen des Versuchers an Jesus zu verstehen, Steine in Brot zu verwandeln (Mt 4,3f. / Lk 4,3f.), wogegen Jesus als (wichtigeres) Brot das Wort Gottes geltend macht unter Berufung auf die Schrift (Dtn 8,3).

Man sprach im damaligen Judentum von den Heilszeiten, vom Paradies für die gesamte Menschheit, vom Exodus für Israel. Mit beiden Zeiten war die Erinnerung an eine heilbringende Speise verbunden. Es erfuhr im jüdischen Denken eine Überhöhung, wurde zur übernatürlichen Speise der Engel aufgewertet (Ps 78,24; Weish 16,20). Eine dritte Heilszeit erwartet man noch in der messianischen Endzeit, und man erblickt in jener die Wiederkehr der Ur- und Exoduszeit. Diese utopischen Vorstellungen wurden in Jesu Umgebung lebendig, als dieser die Brote für 5000 Menschen vermehrte. Neben den Synoptikern erzählt auch Johannes dieses Wunder (Joh 6,1–15). Er schildert es in seiner Art als „Zeichen". In den Versen 22–58 fügt er die ausführliche Brotrede an.

Darin greift Jesus das von den Hörern reklamierte Schriftwort auf: „Brot vom Himmel gab er ihnen zu essen" (Joh 6,31). Er erklärt dieses Mischzitat (aus Ps 78,24 und Ex 16,4.15) nach Art des jüdischen Midrasch und geht dabei auch auf die jüdischen Einwände ein, sodass die Rede ein dichtes literarisches Gewebe bildet. Sie stellt natürlich keine Niederschrift der Worte des historischen Jesus in der Synagoge von Kapharnaum dar. Letztere bilden nur den Ausgangspunkt, von dem aus Jesus den Blick von der vergänglichen weg auf eine zukünftige, zum ewigen Leben bleibende Speise lenken kann, welche der Menschensohn geben wird. Diese Kennzeichnung spielt unverkennbar auf die paradiesische Lebensspeise aus Gen 3,22 an, wofür der Verlauf der Rede Anhaltspunkte liefert. Tatsächlich ist die ganze Rede auf die bleibende endzeitliche Lebensspeise ausgerichtet.

In diese Richtung verweist auch die symbolische Deutung der „fünf" Brote und „zwei" Fische in der asketischen Literatur. Man sagt: „Vier" deutet auf die vier Elemente hin; „fünf" ist hingegen die Zahl der Vollkommenheit, der Vollendung. „Fünf" Brote will demnach sagen: Sie geben uns Anteil an Gott und lassen uns eins mit ihm werden. So rundet sich in uns das Eckige und Kantige. „Zwei" symbolisiert die Spannung in der Schöpfung, zum Beispiel zwischen Licht und Finsternis, Himmel und Erde. Wenn man mit Gott eins wird, wird auch diese innere Spannung und Zerrissenheit aufgelöst. Man findet zur Ganzheit. Brot deutet auf die diesseitige, Fisch auf die jenseitige, himmlische Nahrung hin. Das Brot dient zur Stärkung im irdischen Leben, der Fisch ist ein Hinweis auf die unsterbliche Speise. Gemäß diesem Verständnis versuchen die Zahlen „fünf" und „zwei" die Besonderheit der Speise, um die es in diesen Erzählungen geht, auszudrücken.

Die jüdische Auslegung von Sprichwörter 9,5 bezeichnet die Tora als Brot und bringt es mit der Schöpfung in Verbindung. Dafür lassen sich übrigens auch entsprechende Belege aus der Weisheitsliteratur, den Apokryphen und den Kirchenvätern finden.[5] Diese Bedeutung des Brotes ist schon in der Messiaslehre des Spätjudentums vorgebildet: Gemäß dieser Lehre war im Judentum der Sinn der Welt in der Tora begründet; die Welt ist um der Tora willen erschaffen worden. So erwähnt Rabbi Simeon der Gerechte (ca. 180 v. Chr.) drei Dinge, auf denen die Welt ruht: 1. die Tora, 2. der Tempeldienst, 3. das Tun der Werke. Nach dieser Lehre ist die Tora, das Wort Gottes, alles, um das sich die Welt dreht. Diese Messiaslehre enthält also auch schon den Gedanken der Gestaltwerdung (Verleiblichung) und Gestaltung. Die Tora allein genügt nicht. Es gehören auch ihre Erfüllung und die Menschen, die sie erfüllen, dazu. Und vor diesem Hintergrund wurde die Messiaslehre noch weiter ausgebaut. Es ist nun interessant, dass das Neue Testament manches, was das Alte Testament über die Tora sagt, auf Jesus Christus als den Messias bezieht. Man denke z. B. an das Johannesevangelium, in dessen Prolog es heißt: „Im Anfang war das Wort, und das Wort war bei Gott, und das Wort war Gott. Im Anfang war es bei Gott. Alles ist durch das Wort geworden, und ohne das Wort wurde nichts, was geworden ist. In ihm war das Leben, und das Leben war das Licht der Menschen. Und das Licht leuchtet in der Finsternis …" (Joh 1,1–5) – wir sehen also: Das Jüdische ist die Linie, auf der das Christliche geschrieben worden ist.

2 Eine typisch mediterrane Speise

Brot und „etwas darauf" – in der Mittelmeerregion und damit auch in unseren Erzählungen ist Letzteres üblicherweise der Fisch – ist in jener Zeit die alltägliche Speise der Menschen (vgl. Joh 21,9). Und alles, was man zum Brot isst, nennt man „companatico".[6] Naturgemäß spielt bei den Menschen an den mediterranen Küsten der Fisch innerhalb des „companatico" eine besondere Rolle. Brot und

Fisch bilden die Mahlzeit der Fischer und ihrer Familien am Meer bzw. am See. Fisch ist hier, geröstet oder gesalzen, die schlichte Zukost zum Brot, das auch den Hauptbestandteil des jüdischen Mahls ausmacht. Jesus lässt sich die wenigen Brote und Fische bringen. Diese Angabe ist in der Tradition fest verankert; im Johannesevangelium werden sie durch Andreas, den Bruder des Simon Petrus, gebracht. Weder die Einführung dieses Jüngers noch die des Knaben, der beide Speisen besitzt, muss auf historische Kenntnisse hinweisen. Bei Markus schauen die Jünger in den eigenen Vorräten nach (Mk 6,38). Trotz mancher Ähnlichkeiten hat Johannes insgesamt gesehen eine ganz eigene Erzählweise. Man erkennt dies zum Beispiel an der zusätzlichen Kennzeichung der Brote als „Gerstenbrote". Doch wie wir später noch sehen werden, hat er nicht nur eine eigene Erzählweise, sondern auch eine besondere theologische Absicht und damit verbunden ein spezielles seelsorgliches Konzept.

Die symbolische Bedeutung der Brote und Fische kann man, wie schon angedeutet, auf die in den Texten benutzten Zahlen beziehen: Dass aus der Volks- und Lagerordnung in Vers 40 nicht auch 1000, sondern nur 50 und 100 zitiert werden, hängt mit der Nennung von 5000 (= 50 × 100) Menschen als Mahlteilnehmern zusammen. Das Verhältnis von Broten zu Mahlteilnehmern beträgt somit 1:1000, bei Elischa betrug es 1:5, nach rabbinischer Auslegung 1:100. Dass die Zahl „zwölf" in Mk 6,43 auf die Sammlung der Zwölfstämme des Volkes Israel anspielt, ist angesichts der entsprechenden Thematik in den Versen 34 und 39f. anzunehmen. So wie sich die fünf Brote auf die fünf Bücher Mose beziehen lassen, können die zwei Fische nach der Tradition auf das Psalterium und die Propheten oder auf das Evangelium bzw. das Neue Testament hindeuten.

Dem Fisch kommt in der Kultur- und Religionsgeschichte eine hohe und vielfältige Bedeutung zu. In Syrien und Mesopotamien war er ein Glücks- und Lebenssymbol, in der babylonischen Kultur diente er als Opfergabe und Spende für Unterweltsgötter und Ver-

storbene. Das frühe Christentum entwickelte bereits seit seinen Anfängen nachweislich eine besondere umfangreiche Fisch-Symbolik.
Passend zur Erzählung vom reichen Fischfang sah man in den Fischen die Gläubigen, die durch die Taufe aus dem Meer der Bosheit
gerettet werden und gemeinsam so etwas wie einen „sensus fideli-
um", eine „Wahrheit der Fische"[7] eben besitzen. Der christliche
Theologe und Schriftsteller Tertullian († 220) sah im Fisch ein Symbol für Christus selbst. Diese Sicht entbehrt einer direkten biblischen Grundlage; sie geht auf die Buchstaben-Zusammensetzung
des griechischen Wortes für Fisch, „ichthys", zurück: „Jesus-Chris-
tus-Gottes-Sohn-Erlöser". Auf diese Weise hatte man eines der
zahlreichen einprägsamen Kurz-Glaubensbekenntnisse gewonnen,
die sich vor allem in der Zeit der Christenverfolgung als nützlich
erwiesen.

Die Kirchenväter haben die Fische in der „Speisung der Vielen"
auf die Taufe und Eucharistie hin ausgelegt. Lukas, der in seinem
Evangelium ebenso wie in der Apostelgeschichte die sichtbaren Zeichen des Heiles betont – so zum Beispiel das Wasser, mit dem getauft wird –, will die Neuschöpfung durch Auferstehung nicht als
Verneinung oder gar Vernichtung der ersten Schöpfung verstanden
wissen, sondern vielmehr als deren Überführung in Unsterblichkeit
(vgl. dazu auch Paulus in 1 Kor 15). Die „Auferstehung des Flei-
sches" ist die Voraussetzung dafür, dass der Auferstandene nach
wie vor derselbe Jesus ist, durch dessen irdische Worte und Taten
sowie durch dessen Leiden und Sterben sich Gott selbst geoffenbart
hat. Im Lukasevangelium reichen die Jünger daher Jesus auch folgerichtig „ein Stück gebratenen Fisch", als er nach etwas zu essen
verlangt. Und wenn gesagt wird, dass er es „vor ihren Augen"
(Lk 24,43) aß, so wird gesagt, dass er mit ihnen aß (Apg 10,41).
Fisch ist für die Jünger jedenfalls eine vertraute Speise, vor allem
auch aus der Zeit vor der Auferstehung. Und Lukas kann mit der
Verwendung des Zeichens „Fisch" sichtbar machen: Der Auferstandene handelt und lehrt wie der Irdische vor seiner Auferstehung

gehandelt und gelehrt hat. Dieser Gesichtspunkt ist dem christlichen Historiker Lukas als Theologen ungeheuer wichtig. Deshalb ist er in seinem Evangelium auch stets bemüht, aufzuzeigen: Der Auferstandene, Ewige ist derselbe wie der Irdische, Konkrete.

Die Aufmerksamkeit auf das „Ambiente" ist keinesfalls nur eine Besonderheit des Lukasevangeliums. Sie findet sich durchaus auch in den anderen Versionen unserer Speisungserzählung.

IV Das „Ambiente"

1 Unterschiedliche seelsorgliche Konzepte

Dem „Ambiene" der Erzählung gilt ein besonderes Augenmerk. So ist zum Beispiel die „vorgerückte Stunde" in Mk 6 gegenüber Mk 8,1ff. eine Eigenheit. Es ist die Zeit, zu der man die Hauptmahlzeit einzunehmen pflegt, und sie ist zusammen mit dem einsamen Ort der Anlass für die Aufforderung der Jünger an Jesus, die Menge zu entlassen. In der Umgebung sind Dörfer und Gehöfte, wo man sich etwas zu essen kaufen kann. Es besteht also keine Gefahr, die Leute könnten verhungern, und es besteht auch keine Notwendigkeit, helfend einzugreifen. Die Entlassung wird verschoben (Mk 6,45). Außer im Markustext findet sich die Aufforderung „Gebt ihr ihnen zu essen" (Mk 6,37) auch in Mt 14,16 und Lk 9,13. Sie führt zur bekannten Reaktion des Unverständnisses bei den Jüngern. Dass sie an dieser Stelle eine kritischere Beleuchtung erfahren als in den übrigen Texten, dürfte seinen Grund darin haben, dass sie im Zusammenhang der Sendung Jesu entsprechend ernst genommen werden. Als „Multiplikatoren" der Speise kommen sie hier mehr in den Blick als zum Beispiel im Johannesevangelium, das seinen Akzent ganz auf die Person und Sendung Jesu legt. Die Jünger übernehmen in den synoptischen Evangelien das Austeilen der Brote und der Fische, was bei der großen Zahl der Teilnehmenden naheliegt. Auf die Ordnung und die Festlichkeit der Mahlsituation deutet das Sich-Niederlassen in Tischgemeinschaften hin. Das „grüne Gras", auf das sich die Menschen lagern, hat ebenso zu Spekulationen beigetragen wie das „viele Gras" im Johannesevangelium. Es wurde als Anspielung auf Ps 23,2 („Er lässt mich lagern auf grünen Auen") betrachtet. Aber vielleicht soll es einfach nur die Buntheit und

Fröhlichkeit des Mahls zum Ausdruck bringen. Man mag in diesem Zusammenhang auch an das Bild von den Gartenbeeten in der rabbinischen Literatur denken: „Wenn gelehrte Schüler dasitzen wie lauter Gartenbeete und sich mit der Tora beschäftigen, dann fahre ich hernieder zu ihnen." Den Jüngern ist jedenfalls eine Speise gegeben, und sie erhalten diese zum Weitergeben an die anderen. Damit aber nicht genug.

Ähnlich wie bei Matthäus haben wir bei Markus zwei Fassungen der Speisungsgeschichte vor uns: Mk 6,30–44 und Mk 8,1–10. Diese Fassungen darf man nicht als zwei völlig unabhängige Überlieferungen begreifen. Es geht vielmehr um Ausfaltungen einer gemeinsamen Grundtradition, welche die folgenden Gemeinsamkeiten aufweisen: das Erbarmen Jesu, den abgeschiedenen Ort, ein Gespräch zwischen Jesus und den Jüngern, das bei diesen Unverständnis auslöst, die Feststellung der vorhandenen Lebensmittel, die Aufforderung zum Lagern der Volksmenge, das Gebet Jesu, die Verteilung der Gaben durch die Jünger, das Mahl und die Aufsammlung der Reste und schließlich eine Angabe über die Zahl der Anwesenden. Innerhalb dieser Gemeinsamkeiten konnte sich jedoch die erzählerische Gestalt der Geschichte durchaus verändern. So zeigen sich Unterschiede in den Zahlenangaben bei Broten, Fischen, Körben sowie der anwesenden Volksmenge. Diese Unterschiede sind jedoch eher von untergeordneter Bedeutung. Größere Beachtung verdient der Unterschied im Gespräch Jesu mit den Jüngern am Anfang des Textes: Während in Mk 6,30ff. die Handlung von den Jüngern ausgeht, ist hingegen nach Mk 8,1ff. das Handeln von Anfang an bei Jesus „festgemacht".

Während alle Texte das Erbarmen Jesu herausstellen, wird dieses im Markusevangelium eindeutig auf seine Lehre hingeordnet. Jesus soll hier als der „neue Mose" präsentiert werden, als der endzeitliche Prophet, in dem Gottes Hirtensorge für Israel immanent wird. Er erscheint als der endzeitliche Hirt, der die Schafe auf die „grünen Auen" (Ps 23,2) zu führen vermag; die „Schafe" symbolisieren Israel. Dass Jesus das Volk lehrt, bedeutet, dass die Lehrer Israels versagt haben und dass der Hirte als Lehrer gekommen ist, der Gottes Volk durch seine Lehre auf die Pfade der Gerechtigkeit führt. Durch das Speisungswunder wird Jesus als der wahre Lehrer, der wahre Hirte, der eschatologische Prophet bestätigt. Damit fügt sich das Hirtenbild ganz in das Speisungswunder ein, weil Hirtensorge vorzüglich Nahrungssorge ist. Die schon erwähnte Lagerung „ins grüne Gras" (Mk 6,39) ist ebenfalls ein Hinweis darauf, dass Jesus der von Gott gesandte endzeitliche Hirte Israels ist, der auf „den rechten Pfad führt". Das Lebensmittel auf diesem Pfad wird im Brot der Lehre gesehen. Auch die Stichworte „Essen" (Mk 6,31.36.37.42.44; Mk 7,2.3.4.5.28; Mk 8,1.2.8) und „Sattwerden" (Mk 6,42; 7,27; 8,4.8) weisen in diese Richtung.

Gegenüber dem matthäischen Ausgehen von der äußeren Mangelsituation knüpft Markus bei der inneren, geistigen und geistlichen Mangelsituation der Menschen an. Jesus wird als der endzeitliche Prophet und Hirte gezeigt, der sein Volk mit dem Brot seiner Lehre speist. Anstelle der Heilung der Kranken bei Matthäus (14,14) geht es Markus an dieser Stelle um die Belehrung der Volksscharen (Mk 6,34). Die markinische „Seelsorgsstrategie" lässt sich in dem Satz zusammenfassen, dass der Mensch nicht nur vom Brot allein lebt, wie Jesus in der Wüste dem Versucher entgegnet (Mt 4,4). Dorothee Sölle ergänzt dazu: „Er stirbt sogar am Brot allein."[8] Brot und Fisch sind „das fassbar und schmeckbar gewordene Wort des Erbarmens" und nicht nur soziale Hilfe. Ähnlich haben in der theologischen Tradition Martin Luther in seiner Predigt zu Joh 6 und Thomas von Aquin in seiner Lectura Nr. 1242 argumentiert. Folglich ist die Nahrung, nach der die Menschen hungern, gemäß dem Markusevangelium als „geistliche" Nahrung zu verstehen.

Johannes berichtet, dass Jesus „danach" von einem an das andere Ufer des galiläischen Sees wegging. Mit dem Weggang Jesu kann hier nichts anderes als ein Wechsel vom West- zum Ostufer gemeint sein. Für die Lokalisierung des Wunders am wenig bevölkerten Ostufer gibt es gute Gründe; sie wird auch durch die schwierigen synoptischen Angaben nach dem Ereignis kaum in Frage gestellt. Wahrscheinlich glaubt Lukas, Jesus sei dort noch unbekannt, und so hält er ein „Ausruhen" an diesem Ort am ehesten für möglich. Die „nachziehenden Volksmengen" werden dies freilich zu verhindern wissen. Der Verfasser des Markusevangeliums schreibt seine Bemerkungen über die Bootsfahrt (Mk 3,7–12 und Mk 5,1–20) offensichtlich aus eigener geographischer Anschauung des galiläischen Sees heraus, der in der Gegend zwischen Tiberias, Kapharnaum und Betsaida stark ausgebuchtet ist, so dass Überfahrten keineswegs nur von West nach Ost, sondern auch von einer zur anderen Seite einer Bucht bzw. von einer Bucht zur anderen vorstellbar sind. Auf diese Weise ließe sich auch ein Zuvorkommen der Volksmenge auf dem gegebenenfalls kurzen Landweg erklären.

2 Was ist meine Welt?

Natürlich kann man dies alles als Äußerlichkeiten in unserer Erzählung abtun. Damit würde man aber ihrer theologischen Bedeutung nicht gerecht. Auch die äußeren „Dinge", das Ambiente, oder einfach gesagt, die alltäglichen Umstände spielen eine Rolle beim Zustandekommen eines Wunders. Sie sind nicht Nebensächlichkeit, sondern theologischer Bestandteil des Wunders. Am Beispiel Jesu sieht man, wie sehr seine konkrete Lebensgestalt den Inhalt und die Methode seiner Seelsorge und seiner Predigt prägt. Die äußeren Bedingungen, unter denen ich als Seelsorgerin oder Seelsorger meine Arbeit mache, und meine konkrete menschliche Situation sind nicht ein Bereich neben oder am Rand, sondern ein zentrales Element meiner Seelsorge. Begründet ist diese Sicht in der Menschwerdung Gottes selbst. Weil Gott in seiner Menschlichkeit das Ursakrament und der Maßstab für alles Leben der Kirche ist, ist alles

Menschliche in ihr kein Randthema, sondern ein Thema von hohem theologischem Rang. Denn es geht um die Frage, ob Gott durch eben diese Menschlichkeit in dieser Welt zugänglich gemacht oder verstellt wird, ob sie zum Glauben einlädt oder vom Glauben abrät. Der Menschwerdung folgend, führt der Weg zum Glauben immer durch die Stalltür der Menschlichkeit und Alltäglichkeit. Wunder geschehen nicht im luftleeren Raum, sondern brauchen offenbar immer ein bestimmtes Ambiente. Um die alltäglichen Wunder zu sehen, ist es notwendig, die unbedeutenden und nebensächlichen, die normalerweise nur nebenher und zum Schluss erwähnten Dinge, die „Körbe" wahrzunehmen und entsprechend in meine Welt einzuordnen.

Das Ambiente erschöpft sich keineswegs in den Naturbeschreibungen unserer Speisungserzählungen. Es besitzt nach Heidegger sogar eine andere Qualität als die Natur und entspricht wohl mehr dem, was man als „Welt" bezeichnet: „Unser Leben ist die Welt, in der wir leben, in die hinein und je innerhalb welcher unsere Lebenstendenzen laufen. Und unser Leben ist *als* Leben, insofern es in einer Welt lebt. Unser faktisches Leben ist unsere Welt. Die faktische Lebenserfahrung ist im wörtlichen Sinn ‚weltlich' gestimmt, sie lebt immer in eine ‚Welt' hinein, sie befindet sich in einer ‚Lebenswelt'. Welt ist die Grundkategorie des Gehaltsinnlichen im Phänomen Leben."[9] Heidegger wies zudem darauf hin, dass es das Verdienst des Christentums gewesen sei, „die Selbstwelt" als solche in das Leben treten und als solche leben zu lassen. Demzufolge erlebe ich die Welt zuerst „in meiner Welt". Manche Sprachen leiteten von dieser Erfahrung ihr Wort für „Welt" ab, indem sie es mit der Vorstellung der Lebensdauer in Verbindung brachten. Man denke zum Beispiel an die germanischen Sprachen, wo das Wort „Welt" aus „world", „vereld", aus den Wurzeln „Mann" (lateinisch „vir") und „Alter" (englisch „old") gebildet wurde.[10] Und in der Tat erlebe ich mich in „meiner Welt" entsprechend meinem jeweiligen Alter, sei es als Kind, als Jugendlicher, als Erwachsener. Den weltlichen Charakter, in welcher sich die Dinge uns Menschen zeigen, haben sie offensichtlich nicht aus sich selbst heraus. Es sind Eigenschaften, die wir Menschen ihnen „zuschreiben".

„Das Wunder ist das einzig Reale", hat der Dichter Christian Morgenstern einmal mit Blick auf die Schöpfung bemerkt. Albertus Magnus hat diese Sicht der Welt in die großartige Formulierung gegossen: „Die ganze Welt ist dem Menschen eine Theologie – Totus mundus theologia est homini."[11] Im Anschluss an Heideggers gerade erwähnte Definition der Welt kann man also sagen: Mein ganzes Leben ist eine Theologie. Mein faktisches Leben, mein Leben *als* Leben ist eine Theologie. Und gerade die Körbe mit ihrer „dienenden" Rolle in den Speisungserzählungen können uns aufmerksam machen auf das verräterisch Beiläufige in unserer Seelsorge, das allzu leicht Übersehene in unserem Leben, dessen tieferer Sinn doch noch unmittelbar plausibel wird, wenn man nur einmal genau hinsieht. Was ist meine Welt? Was ist mein Ganzes? Was ist mein Alles? Wie gehe ich mit meiner Welt um? Wie gehe ich mit meinem Leben um? Der Ausdruck „umgehen mit" bzw. „Umgang mit" leitet sich entwicklungsgeschichtlich von der Rechtssprache des Mittelalters her, und zwar aus dem Erbrecht. Wenn ein Erblasser seinem Erben ein Grundstück übergab, dann „umging" er dieses zusammen mit dem Erben, und an drei Ecken des Grundstücks gab der Erblasser dem Erben eine Ohrfeige, damit der diesen „Zufall" nicht mehr vergaß. Dass die Ohrfeige jedoch an der vierten Ecke unterblieb, begründete man theologisch damit, dass die bösen Geister aus dem geerbten Grundstück entfliehen konnten. Es liegt nahe, dass man diesen Brauch in der Tradition mit dem aus der Komplet des Stundengebets vertrauten Psalm 16 gesehen hat: „Du, Herr, gibst mir das Erbe … Du zeigst mir den Pfad zum Leben."

V Das Reich Gottes

1 Jesus und das Reich Gottes

Der Verfasser des Lukasevangeliums verbindet mit Hilfe verschiedener Auslassungen unsere Speisungserzählung (Lk 9,10–17) mit der Christusfrage (Lk 9,7–9) und dem Christusbekenntnis (Lk 9,18–27) sowie dessen Bestätigung in der Verklärung (Lk 9,28–36).

a „Er redete zu ihnen vom Reich Gottes"

Im Lukasevangelium heißt es: „Die Apostel kamen zurück und erzählten Jesus alles, was sie getan hatten. Dann nahm er sie beiseite und zog sich in die Nähe der Stadt Betsaida zurück, um mit ihnen allein zu sein. Aber die Leute erfuhren davon und folgten ihm. Er empfing sie freundlich, redete zu ihnen vom Reich Gottes und heilte alle, die seine Hilfe brauchten" (Lk 9,10–11). Man kann sich den theologischen Horizont dieses Geschehens am besten vergegenwärtigen, wenn man sich die Erzählung von der „Speisung der Vielen" in Form eines Gemäldes vorstellt, das in verschiedenen Varianten existiert, und bei dem jede Variante ein wenig anders gestaltet ist als die andere. Jede setzt eigene theologische und damit auch seelsorgliche Akzente. Der farbliche Hintergrund ist jedoch bei allen derselbe. In der Sprache der Farben: Er ist bei allen Gold. Mit anderen Worten: Er ist bei allen die Vision des Reiches Gottes. Der Schweizer Schriftsteller und Theologe Kurt Marti stellt fest: „Die Theologie ist denkende Entfaltung einer uralten Vision, nämlich der Hoffnung auf das Reich Gottes auf Erden. Diese Vision leuchtete im Alten Testament auf, sie hat Jesus entscheidend motiviert und zieht sich seither wie ein roter Faden durch die Geschichte der Kirchen … Allerdings ist diese zentrale und sozusagen alternative Vision des christlichen Glaubens oft untergegangen in theologischer Anpassung und ethischer Kasuistik. Dennoch ist und bleibt sie der glühende Kern der christlichen Hoffnung und der ethischen Motivation der Christen. Reich Gottes – das ist ein Bild, eine Formel für die Überzeugung, dass Gott der Schöpfer unsere Welt trotz allem gelingen lassen will. Reich Gottes meint eine Welt ohne Kriege, ohne Ausbeutung, das Ende jeder Herrschaft von Menschen über Menschen. Darum, so Paulus (1 Kor 15,24), wird sich das Christuswerk vollenden in der Abschaffung jeder Sklaverei."[12]

Die Vision vom Reich Gottes prägt maßgeblich das Denken Jesu. Mit einer unglaublichen Phantasie und großem pädagogischen Geschick erzählt er seine Gleichnisse. Dass das Wort „Reich Gottes" im Lauf der Zeit so blass geworden ist, liegt vor allem daran, dass die Kirche schon sehr früh, beim Übergang aus der jüdischen in die griechische und römische Welt, verständliche Übersetzungsprobleme bei diesem Begriff aus dem Frühjudentum hatte; vor allem jedoch, weil sie glaubte, ihn nach ihrem Aufstieg zur Staatskirche mit guten Gründen zu den Akten legen zu können. Mit diesem Schritt glaubte sie bereits die Verheißung des Reiches Gottes an sich erfüllt. Weil sie sich selbst als das „Haus voll Glorie" sah, blieb in ihr kein Raum mehr für die Rede vom Reich Gottes. Konsequent hat man es auch aus dem irdischen Bereich „ausgelagert", sodass es fortan nur noch für die „andere Welt" taugen sollte. Jesu Anliegen beim Gebrauch dieses Wortes ist jedoch ein völlig anderes: Wenn er vom „Reich Gottes" spricht, hat er die religiösen Hoffnungen des Frühjudentums im Auge, dem der Auferstehungsglaube durchaus vertraut war.

Die Wurzel dieser Auferstehungshoffnung war zweifelsohne der Glaube an die Gerechtigkeit Gottes. Man sagte sich, dass mit dem Tod nicht alles zu Ende sein könne, weil es um der Gerechtigkeit Gottes willen nicht sein könne, dass die Täter endgültig über die Opfer triumphierten. Folglich müsse es das Jüngste Gericht geben, bei dem alles zur Sprache und ans Licht komme. Wer in dieser Prüfung besteht, so der Prophet Daniel, wird am Ende der Tage auferstehen, um sein Erbteil zu empfangen (Dan 12,13). Ursprünglich erfüllt sich das Wort von Tod und Auferstehung jedoch mitten im irdischen Leben. Zum Beispiel als Kinderwunsch, der erhört wird. Als Befreiung, die gelingt. Als Krankheit, von der man geheilt wird. Von der Rettung aus Todesgefahr sprechen vor allem die Psalmen – so etwa Ps 9,14; Ps 30,4; Ps 116,8. Die Hoffnung, die in diesen Situationen zum Ausdruck kommt, ist nach Paulus stets Hoffung gegen alle Hoffnung. Sie richtet sich ja auf den, „der die Toten lebendig macht und das, was nicht ist, ins Dasein ruft" (Röm 4,17). Dieser Text bezieht sich nachweislich auf das jüdische „Achtzehnbittengebet", das in der Spiritualität des Frühjudentums einen festen Platz hatte. Paulus, der dieses Gebet natürlich kennt, überträgt es auf sein Christusverständnis.[13]

b Jesu „erste Theologie"

Die ersten christlichen Gemeinden entwickelten sich aus dem Inneren der jüdischen Frömmigkeit. Man darf bei ihnen also eine selbstverständliche Kenntnis des jüdischen Glaubens voraussetzen. Auch Jesus kannte seinen Glauben, wie verschiedene Stellen der Evangelien immer wieder zeigen. Allerdings „re-zitierte" er nicht nur sein Glaubensbuch. Er ergänzte und kritisierte es an verschiedenen Stellen auch mit den Worten „Ich aber sage euch!". Damit brachte er zum Ausdruck, dass er sich als der in seinem Glauben verheißene Messias verstand. Trotz seiner mitunter kritischen Haltung zu seinem jüdischen Glauben ist davon auszugehen, dass dieser einen großen Einfluss auf sein Denken und seine Art zu glauben ausübte. Dies gilt ebenso für die Vision des Reiches Gottes, mit der Jesus vom Frühjudentum her vertraut gewesen sein muss. Ja, man darf sagen: Sie war sein Lebensthema, der Mittelpunkt, um den sich seine ganze Botschaft drehte, aus dem alles andere folgte und sich alles Weitere ergab. Visionen fallen nicht vom Himmel. Sie wachsen am Lebensbaum. Geht man davon aus, dass es bei Jesus auch so etwas wie eine „erste Theologie" gegeben hat, so muss in ihr seine Vision vom Reich Gottes entstanden sein.

Was heute aufgrund einschlägiger Untersuchungen als selbstverständlich angesehen wird, nämlich dass Kinder Gottesbilder hervorbringen, dass sie auf ihre Weise biblische Texte auslegen, dass sie über kosmologische bzw. schöpfungstheologische Fragen nachsinnen, und dass sie Deutungsmuster im Umgang mit Kontingenz entwickeln, das darf auch von Jesus und seiner „ersten Theologie" bzw. „Kindertheologie" angenommen werden. Wenn man sagen kann, dass sich darin so etwas wie eine erste Welt-Anschauung eines Menschen herausbildet, so darf man unterstellen, dass diese bei Jesus weitgehend identisch mit seiner Vision vom Reich Gottes gewesen sein muss. Der Begriff „Kindertheologie" wurde bereits auch von Karl Rahner in einem Beitrag mit dem Titel „Gedanken zu einer Theologie der Kindheit" in prophetischer Weise vorausformuliert.[14]

Nach Rahner ist die Kindheit des Menschen von einer grundlegenden Offenheit für die offenbarende Zuwendung Gottes und für die Begegnung mit dem bergenden Geheimnis des Daseins geprägt. Kinder besitzen aufgrund ihres Lebensalters eine ganz spezifische theologische Kompetenz: „Der Mensch ist nicht ein Ding, das nur den jeweiligen Augenblick, Gegenwart genannt, besäße." Nach Rahner besitzt die Kindheit selbst „eine Unmittelbarkeit zu Gott, sie grenzt an Gottes Absolutheit nicht nur mit der Grenze des Alters, der Reife, des Späteren, sondern durch sich selbst." Deshalb habe bereits das Kind Anteil an den Existentialien Schuld, Tod und Leid sowie allen Mächten der Bitterkeit des menschlichen Daseins, weshalb man auch die Kindheit nicht als „paradiesischen Zustand der Harmonie und des Glücks" betrachten dürfe.[15] Nicht nur Erwachsene können Kindern Gott nahebringen, sondern auch umgekehrt. Daraus ergibt sich für die Zukunft der Seelsorge das Ziel, an der Entwicklung einer neuen Sprache mitzuwirken: einer Sprache für das, was uns bewegt, was uns Angst macht, und eine Sprache für das, was uns Mut macht. Aus den Familien heraus wäre – entgegen der Privatisierung von Religion – in einer größeren Öffentlichkeit eine gemeinsame Sprache für Religiöses zu entwickeln. Wir brauchen nicht eine neue religiöse Sprache, sondern vielmehr eine neue Sprache für Religiöses.

Hört man in einzelne Lebensgeschichten hinein, so entdeckt man, dass jeder Mensch in der Kindheit oder Jugend durch solche „Qualitätserlebnisse" auf sein eigenes Lebensthema gestoßen ist. Henri Bergson (1859–1941), ein französischer Philosoph, stellte fest: „Wir schreiben immer an dem selben Buch." Wer sich nicht hin und wieder Zeit nimmt, um über die Grundfarbe seines Lebens nachzudenken, wird sich wohl selber nie ganz auf die Spur kommen. Der Theologe Dietrich Bonhoeffer (1906–1945), der für viele seiner Zeitgenossen, die unmittelbar im Widerstand gegen das NS-Regime tätig waren, Seelsorger und Spiritual gewesen ist, beklagt: „… wo das Gefühl für menschliche Qualität … erlischt, dort ist das Chaos vor der Tür. Es geht (daher) auf der ganzen Linie um das Wiederauffinden verschütteter Qualitätserlebnisse … Qualität ist der stärkste Feind jeder Art von Vermassung. Gesellschaftlich bedeutet das den Verzicht auf die Jagd nach Positionen … den freien Blick nach oben und nach unten, besonders was die Wahl des engeren Freundeskreises angeht, die Freude am verborgenen Leben wie den Mut zum öffentlichen Leben. Kulturell bedeutet das Qualitätserlebnis die Rückkehr von der Zerstreuung zur Sammlung, von der Sensation zur Besinnung, vom Snobismus zur Bescheidenheit, von der Maßlosigkeit zum Maß."[16]

Man kann heute beobachten, dass fast alles, was alt ist, hoch im Preis steht. Anspruchsvolle Ausstellungen mit historischer Thematik verzeichnen Besucherrekorde. Sachbücher zur Geschichte erzielen hohe Auflagen. Die Sehnsucht nach geschichtlicher Verwurzelung und Verortung scheint in unserer Gesellschaft zu steigen. Ein Fluss braucht Quellen, ein Baum braucht Wurzeln. „Ist die Wurzel heilig, so sind es auch die Zweige … Nicht du trägst die Wurzel, sondern die Wurzel trägt dich." (Röm 11,16.18) Der

Mensch braucht eine Geschichte, in der er sich aufgehoben weiß. Nur so findet er auch seinen Ort in der Welt.

Jesus war Jude, seine Predigt ist natürlicherweise auf dem gedanklichen Boden Israels gewachsen. Durch Jesus und seine Predigt ist das Christentum an das Alte Testament gebunden, welches auf diesem Wege zum integralen Bestandteil christlicher Glaubensgeschichte geworden ist. Ziel der Unterweisung für ein Leben auf den Wegen Jahwes ist der Mensch als Bundespartner. Es geht um den Weg des Volkes Gottes in der Geschichte, den Weg in das verheißene Land, aber auch den Weg ins Exil. Es geht um seinen Weg in seinen Sternstunden und in seinen Heimsuchungen. Neben die priesterliche Predigt im Gottesdienst tritt zunehmend jene der von Gott selbst berufenen und erweckten Propheten. Dabei kommt das charismatische Element zum Tragen. In der Kontinuität des Glaubens Israels stehend, bringt der Prophet das wahre Israel, wie es sich im Glauben der Väter Ausdruck verleiht, zur Geltung und hält dessen Glauben gegen alle Erstarrungen offen auf die Zukunft hin. Ein dritter Typus ist die dankende Erzählung des hart bedrängten Gerechten über Gottes Heilstat inmitten der Gemeinde der Heiligen. Diese Formen der alttestamentlichen Predigt bleiben eine Erfahrung für alle späteren Generationen, denn die neutestamentliche Predigt bindet das Christentum durch Jesus und seine Predigt an diese Wurzel.

2 Das Reich Gottes und die Jünger

Hinein in diesen Verstehenshorizont der Jüngergemeinde vom „Reich Gottes" enthüllt sich das Geschehen von der Speisung der Vielen. Und in dieser Gemeinschaft wird es anschließend auch zum ausdrücklichen Christusbekenntnis (Lk 9,18–22), vorgetragen durch Petrus als ihrem Repräsentanten. Im Lukasevangelium stoßen wir im Kontext der Speisungserzählung in Lk 8,10 auf ein Wort, das Jesus an die Adresse der Jünger richtet: „Euch ist es gegeben, die Geheimnisse des Reiches Gottes zu erkennen. Zu den anderen Menschen aber wird nur in Gleichnissen geredet; denn sie sollen sehen und doch nicht sehen, hören und doch nicht verstehen." Zum Jüngersein gehört also offensichtlich eine besondere Begabung. Da sich das Wort Jesu von der Erkenntnis der Geheimnisse des Reiches Gottes (Lk 8,10) noch dazu zwischen seiner Erzählung des Sämannsgleichnisses (Lk 8,4–8) – des pastoralen Paradigmas schlechthin in den Evangelien – und dessen Auslegung (Lk 8,11–15) befindet, dürfen sich alle Frauen und Männer, die heute in der Seelsorge tätig sind, mit dem, was Jesus zu den Jüngern sagt, identifizieren. Ihnen sagt Jesus an dieser Stelle im Evangelium etwas, das offenbar wesentlich mit dem Sinn ihrer seelsorglichen Tätigkeit zu tun hat: „Euch ist es gegeben, die Geheimnisse des Reiches Gottes zu erkennen."

a „Adveniat Regnum Tuum"

Die Geheimnisse des Reiches Gottes wollen im Licht des Geheimnisses der Person Jesu gesehen werden. Nirgends findet man diesen Zusammenhang anschaulicher ausgedrückt als in der Herz-Jesu-Kapelle der „Chiesa del Gesù" im Zentrum Roms. „Il Gesù", wie die Kirche im Volksmund genannt wird, befindet sich an der Stelle, die der hl. Ignatius nach der Gründung der Gesellschaft Jesu im Jahre 1540 als Ausgangspunkt für die Aktivitäten seines Ordens wählte. Der Farnesepapst Paul III. hatte den Jesuiten das Kirchlein Santa Maria della Strada – Unsere Liebe Frau vom Wege – übertragen; die Herz-Jesu-Kapelle war ursprünglich dem hl. Franz von Assisi geweiht. In einem Gemäldezyklus waren dort Szenen aus dem Leben des Heiligen dargestellt. In den 20er Jahren des vorigen Jahrhunderts wurde die Kapelle dann dem Heiligsten Herzen Jesu geweiht. Das berühmte kleine Altarbild von Pompeo Girolamo Batoni zeigt Jesus, wie er dem Betrachter und Beter mit der linken Hand sein Herz, verziert mit einem Kreuz, darbietet. Der schwungvolle, goldene Holzrahmen im Barockstil, der das Bild einfasst, mündet nach unten in die Form eines Medaillons, das die Inschrift trägt: „Adveniat Regnum Tuum" – „dein Reich komme". In der Sprache der Bibel ist das Herz die verborgene Mitte eines Menschen, einer Person.

Der christliche Glaube lebt nicht von einer Wort-Inspiration. Er lebt auch nicht von einer Schrift-Inspiration. Er ist eine Mensch-Inspiration.[17] Zu seinem Wesen gehört es, dass dieser ganze Mensch Jesus „weiter-gegeben", tradiert wird, nicht nur als Lehre, als Worte, als Botschaft. Und deshalb braucht er die Sakramente, bzw. das Sakrament der Eucharistie: „Das ist mein Leib, das ist mein Blut." Jesus deutet für die Jünger das Brot auf seine Person hin. Hier geht es um die lebendige Begegnung zwischen Mensch und Gott und zwischen Gott und Mensch, hier schlägt das Herz des christlichen Glaubens. Hier drückt sich seine Leibhaftigkeit aus wie nirgends sonst, hier wird Menschwerdung ernst. Im Sakrament „partizipiert" die Empfängerin bzw. der Empfänger an dieser Jesus-Inspiration. In den Texten der „Speisung der Vielen" wird das Geschehen mit ähnlichen Worten wie das letzte Abendmahl erzählt: „… und er nahm die fünf Brote und die zwei Fische, blickte zum Himmel auf, sprach den Lobpreis, brach die Brote und gab sie den Jüngern; die Jünger aber gaben sie den Leuten, und alle aßen und wurden satt." (Mt 14,19f.)

Mitte des christlichen Glaubens ist ein inspirierter Mensch, dessen Inspiration kontinuierlich auf andere Menschen überspringt. Nach islamischer Koran-Legende kam der Engel Gabriel zu Mohammed. Er enthüllte vor ihm ein seidenes Tuch, auf dem die Koranworte standen. Mohammed war so etwas wie ein Schreibstift Gottes. Mit seiner ganzen Existenz hat er die Worte Gottes treu in einem Buch aufgeschrieben und es verbreitet. Der Islam ist eine primäre Schrift-Religion. Schrift ist Festigkeit, Dauer, Unverrückbarkeit – und so gesehen auch nichts Lebendiges. Der Koran ist „nur" Willensäußerung Allahs, nicht er selbst, nicht seine Inkarnation. Diese Willensäußerung muss nur weitergegeben werden. Eine neue Inspiration ist nicht notwendig. Die biblisch-christliche „traditio" ist in diesem

Wo Gott berührt

Punkt grundsätzlich verschieden. Wohl sagen die Propheten im Alten Testament als Einleitung: „So spricht Jahwe …", aber der Prophet ist viel stärker persönlich mit dem Wort identifiziert. Nach Ez 3,3 zum Beispiel füllt der Prophet sein Inneres mit der Schriftrolle, die ihm Jahwe gibt. Es heißt, dass er sie aufgegessen hat und sie in seinem Mund süß wie Honig, also zu einer ihm angenehmen bekömmlichen Speise geworden ist. Die Schriftrolle, übergeben von Jahwe, wird zu seinem Eigenen, aber das Wort, das danach aus seinem Inneren herauskommt, wird wieder zur Schrift, zur Rolle, von Generation zu Generation weiterentwickelt. Es braucht also auch immer persönliche Identifikation, neue Inspiration, Prophetie und Kritik, Kreativität, Innovation, ja Phantasie. In eben dieser Tradition steht Jesus mit seiner Vision vom Reich Gottes. Bei seiner Berufung während der Taufe im Jordan wird ihm kein Programm oder eine Botschaft in den Mund gelegt. Er erfährt sich als ganzer Mensch von Gott und seinem Geist erfasst, wie das Auftauchen aus dem Wasser symbolisch deutlich macht. Er ist als der Mensch, der er ist, die Botschaft Gottes, das Evangelium. Er kündet das Reich Gottes nicht an wie Johannes der Täufer, vielmehr ist in Jesus das Reich Gottes schon angebrochen. In Lk 11,20 stellt Jesus klar: „Wenn ich aber die Dämonen durch den Finger Gottes austreibe, dann ist doch das Reich Gottes schon zu euch gekommen." Die Evangelien zeigen, dass die Menschen auch den Menschen Jesus so erleben: ganz und gar – mit Leib und Seele – inspiriert. Er verkündet nicht nur einen Neuanfang, sondern er ist der Neuanfang.

b Das Herz des Jüngerseins

Die Aussage Jesu über die Erkenntnis der Geheimnisse des Reiches Gottes in Lk 8,10 – zwischen der Erzählung des Sämannsgleichnisses und seiner Auslegung – begründet das Jüngersein Jesu. Bei der Aufforderung „Gebt ihr ihnen zu essen!" an die Jünger in den Speisungserzählungen handelt es sich um eine funktionale Präzisierung ihres Jüngerseins. Schon an der grammatikalischen Formulierung der beiden an die Jünger gerichteten Jesusaussagen ist festzustellen, dass es sich um zwei verschiedene Dinge handelt: „Gebt ihr ihnen zu essen!" wird von Jesus in der Form des Imperativs gesagt. „Euch ist es gegeben, die Geheimnisse des Reiches Gottes zu erkennen" ist ein Indikativ. Das Jüngersein besteht in der Verbundenheit mit der Person Jesu; diese ist das Herz, die Mitte des Jüngerseins. Aus ihr folgt sein Auftrag: „Gebt ihr ihnen zu essen!" Im Lukasevangelium (9,13) folgt das Austragen und Austeilen der Brote und Fische unter Zuhilfenahme der Körbe. Alle drei synoptischen Evangelien berichten, dass sich die Jünger um die anwesende Menschenmenge Sorgen machten – es wurde Abend, man befand sich an einem abgelegenen Ort, und die Leute sollten etwas zu essen bekommen: „Als es Abend wurde, kamen die Jünger zu ihm und sagten: … Schick doch die Menschen weg, damit sie sich noch etwas zu essen kaufen können." Jesus fordert in allen drei Evangeliumsversionen die Jünger auf: „Gebt ihr ihnen zu essen!" (Mt 14,16 / Mk 6,37 / Lk 9,13). In der Matthäusfassung stellt Jesus noch ausdrücklich klar: „Sie brauchen nicht wegzugehen. Gebt ihr ihnen zu essen!" Die Jünger werden also zum Verteilen der Speisen bestimmt, und die Speise, die sie den Anwesenden zu essen geben sollen, ist aufgrund ihrer Verbundenheit mit der Person Jesu auch nicht von ihrer eigenen Person loszulösen.

Es gibt zwei kleine Erzählungen, die in heiterer Weise die Eigenart dieser Verbundenheit beschreiben. Die erste stammt aus der Feder des Theologen Sören Kierkegaard, der erzählt, wie er einmal als Student mit einem Korb Wäsche durch die Straßen von Kopenhagen ging und schließlich einen Laden fand mit einem Schild im Schaufenster: „Hier wird Wäsche gewaschen und gebügelt." Kierkegaard trat ein und stellte seinen Korb Wäsche auf die Theke, als zu seiner Überraschung das ihn bedienende Mädchen lächelnd sagte: „Sie irren sich, mein Herr, dies ist keine Wäscherei. Hier werden Schilder hergestellt, auf denen steht: ‚Hier wird Wäsche gewaschen und gebügelt'." In der Essaysammlung „Die großen Friedhöfe unter dem

Mond" des französischen Schriftstellers Georges Bernanos findet sich die zweite Erzählung. Ein Pfarrer lässt im Kapitel mit der Überschrift „Predigt eines Atheisten am Fest der kleinen Thérèse" am Gedenktag dieser Heiligen einen Gottesleugner die Festpredigt halten. Dieser ungläubige Redner äußert sich seinen gläubigen Mitbrüdern gegenüber so: „Betbrüder und Betschwestern, ich finde es ganz richtig, dass ihr die Heiligen verehrt, und ich bin glücklich, dass der Herr Pfarrer mir erlaubt hat, meine Lobesworte den euren beizugesellen. Die Heiligen gehören euch mehr als mir, weil ihr zusammen den gleichen Herrn anbetet. Ich finde es deshalb ganz natürlich, dass ihr euch untereinander für den Triumph beglückwünscht, den jene durch ein erhabenes Leben erlangt haben. Immerhin – verzeiht mir diesen Einspruch – wird es mir schwer, zu glauben, sie hätten bloß darum so viel gelitten und so viel gekämpft, damit ihr euch heute diese Festlichkeit gestatten könnt … Ihr gleicht jenen sagenhaften Italienern, die auf das Signal zum Angriff warten; plötzlich reißt der Oberst seinen Säbel hoch, springt über die Brustwehr, rennt allein durch das Sperrfeuer mit dem Ruf: Avanti, avanti, während seine Leute, immer noch im alten Schützengraben kauernd, elektrisiert von so viel Heldenmut, mit leuchtenden Augen in die Hände klatschen: Bravo! Bravo! Bravissimo!"[18]

Die Übereinstimmung von Person und Handeln – dies war es wohl, was mich am meisten an Paula fasziniert hat. Sie machte nicht nur einen Job, sie hat sich mit ihrem Laden identifiziert. Auf dem Heimweg nach der zweitmaligen Begegnung mit ihr an jenem denkwürdigen Tag fasste ich in meinem tiefen Glück den Entschluss, auch einmal so werden zu wollen wie Paula. Zwei Jahre nach meiner Erfahrung mit Paula, als mich meine Eltern fragten, was ich mir zur Erstkommunion wünsche, antwortete ich spontan: „Eine Bibel". So war ich jetzt in der Lage, die „Geschichte mit den Körben", wie die „Speisung der Vielen" für mich bisher immer noch hieß, nachzulesen und immer wieder darüber nachzudenken. Die Tatsache, dass sie in verschiedenen Versionen erzählt wird, und vieles andere mehr, hat mich in jener Zeit noch nicht interessiert. Meine kindliche Auslegung ist denkbar einfach gewesen: Da war Gott in der Person von Jesus. Er gab den hungernden Anwesenden zu essen, sodass sie satt wurden. Beim Austeilen der Speise bediente er sich seiner Jünger und der bereitstehenden Körbe. Und ich interpretierte diesen schlichten exegetischen Befund vor meinem Erfahrungshintergrund in der Paulagasse: Ich sah Paula vor mir, die mich nicht wegschickte, als ich zerknirscht in ihren Laden zurückgekehrt war. Ich sah sie hinter ihrem Ladentisch hervortreten, wie sie mich bei der linken Hand fasste und nochmals mit mir zur alten Holzbank mit den zwei Körben ging, wie sie in einen der Körbe griff, ein zweites Zuckerbrotstück herausnahm und es mir in die linke Hand legte, und wie sie meine beiden Hände mit den Zuckerbrotstücken nahm und sie zusammenlegte. Da ich in jener Zeit zugleich Ministrant war, habe ich bald die Erzählung von der „Speisung der Vielen" und meine Erfahrung mit Paula mit der Liturgie in Verbindung gebracht. Durch ihr Handeln hat Paula mir den Sinn der Liturgie erschlossen. Nicht hochtheologisch, sondern ganz praktisch, wie es nach meiner Überzeugung kein Liturgiewissenschaftler der Welt besser vermocht hätte. Liturgie ist Verstehen durch Berühren. Paula hat in mir eine tiefe Liebe zur Liturgie geweckt. Sie hat in mir den Sinn für die Schönheit von Formen und Symbolen, den Sinn für die Schönheit Gottes grundgelegt.

Nach der Ministrantenzeit folgte eine längere Zeitspanne, in der mich beide Geschichten, die in meinem Inneren zu einer einzigen verschmolzen waren, nicht mehr so bewusst begleiteten. Irgendwie habe ich mich innerlich von ihnen entfernt. Nur in ihrem Wiederkehren am entsprechenden Sonntag im Evangelium grüßten sie mich wie von Weitem, als ob sie mir sagen wollten, dass es sie noch gibt. Mit großer Eindringlichkeit meldete sich meine „erste Theologie" jedoch wieder zurück, als nach dem Gymnasium durch ein entsprechendes Hochschulstudium die spätere Berufswahl anstand. Jetzt fühlte ich mich von den Jüngern Jesu bei der Austeilung der Speise in den Evangeliumserzählungen angesprochen, und auch die Korbflechter in meinem Heimatdorf meldeten sich wieder in meiner Phantasie zurück, mit ihrem Beruf, der mich immer noch so faszinierte. Sie stellten in meinen Augen nicht nur etwas her – sie „erschufen" etwas, das andere brauchen konnten und das anderen Freude machte. An diesem Punkt wurde mein Wunsch, so zu werden wie Paula, auf einmal wieder relevant: Andere zu verstehen durch Berühren, mit Worten und Gesten. In der Sprache des Evangeliums: Anderen zu essen geben. Zur Prägekraft der „ersten Theologie", die es wohl bei jedem Menschen gibt, bemerkt der Theologe Alex Stock, dass man sie fortsetze, wenn man über sie hinausgehe, auch wenn man mit ihr breche.[19]

c Große Worte

Die Geheimnisse des Reiches Gottes sind identisch mit der Person Jesu selbst. Wie seine Predigt und seine Lebenspraxis nichts vom Boden, vom Leben der Menschen Abgehobenes, sondern etwas zutiefst Geerdetes gewesen sind, so sind auch die „Geheimnisse des Reiches Gottes" nicht vom menschlichen Leben losgelöst. Jesus ging es, wenn er dieses geheimnisvolle Wort „Reich Gottes" in den Mund nahm, weder um die Kirche noch um das Jenseits, sondern um „Gott und die Welt". In allem Geschaffenen, in allen Geschöpfen und in allen Menschen ist Gott anzutreffen, und zwar als Quelle des Erbarmens. Wer Fakten schaffen will, muss Worte schaffen. Der Begriff „Reich Gottes" zählt ebenso zu den großen Worten wie „Glück", „Erlösung" oder „Glaube". Von ihnen erklärt der Schriftsteller Peter Handke in seinen verschiedenen Werken immer wieder, dass wir sie bei aller Notwendigkeit der Erneuerung der religiösen Sprache nie aufgeben dürften, weil dadurch zugleich die großen menschlichen Tiefenerfahrungen zugrundegingen. Weil „sein Leben verliert, wer nicht lernt, in solchen Sprachformen zu sagen, was ihm zustößt."[20] Nach der Art des Wunders der „Speisung der Vielen" müssen derartige Erfahrungen nichts Spektakuläres und Sensationelles sein. Sie wollen lediglich die tiefere Bedeutsamkeit der Dinge, die Gott zulässt, erschließen helfen.

„Reich Gottes" ist im Mund Jesu alles andere als ein blasser Theologenbegriff. Es ist ein Schlüsselwort des Evangeliums. Wie ist es jedoch möglich, dass es bis heute so wenig zur Mitte der kirchlichen Lehre geworden ist? Warum bildet es nicht stärker das Herzstück seelsorglicher Spiritualität? Als man Anfang des 19. Jahrhunderts in der „Tübinger Schule" an die Entdeckung der biblischen Quellen für das Leben der Kirche ging, griff man auf das Reich-Gottes-Motiv Jesu zurück. Dieser Versuch wurde in der zweiten Jahrhunderthälfte jedoch durch eine rückwärtsgewandte Seelsorgepolitik wieder verdunkelt.[21] Doch weil das Reich Gottes Kirche und Gesellschaft, Gläubige und Ungläubige, Juden und Christen, Heiliges und Profanes übergreift, sprengt es unsere Erwartungen als Kirche, unsere Maßstäbe sowie unsere Grenzziehungen und eröffnet auf eben diese Weise immer wieder neu eine Erweiterung unseres kirchlichen und seelsorglichen Horizonts.

Aus dem Gesamtzusammenhang der Botschaft Jesu vom Reich Gottes kann man den Schluss ziehen, dass sich die Fülle und Größe des Wunders der „Speisung der Vielen" auch zeitlich dimensionieren lässt: Von den fünf Broten und den zwei Fischen wird auch noch in Zukunft übrig sein. Auch andere werden davon noch übrig haben. Das „offene Ende" der Erzählung und die Körbe mit den übriggebliebenen Speisestücken lassen sich ebenfalls in diese Auslegerichtung deuten. Die helfende Macht Jesu bleibt für „die Übrigen" verborgen hinter den austeilenden Jüngern. Dies soll den Blick offenbar ganz auf die geschenkte Sättigung richten, die den schenkenden Herrn immer wieder neu ins Gedächtnis rufen und vergegenwärtigen soll. So sind die zwölf Körbe mit den übrigen Speisen am Ende auch eine Art ausuferndes Fragezeichen, das die Christusfrage stellt und auf sie verweist, das die Christusbotschaft wach hält, sie aufhebt, weitergibt und verteilt. Und das Wort „aufheben" will hier durchaus in seinem doppelten Sinn verstanden werden: „Aufheben" vom Boden, Übernehmen von der Tradition, vom Gestern – und zugleich das „Aufheben" dieser alten und schweren Botschaft in das jeweilige Heute und Morgen hinein.

Gerade in der letzteren Bedeutung hat sich die frühe Kirche einen Namen gemacht. Der Glaube, dass der auferstandene Jesus sie auf ihrem Weg durch die Zeit führen wird, gab ihr die Gewissheit, nicht nur das bereits Bekannte zu bewahren, sondern auch offen zu sein für das Neue im Bekannten. Erinnerung in christlicher Sicht ist immer zugleich Vergegenwärtigung dessen, woran man sich erinnert. Damit zielt Erinnerung nicht nur auf die Repetierung von Vergangenem, sie macht vielmehr frei für ein innovatives Umgehen mit dem eigenen Ursprung. Oder, wie Peter Handke in seinem Roman „Die Wiederholung" zum Ausdruck bringt: Erinnerung geschieht nie ausschließlich zusammengeschrieben als „Sichwiederholen", sondern immer auch auseinandergeschrieben als „Sich wieder holen" vom Ursprung her.[22] Tradition war für das frühe Christentum niemals nur „Bewahren".

d   Salvator und Ekklesia

Man kann in diesem Zusammenhang an die Auseinandersetzung der Christen im antiken Rom mit ihrer Umwelt denken. Rom hat seine Erfahrung Gottes in der Geschichte in die Formel bzw. Bezeichnung „Iuppiter conservator" gekleidet. Das lateinische Wort „conservator" bedeutet „Erlöser, Heiland". Das Heil bestand demnach in der Erhaltung Roms, in seiner Bewahrung vor Krieg, Umsturz und Zerstörung, kurz: in der Bewahrung des Bestehenden. Die frühen Christen, die Jesus als wahren Heilsbringer verkündigten und sich dabei auf das Gottesverständnis des Judentums und des Alten Testaments bezogen, konnten das lateinische Wort „conservator" nicht für ihr Gottesverständnis verwenden. Das Heil Jesu bedeutete ja gerade nicht eine Bewahrung des bisherigen Rom – es beinhaltete Erneuerung und Verwandlung; es verwies auf ganz anderes, jedenfalls nicht nur auf Bestehendes. So war es notwendig

geworden, dass sich die Christen ein eigenes Wort für den Heilsbringer schufen: Sie tauschten den „conservator" gegen den „salvator" aus: „Jesus Salvator".[23] Dieser unscheinbare Vorgang bezeichnet etwas Unerhörtes: Die Erfahrung Gottes als Gott der
Geschichte ist in der Bibel nicht nur vergangenheits-, sondern
auch gegenwarts- und zukunftsbezogen. Sie ist geprägt von Zuversicht und Hoffnung, vom Blick nach vorn.

Etwas zweites Unerhörtes, wie die frühe Kirche Neues im Bekannten suchte, ist ihre Bezeichnung der gemeindlichen Versammlungen. Den Sammelbegriff „ekklesia" hatte bereits Paulus nachweislich von den Gemeinden in Judäa bzw. von der Jerusalemer
Gemeinde übernommen.[24] Er ist im apokalyptischen (qumra-
nischen) Judentum vorgeprägt und ein griechisches Äquivalent
zum hebräischen Begriff „qahal". Das Hebräische verfügte jedoch
noch über ein zweites Wort für „Gemeinde": „edah". Die Septua-
ginta übersetzt es griechisch mit „synagoge". Ekklesia bezeichnete
schon im profanen Griechisch die offizielle Volksversammlung. In
der griechischen Polis handelte es sich hierbei um die öffentliche
Versammlung der Bürger, welche ein Herold aus ihren Häusern he-
rausrief (ekkletoi). Im Neuen Testament ist es konsequent die Versammlung des neutestamentlichen Gottesvolkes. Sie ereignet sich in
unterschiedlichen Formen und verwirklicht sich auf verschiedenen
Ebenen. Es ist eine Versammlung, die sich unter dem Wort des lebendigen Gottes gehalten weiß. Ekklesia erfährt ihre letzte Erfüllung
in der kultischen Versammlung, aber sie erschöpft sich nicht in ihr.
Sie meint im Sinn des Matthäuswortes „Wo zwei oder drei in meinem Namen versammelt sind, da bin ich mitten unter ihnen" (Mt
18,20) das Zusammensein der Christinnen und Christen überhaupt.

Im Gegensatz zur Synagoge („edah") durften in der Ekklesia
Frauen auftreten, beten und prophetisch reden (1 Kor 11,2ff.). Andererseits ist Paulus in seinen Äußerungen über die Stellung der
Frau in der Gemeinde nicht einheitlich, worauf in diesem Rahmen
jedoch nicht weiter eingegangen werden kann. Am Anfang meinte

Wo Gott berührt

Ekklesia die Haus- und Ortsgemeinde. Erst in der späteren Entwicklung wurde ihre Bedeutung umfassender, weiter; man denke an Apg 9,31, wo von der „Kirche in ganz Judäa, Galiläa und Samarien" die Rede ist. In den Pastoralbriefen werden die Ortsgemeinden zu einer größeren Einheit zusammengeschlossen. Seit dieser frühen Zeit wird das Wort Ekklesia synonym für die Hausgemeinde, Ortsgemeinde und die universale Heilsgemeinde im Sinn der späteren Universalkirche verwendet. Neben diesen drei geographischen Bedeutungen bezeichnet es inhaltlich sowohl die christliche Gemeindeversammlung an sich, als auch in einem besonderen Sinn die zum Gottesdienst, also zum Hören des Gotteswortes oder zur Agape versammelte Gemeinschaft. Irenäus von Lyon ist schließlich im 2. Jahrhundert auch von der inneren Geschlossenheit der einzelnen Gemeinden überzeugt: „Denn wenn auch auf der Welt unterschiedliche Sprachen bestehen, so ist die Kraft der Überlieferung doch nur eine und dieselbe. Weder überliefern oder glauben die in Germanien gegründeten Kirchen anders noch die bei den Iberern noch die bei den Kelten noch die im Orient, nicht die in Ägypten oder die in Libyen oder die, die sich in der Mitte der Welt befinden."[25]

e Mit Jesus Gott neu entdecken

Mit ihrer Praxis, das Neue im Bekannten zu suchen und dem Neuen im Alten eine Chance zu geben, konnte sich die frühe Kirche ganz mit Jesus verbunden wissen. Ausgerichtet auf das Reich Gottes beinhaltet seine Predigt die Vorerfüllung der alttestamentlichen Ankündigung, die Verheißung der Enderfüllung und die Mitteilung, dass Jesus selbst Mittler und Bringer von all dem ist. Das Neue im Bekannten in der frühen Kirche bestand in dessen Zuordnung zum Verkündigungsgeschehen. Es gilt, ständig die Menschen zur Ekklesia zusammenzurufen; einmal als Verkündigung nach innen an die schon Versammelten und zum anderen über die Grenzen hinaus, als Ruf, der die Außenstehenden in die Ekklesia zu führen sucht. Einmal muss es um den inneren Vollzug des Glaubens gehen. Zugleich bedarf es der ständigen Überschreitung der geschlossenen Gemeinschaft und des Ausrufens des Glaubens in die Welt hinein, um all jene Menschen anzusprechen, denen er noch fremd oder aber fremd geworden ist. Ein eindrucksvolles Zeugnis dieser konstitutionellen Offenheit der Kirche und der kirchlichen Gemeinden findet sich im Psalm 87, wo das Loblied auf Zion, die Mutter aller Völker, angestimmt wird: „Der Herr liebt (Zion), seine Gründung auf heiligen Bergen … Herrliches sagt man von dir, du Stadt unseres Gottes." Jedoch wird hier keineswegs nur die Gottesstadt Zion gepriesen. Es wird auch darauf hingewiesen, wer alles in dieser Stadt ein Wohnrecht von Gott her hat. Gott holt alle damals bekannten schlimmen Völker in seine Stadt, und zwar nicht als Sklaven, sondern als Vollbürger. Er selbst trägt sie als seine Kinder in die „Bürgerlisten" ein: „Der Herr schreibt, wenn er die Völker verzeichnet: Er ist dort geboren. Und sie werden beim Reigentanz singen: All meine Quellen entspringen in dir." Der Psalm spricht von Leuten aus Ägypten und Babel, aus dem Philisterland, aus Tyrus und Kusch, also von Menschen verschiedenster Abstammung und religiöser Herkunft. Jesus muss diesen Psalm gekannt haben. Vor diesem Hintergrund darf zu Recht angenommen werden, dass er mit seiner Vision vom Reich Gottes jede Ausgrenzung abgelehnt hat und ihm deshalb eine Einteilung von Völkern in eine Achse des Guten und eine Achse des Bösen absolut fremd gewesen sein muss.

Dass Jesus so gedacht bzw. dass der Evangelist Johannes ihn so gesehen hat, lässt sich aus einer Bemerkung in seinem Evangelium herauslesen; man kann sie in ihrer großen Bedeutsamkeit leicht übergehen, weil sie sich äußerst unscheinbar präsentiert. Nachdem Johannes in den vorausgegangenen Kapiteln das letzte Abendmahl und die Abschiedsreden Jesu geschildert hat, setzt Vers 1 des 18. Kapitels folgendermaßen ein: „Nach diesen Worten ging Jesus mit seinen Jüngern hinaus, auf die andere Seite des Baches Kidron." (Joh 18,1a) Warum erwähnt der Evangelist an dieser Stelle ausdrücklich das Überschreiten des Baches Kidron? Der Bach Kidron war die Grenze des Gültigkeitsraums des jüdischen Gesetzes, und zumindest der Evangelist wollte all das, was jetzt seinen Lauf nahm – Leiden, Tod und Auferstehung – in seiner Gültigkeit und Wirkung nicht auf das Judentum beschränkt wissen. Er wollte sagen: Alles was jetzt folgt, geschieht für alle Menschen und für die ganze Welt. Was jetzt folgt, begründet eine „neue" Schöpfung.

Die „Speisungen der Vielen" in den Evangelien finden nicht in einem geschlossenen Raum oder gar im Tempel statt, sondern „all'aperto", öffentlich, auf einer Wiese mit grünem Gras, bei offenem Himmel. Mit Jesus hat die frühe Kirche Gott neu entdeckt. Sie hat seine „Neuentdeckung" Gottes übernommen. Sie hat in Gott nicht den allmächtigen Richter gesehen, der bis zum Eintritt des Weltgerichts im Jenseits thront, sondern den Gott, der sich den Menschen zuwendet und dessen Reich schon auf dieser Erde und in dieser Zeit begonnen hat. Die Zahl der großen Worte „Glück", „Erlösung" und „Glaube", von denen Peter Handke gesprochen hat, darf man also noch um das Wort „Transzendenz", das sich vom Lateinischen herleitet und soviel bedeutet wie „überschreiten", näherhin „eine Grenze überschreiten", und das Wort „Hoffnung" ergänzen. In Jesus hat Gott die Grenze vom Jenseits ins Diesseits überschritten und so der Hoffnung des Menschen auf ein Jenseits im Diesseits einen Namen gegeben. Und in der Liturgie tut er dies bis zum heutigen Tag. Der Gottesdienst ist ein Dienst an der Hoffnung, in deren Horizont wahrhaft menschliches Leben wirklich möglich ist. Darauf hat auch Irenäus von Lyon mit seiner bekannten Formel hingewiesen: „Die Ehre Gottes ist der lebendige Mensch."[26]

Das Jüdische ist die Linie, auf der das Christliche geschrieben wurde. In den Speisungserzählungen blickt Jesus zum Himmel. Er dankt für das Brot. Er bricht es und lässt es an die Anwesenden verteilen. In der frühen Kirche nennt man die Feier der Eucharistie das „Brotbrechen"; dieses erfolgte in der versammelten Gemeinde durch den Hausvater. Dazu sprach man die sogenannten „Berachot", Lobsprüche, die sowohl die Liturgie als auch das alltägliche Beten und Tun begleiten. Jede „Beracha" beginnt mit den Worten: „Gepriesen seist Du, Ewiger, unser Gott, Du regierst die Welt ..."; daran fügte der Hausvater weitere Worte an, entsprechend dem jeweiligen Jahreslauf und der Tageszeit sowie je nach konkretem Lebenslauf und Lebensalltag. Sie drückten aus, was die Gemeinde gerade erlebte oder durchlebte: Worte der Freude und des Dankes. Worte der Klage und der Bitte. Worte der Verzweiflung und der Trauer. Worte des Staunens und der Hoffnung. Jüdische Berachot wollen in jedem Fall immer mehr sehen als das, was gegenwärtig ins Auge sticht. Sie wollen immer weiter und das verborgene Wunder sehen. Für das Judentum gibt es keine Zeit, die nicht zugleich Zeit der Beracha ist. Auch wenn das Wunder im Augenblick nicht geschieht, so steht doch der Regenbogen am Himmel.

Für die Heilige Schrift ist Zeitgeschehen stets Zeit Gottes, es ist Heilsgeschehen, in dem Ursprung, Gegenwart und Zukunft ineinander verschränkt sind. Das bedeutet, dass im Ursprung jeder Augenblick enthalten ist – einschließlich der zu Ende Gebrachte als Vollendung. In jedem Moment entfaltet sich der Ursprung, und er ist immer auch Gegenwart. Der Gesichtspunkt der Vollendung, des Endzeitlichen, ist also nicht irgendetwas am Christentum, sondern schlechterdings sein Innerstes – der Ton, auf den in ihm alles gestimmt ist. Es ist die Farbe der Morgenröte eines erwarteten neuen Tages, in die alles getaucht ist. Wenn sich ein roter Faden durch die ganze Heilige Schrift hindurchzieht, dann zweifellos die im Alten Testament gegenwärtige Bitte um das Kommen des vollendenden Heils Gottes: für Israel als Gericht und Hoffnungserfüllung für Gottes Volk und alle Völker und darauf „fußend" im Neuen Testament für das Christentum die Bitte um das Kommen des „Reiches Gottes", also der Fülle des Lebens für alle Völker dieser Erde. Darum ist die Bitte um das Reich Gottes, „Dein Reich komme", so etwas wie die Ur-Bitte allen Bittens und Betens im Christentum. Und deshalb nimmt auch das „Herrengebet", das Vaterunser, mit Recht eine so zentrale Stellung im christlichen Gebetsleben ein: In ihm ereignet sich „augenblicklich" vorweg geschenkte Vollendung. Für Sören Kierkegaard war der Gedanke wichtig, dass „jede Zeit unmittelbar zu Gott" ist. Jetzt und heute „denkt er an sein Erbarmen", wenn er auf seine Schöpfung und seine Geschöpfe schaut („respexit"), wie es im Text des Magnificat heißt.

3 Die verausgabten Jünger

Wie bereits angedeutet, finden sich in Markus – ähnlich wie bei Matthäus – zwei Fassungen der Speisungsgeschichte: Mk 6,30–44 und Mk 8,1–10. Man darf diese Fassungen nicht als zwei selbständige Überlieferungen begreifen. Es geht vielmehr um Ausfaltungen einer gemeinsamen Grundtradition, welche die folgenden Gemeinsamkeiten aufweisen: das Erbarmen Jesu, den abgeschiedenen Ort und ein Gespräch zwischen Jesus und den Jüngern.

a Die Rolle der Jünger

Es gibt auffallende Gemeinsamkeiten – z. B. der Feststellung der vorhandenen Lebensmittel, der Aufforderung zum Lagern der Volksmenge, dem Gebet Jesu, dem Vorsetzen der Gaben durch die Jünger, dem Mahl und die Aufsammlung der Reste sowie einer Angabe über die Zahl der Anwesenden – und doch konnte sich die erzählerische Gestalt der Geschichte durchaus verändern. So finden sich Unterschiede in den Zahlenangaben, welche Brote, Fische, Körbe und die anwesende Volksmenge betreffen. Diese Differenzen sind jedoch theologisch eher von untergeordneter Bedeutung. Größere Beachtung verdient meines Erachtens der Unterschied im Gespräch Jesu mit den Jüngern am Anfang des Textes. Während in Mk 6,34ff. die Handlung von den Jüngern ausgeht ist sie nach Mk 8,1ff. von Anfang an (also initiativ) bei Jesus „verortet". Bei Matthäus darf man davon ausgehen, dass er die Markusfassung kannte und diese Geschichten neu erzählen wollte. Dabei hat er gewisse Aspekte aus dem vorhandenen Material anders gewichtet, andere hingegen zurücktreten lassen und wieder andere gar nicht berücksichtigt. Wenn man die redaktionelle Arbeitsweise des Matthäus beschreiben möchte, so kann man sagen: Matthäus war auf eine größere Konzentration bedacht. Eine Folge dieser Bemühung war sicher, dass er die Geschichte mit dem Mahl der Viertausend parallelisierte. Weiter fällt auf, dass der Evangelist den Einzelheiten weniger Beachtung schenkte; so interessierte ihn z. B. nicht, an welchem Ort die Speisung konkret stattfand. Wichtig ist ihm, auf das Erbarmen Jesu mit den Menschen hinzuweisen. Dabei zeigt er Jesus in der Geschichte als überlegenen und souveränen Herrn, der den Jüngern zwar Unmögliches befiehlt, aber genau weiß, was er tut. Die Antwort der Jünger im Markusevangelium auf Jesu Befehl „Gebt ihr ihnen zu essen!" (Mk 6,37) lautet: „Sollen wir weggehen, für zweihundert Denare Brot kaufen und es ihnen geben, damit sie zu essen haben?" Diese Antwort der Jünger klingt unrealistisch, weil die Jünger ja keinesfalls zweihundert Denare bei sich tragen können – ein Betrag, der zweihundert Taglöhnen eines Arbeiters entspräche. Matthäus lässt einfach die Erwähnung der zweihundert Denare aus. Während bei Markus ein gewisses Unverständnis zum Ausdruck gebracht wird, bleibt bei Matthäus in 14,17 nur noch ein leiser Zweifel übrig: Sie haben ja nur fünf Brote und zwei Fische. An diesem Beispiel lässt sich erkennen, dass Matthäus mit seiner Fassung einen anderen Adressaten ansprechen wollte: Ihm geht es um die Gemeinde als Ganze und ihren Kleinglauben, der irgendwo zwischen Vertrauen und Verzweiflung angesiedelt ist.

b Wann essen die Jünger?

ls ich nach meiner Erstkommunion Gelegenheit hatte, in meiner eigenen Bibel immer wieder einen Blick in „meine Geschichte" zu werfen, haben mich solche exegetischen Details noch nicht berührt.

Wo Gott berührt

Gleichwohl stellte sich mir bald einmal die eine oder andere kritische Frage zum Hergang der Erzählung. Eine dieser Fragen bezog sich auf den Umstand, dass die Jünger den anderen zu essen geben sollten, aber nicht ausdrücklich gesagt wird, dass sie auch selber essen sollten. Meinem Alter entsprechend, versuchte ich der Sache praktisch auf die Spur zu kommen. In unserem Dorf gab es außer dem Laden von Paula auch noch ein Gasthaus. Es stand am Fuße des Kirchbergs auf einem großen Platz, auf dem sich gleichzeitig der Dorfbrunnen befand. Als Schulkinder waren wir beim Sonntagsgottesdienst stets in den ersten Reihen der Kirchenbänke postiert: rechts die Knaben, links die Mädchen. Hin und wieder nahm mich mein Vater jedoch auch mit auf die Empore, die ausschließlich für die Männer reserviert war. Manche von ihnen konnten es nicht erwarten, nach dem Gottesdienst das Gasthaus aufzusuchen, um rechtzeitig zum obligatorischen Kartenspiel zu kommen. So verließ man die Kirche schon vor den abschließenden Vermeldungen des Pfarrers für die folgende Woche. Da mein Vater gelegentlich auch zu jenen Eiligen gehörte, gelangte ich an manchen Sonntagen mit den Ersten in die Gaststube. Dabei fiel mir auf, dass das Personal, das am Sonntagmittag viele Gäste zu betreuen hatte, an einem separaten Tisch gemeinsam aß, bevor die Gäste von der Kirche ankamen. So erklärte ich mir also als Kind das Fehlen eines besonderen Hinweises an die Jünger zum Selberessensollen mit der praktischen Erklärung des sogenannten „Voressens" der Servierenden im Gasthaus unseres Dorfes.

Diese Erklärung zerbrach jedoch jäh in den ersten Jahren nach der Priesterweihe, als ich als Seelsorger tätig war, in der Ernüchterung des Alltags. Jetzt wurde mir selbst das Fehlen einer ausdrücklichen Ermutigung der Jünger zum Stillen ihres eigenen Hungers und zur Notwendigkeit des eigenen Sattwerdens beim Austeilen der Speise zu einem existentiellen Problem. Eine große spirituelle Hilfe war für mich in jener Zeit das Wort Jesu an seine Jünger beim Abendmahl „Nehmt und esst!". Doch jedes Mal, wenn ich die Worte bei der Wandlung in der Eucharistiefeier sprach, musste ich dabei schon wieder an die anderen denken.

Was ist mit meinem eigenen Hunger? Mit meinem Hunger nach Leben? Mit meinem Hunger nach Freude? Wer nicht begehrt, kann auch nicht geben. Viel später fand ich meine damalige Situation bei einem Autor beschrieben, bei dem ich es gar nicht erwartet hatte. Es war die „Fröhliche Wissenschaft" des Philosophen Friedrich Nietzsche von 1880. Nach der neueren Nietzscheforschung ist dieses das glücklichste und ausgeglichenste seiner Werke. In ihm verbindet sich das Lachen mit der Weisheit, und es stellt zweifellos einen der Höhepunkte von Nietzsches Schaffen dar. Der Exeget Thomas Söding bekennt in einem Interview zur „Theologie für die Gegenwart": Nietzsche „hat vieles aus Theologie und Kirche messerscharf seziert; mit dem muß sich ein Theologe, auch ein Exeget wirklich auseinandersetzen."[27] Als wacher Zeit-Beobachter hat Nietzsche zwei große Verdächtigungen vorausgesehen. Die erste ist die Verdächtigung der Ruhe, die zweite die Verdächtigung der Freude. Beide sind nach ihm für das Gelingen des Lebens offensichtlich notwendig.

In Nr. 329 schreibt Nietzsche über den Zusammenhang von Muße und Müßiggang: „Man schämt sich jetzt schon der Ruhe; das lange Nachsinnen macht beinahe Gewissensbisse. Man denkt mit der Uhr in der Hand … – man lebt wie einer, der fortwährend etwas ‚versäumen könnte'. ‚Lieber irgendetwas tun als nichts' – auch dieser Grundsatz ist eine Schnur, um aller Bildung den Garaus zu machen. Und so wie sichtlich alle Formen an dieser Hast der Arbeitenden zugrunde gehen: so geht auch das Gefühl für die Form selber, das Ohr und Auge für die Melodie der Bewegungen zugrunde. Der Beweis dafür liegt in der jetzt überall geforderten plumpen Deutlichkeit, in allen den Lagen, wo der Mensch einmal redlich mit Menschen sein will … – man hat keine Zeit und keine Kraft mehr für die Zeremonie, für die Verbindlichkeit mit Umwegen, für allen Esprit der Unterhaltung, und überhaupt für alles otium. Denn das

Leben auf der Jagd nach Gewinn zwingt fortwährend dazu, seinen Geist bis zur Erschöpfung auszugeben, in beständigem Sichverstellen oder Überlisten oder Zuvorkommen: die eigentliche Tugend ist jetzt, etwas in weniger Zeit zu tun als ein anderer … Gemäß diesem Hange schreibt man jetzt seine Briefe; deren Stil und Geist immer das eigentliche ‚Zeichen der Zeit' sein werden. Gibt es noch ein Vergnügen an Gesellschaft und an Künsten, so ist es ein Vergnügen, wie es müde gearbeitete Sklaven sich zu Recht machen. Oh über diese Genügsamkeit der ‚Freude' bei unsern Gebildeten und Ungebildeten! Oh über diese zunehmende Verdächtigung aller Freude! Die Arbeit bekommt immer mehr alles gute Gewissen auf ihre Seite: der Hang zur Freude nennt sich bereits ‚Bedürfnis der Erholung' und fängt an, sich vor sich selber zu schämen … Ja, es könnte bald so weit kommen, dass man einem Hange zur vita contemplativa (das heißt zum Spazierengehen mit Gedanken und Freunden) nicht ohne Selbstverachtung und schlechtes Gewissen nachgäbe."[28]

c Maßlose Geschäftigkeit

Ohne dass man mit dem Lesen dieses Textes das spezielle Gottes- und Menschenbild Nietzsches übernehmen oder teilen muss, wird man zugeben, dass seine Beobachtungen für unsere Gesellschaft, für unsere Kirche und für unsere Seelsorge heute geradezu prophetischen Charakter haben. Wenn Luc Boltanski, Forschungsdirektor an einem angesehenen soziologischen Institut in Paris, in einem Aufsatz die These aufstellt, die Ideologie des Unternehmerischen dehne sich immer mehr auf historisch vom Kapitalismus bisher verschonte Berufsfelder aus, muss man da nicht auch an den Beruf des Seelsorgers und der Seelsorgerin heute denken? Das von Boltanski beschriebene, heute favorisierte Berufsbild leitet sich immer weniger von der Qualität seiner Tätigkeit, sondern vorwiegend vom Maß seiner Aktivitäten her. Vor dem Hintergrund seiner Studie prophezeit der Forscher den europäischen Gesellschaften, dass der „Prekarität der beruflichen Situation" immer öfter zermürbend die „Prekarität der persönlichen Situation" entsprechen wird. Angesichts der immer maßloser werdenden Geschäftigkeit steht nach Boltanski zu befürchten, dass es keine Besinnungspausen mehr geben, und dass es keine wirklich in sich gekehrten, sondern nur noch in Netzwerken befindliche Tätige geben wird.[29] Ganz abgesehen davon, dass auch Nietzsche einige Zeilen vor dem zitierten Text aus seiner „Fröhlichen Wissenschaft" die diagnostizierte maßlose Geschäftigkeit auf den Kapitalismus zurückführt, zeigt auch der folgende, aus viel früherer Zeit stammende Text, dass die maßlose Geschäftigkeit im Seelsorgeberuf heute nicht nur sozialgeschichtlich begründet ist, sondern auch tiefere spirituelle Wurzeln hat.

„Bist du Seelsorger?" fragte sich der hl. Karl Borromäus. In einer Ansprache an seine Seelsorger antwortete er darauf folgendermaßen: „Vernachlässige darüber nicht die Sorge für dich selbst, und sei andern gegenüber nicht so freigebig, dass für dich selbst nichts übrigbleibt. Du musst zwar an die Seelen denken, deren Vorsteher du bist, aber nicht so, dass du dich selbst vergisst. Erkennt, Brüder, dass nicht allen Männern der Kirche in gleicher Weise dasselbe notwendig ist. Es gibt das innere Gebet, das allen unseren Handlungen vorausgeht, sie begleitet und ihnen folgt: ‚Ich will dir singen', sagt der Prophet, ‚und erkennen' (vgl. Ps 100,1). Spendest du die Sakramente, lieber Bruder, so bedenke, was du tust. Feierst du die Messe, so bedenke, was du darbringst. Singst du im Chor, bedenke, mit wem du sprichst und was du sagst. Leitest du die Seelen, so bedenke, mit wessen Blut sie reingewaschen sind, und alles, was ihr tut, geschehe in Liebe' (1 Kor 16,14). Alle Schwierigkeiten, die wir notwendig Tag für Tag in großer Zahl erfahren – wir sind ja in sie hineingestellt –, werden wir leicht überwinden können. Auf diese Weise gewinnen wir Kraft, Christus in uns und in anderen zu gebären."[30]

Der spätere Papst Johannes Paul I. schreibt in seinem Buch „Ihr Ergebener Albino Luciani. Briefe an Persönlichkeiten" unter Bezugnahme auf die Speisung der Vielen an Jesus von Nazaret: „Du woll-

Wo Gott berührt

test, dass man das Gute bis ins Detail ausführt" und „übrigens hast
Du immer darauf geachtet, die Dinge nicht halb zu tun." Luciani
sieht darin einen Grundzug Jesu, der sich durch dessen ganzes seelsorgliches Handeln zieht, und der nach der johanneischen Fassung
auch für die Jünger gelten soll: „Sammelt die übriggebliebenen
Brotstücke, damit nichts verdirbt." (Joh 6,12) „Das Gute bis ins Detail ausführen" und „immer darauf achten, die Dinge nicht halb zu
tun" – was bedeuten diese beiden Aussagen über das Handeln Jesu
für das Handeln der Seelsorgerinnen und Seelsorger, ohne dass sie
bei ihnen zu einer spirituellen Selbstüberforderung führen? Nun,
ich bin der Auffassung, dass diese beiden Aussagen von Albino Luciani zuerst auf Gott selbst bezogen werden wollen. Erst in der Folge
kann sich eine angemessene Betrachtungsweise für die Seelsorgerinnen und Seelsorger ergeben.

Auf Gott selbst bezogen besagen sie nichts anderes als dass es
Gottes Art ist, den Menschen mit seinem ganzen Leben, restlos, anzunehmen. So konnte Karl Rahner auch dazu ermutigen, Gott im
tiefsten Grund seines Geheimnisses als unendliche, nicht erklärbare,
alles rettende Liebe zu erhoffen.[31] Erst wenn man vor diesem Hintergrund die Aussagen von Albino Luciani im Blick auf Gott bedacht
hat, lässt sich weiter fragen, warum sich gerade viele Seelsorgerinnen
und Seelsorger damit schwer tun, Gott diese unbedingte Annahme
ihnen gegenüber abzunehmen. Warum reagiert Jesus im Johannesevangelium (Joh 13,5–9) so heftig, als Petrus sich von ihm nicht
die Füße waschen lassen will? In seinem Brief an die Philipper
schreibt der Apostel Paulus von „vielen" unter seinen Gemeindemit-
gliedern, die „als Feinde des Kreuzes Christi leben" (Phil 3,18). Anders als „leben" in der deutschen Einheitsübersetzung heißt es im
griechischen Originaltext „gehen" bzw. „wandeln", was darauf hinweist, dass der Apostel in jedem Fall die Lebensweise, den Lebensstil,
den Lebensalltag einzelner Gemeindemitglieder im Blick hat. Der
nachfolgende Vers „Ihr Ende ist das Verderben, ihr Gott ist der
Bauch; ihr Ruhm besteht in ihrer Schande; Irdisches haben sie im

Sinn" (Phil 3,19) hat dazu geführt, dass man in der Auslegung zuerst an Menschen mit einem freizügigen, hedonistischen Lebensstil gedacht hat. Doch bei Berücksichtigung des vollständigen Textes erkennt man, dass der Apostel an bestimmte judaisierende Gruppen denkt, von denen am Anfang des Kapitels (Phil 3,2) auch ausdrücklich gesprochen wird.

Nach Carlo M. Martini wäre es vereinfachend und falsch, unter der Ablehnung des Kreuzes mangelnde Hingabe zu verstehen. Das Nein zum Geheimnis des Kreuzes im eigenen Leben bestünde vor allem im mangelnden Glauben an Gott, der den Menschen liebt und ihm seine Vergebung schenkt. Vor mehreren Jahren schrieb Martini in einem Hirtenbrief an seine Diözese: „Wie sehr wünsche ich mir, dass wir verstehen, dass das Geheimnis eines Gottes, der starb und auferstand, der Schlüssel zum Verständnis der menschlichen Existenz und der Kern des Evangeliums und unseres Glaubens ist. Gegen diesen Felsen des Paschamysteriums schlagen die Wogen all unserer Widerstände mit voller Wucht … Dennoch laufen hier alle Fäden zusammen; hier geht es um Tod und Leben, um Schmerz und Freude, um Scheitern und Erfolg, Frustration und Sehnsucht, Demütigung und Verherrlichung, Verzweiflung und Hoffnung." Petrus darf in den Evangelien als Repräsentant der Jünger Jesu angesehen werden. Gerade Menschen, die sich für Jesus und seine Botschaft in besonderer Weise einsetzen, kann es – wie Joh 13,5–9 zeigt – schwer fallen, zu verstehen, dass Gott seine Liebe an keine Bedingung knüpft. Im 1. Korintherbrief sagt Paulus über sich: „… durch die Gnade Gottes bin ich, was ich ich bin, und sein gnädiges Handeln an mir ist nicht ohne Wirkung geblieben. Mehr als sie alle habe ich mich abgemüht – nicht ich, sondern die Gnade Gottes zusammen mit mir." Die Erfahrung des menschlich und geistlich Sattgewordenseins bewahrt davor, sich selbst und andere zu überfordern. In der Erzählung der „Speisung der Vielen" geht es um die Mitte des christlichen Glaubens, die lautet: Gottes Liebe ist nicht begrenzt. Nicht Gesetz, sondern Gnade ist das entscheidende Motiv der Seelsorge: Gabe und Zuspruch für das Leben. Was daraus dann als Aufgabe, Anspruch und Verantwortung *erwächst*, ist *ermöglicht*, nicht mehr erzwungen.[32]

Es ist eine bedeutsame Entscheidung der frühen Kirche gewesen, bei der Festlegung des biblischen Kanons nicht nur eines, sondern vier Evangelien aufzunehmen. Damit wurde auch zu verschiedenen und unterschiedlichen geistlichen Sichtweisen bei der Auslegung der Texte ermutigt. Beim Vergleich der verschiedenen Evangeliumsversionen springt – wie bereits erwähnt – die Unterschiedlichkeit des johanneischen Textes gegenüber den synoptischen Erzählungen ins Auge. Eine immer wieder gestellte Frage in Bezug auf die „Speisung der Vielen" im Neuen Testament betrifft das Zueinander und Ineinander des Johannesevangeliums und der synoptischen Erzählungen. Darauf kann bis heute keine definitive Antwort gegeben werden. Von den verschiedenen Möglichkeiten der Erklärung seien die folgenden herausgegriffen: Der Evangelist könnte die synoptischen Texte gelesen und aus der Erinnerung manches festgehalten haben. Er könnte sie jedoch auch vom Hören kennen oder eine andere Quelle benutzt haben, die bereits die synoptischen Versionen miteinander in Beziehung gebracht hatte. Schließlich könnte er auch eine eigenständige Quelle benutzt haben. Diese könnte sich in dem einen oder anderen mit den synoptischen Darstellungen berührt haben. Nach Lage der Dinge scheint diese Ansicht die bestbegründete zu sein.

Eine äußere auffallende Verschiedenheit zwischen dem Johannesevangelium und den synoptischen Texten ist die Einführung der beiden Jünger Philippus und Andreas. In der johanneischen Version steht Jesus mit seinem zielbewussten (Joh 6,5f.), aktiven (Verteilung der Brote in Vers 11), innerlich sicheren und unbeirrbaren (Vers 15) Handeln ganz im Mittelpunkt. Diese starke und ausschließliche Jesusbetonung lässt die Jünger in den Hintergrund treten. Der johanneische Jesus handelt im Gegensatz zu den synoptischen Texten aber auch nicht aus Erbarmen mit der notleidenden

Menge, wie es vor allem die matthäische Version herausstellt, und auch nicht aus messianischem Erbarmen mit dem hirtenlosen Volk heraus, wie es Mk 6,34 in den Mittelpunkt rückt. Beim johanneischen Jesus ist überhaupt nicht die Rede vom Hunger des Volkes, den er stillt.

Im Johannesevangelium speist Jesus das anwesende Volk. Mit dieser Geste soll etwas ganz Besonderes „dargestellt" werden: Die fünf Brote, die ich euch zusammen mit den zwei Fischen austeile, bin ich selbst. Ich bin das vom Himmel herabgekommene Lebensbrot. Während die anderen Evangelisten eher betonen, dass Jesus das Brot ist, welches den Hunger stillt, will Johannes auf Folgendes aufmerksam machen: Ich bin das Brot, das den Hunger weckt, bevor es ihn stillt. Das Brot, das er gibt, erweckt den Hunger, um ihn für ewig zu stillen. In seiner Rede, die er in der Synagoge von Kapharnaum über das Wunder der Speisung mit dem Manna in der Wüste hält, will er seinen Zuhörern zeigen, wonach sie eigentlich hungern und dürsten, wen sie eigentlich suchen, auf wen sie eigentlich warten. In diesem Zusammenhang ließe sich auch an das Wunder mit dem Wasser aus dem Felsen denken. Rudolf Bultmann hat in seinem Johanneskommentar darauf aufmerksam gemacht: „Wer etwas von ihm möchte, muss wissen, dass er ihn selbst empfangen soll, wer ihn um die Gabe des Lebens angeht, muss lernen, dass er selbst es ist, den er eigentlich will."[33]

Das Johannesevangelium will Jesus als den Herrn seiner Kirche herausstellen. So kann gerade diese Evangeliumsversion der heute beobachtbaren maßlosen Geschäftigkeit in der Seelsorge theologisch gegensteuern. Es wird betont: Jesus ist der eigentliche Seelsorger in der Kirche. Angewendet auf die Praxis der Seelsorge bedeutet dies: „… als Dorf- und Stadtweise sind wir Prediger nicht gefragt und hätten auch nicht die notwendige Kraft. Ich rede mit dem Hörer über sein Leben nicht aus dem Fundus meiner Lebenserfahrung, meiner größeren Bildung, meiner tieferen Weisheit, meiner religiösen Inspiration, ich rede mit ihm über sein Leben im

Licht der Christusverheißung, wie sie in der Heiligen Schrift bezeugt ist. Und das heißt letztlich: Ich rede mit ihm aufgrund von biblischen Texten. Aber es wird genau zu überlegen sein, was das bedeutet und welche Rolle der biblische Text in meiner Bemühung, mich mit meinem Hörer zu verständigen, tatsächlich einnimmt. Um es in einem Bild zu sagen. Es geht dem Prediger wie dem, der schwimmen lernen wollte und dabei meinte, er müsse sich durch seine eigenen Bewegungen über Wasser halten. Aber schwimmen konnte er erst, als er die Tragkraft des Wassers entdeckt hatte und sich auf diese verließ. Ohne Bild gesprochen bedeutet dies, dass jetzt nicht mehr ich den Text zum Reden bringen muss, sondern dass er sich von dem Zeugnis des Textes tragen lassen darf."[34]

Im vierten Kapitel seiner Ordensregel hält der Mönchsvater Benedikt die „Instrumente der guten Werke" fest. Interessant ist dabei die Komposition des Abschnitts. Er beginnt mit der Einladung: „Zuerst: den Herrn, Gott, lieben von ganzem Herzen und ganzer Seele und mit ganzer Kraft. Zweitens: den Nächsten lieben wie sich selbst." Sodann folgen nach dieser grundlegenden biblischen Begründung die einzelnen „guten Werke": „Deinde non occidere. Non adulterare. Non facere furtum. Non concupiscere. Non falsum testimonium dicere." Und schließlich nennt er als achtes Instrument: „Alle Menschen ehren." Bemerkenswert ist in unserem Zusammenhang der Schluss dieses Kapitels, das – entsprechend der Einleitung des Liebesgebots – im 74. und letzten Instrument quasi alle vorhergehenden Instrumente zusammenfasst, wenn es heißt: „Und an Gottes Barmherzigkeit nie verzweifeln."[35] Aus der Forschung weiß man, dass es sich hier um eine altkirchliche Moralkatechese für Laien handelt. Es geht also um nichts Besonderes für Mönche, sondern um etwas, das jeden Christen betrifft. Sieht man diesen Abschnitt der Regel Benedikts genau an, so fällt auf, dass von den 74 aufgezählten Instrumenten 34 mit „nicht" beginnen („non" im Lateinischen). Jedes Mal geht es um eine Aufforderung, eine bestimmte Handlung zu unterlassen. Die Regel geht also davon aus, dass nicht nur das Handeln die Tür zum Leben öffnet: Auch der Verzicht zu handeln, das Zurücknehmen von Aktivität, kann dem Leben dienen.

d Überfluss und Übermaß

Die Ursachen dafür, dass sich viele Seelsorger heute unzufrieden fühlen, sind gewiss zu einem großen Teil in strukturellen Gegebenheiten zu suchen. Aber nicht nur. Dass sich heute viele auf „verlorenem Posten" sehen, liegt auch an ihrer geistlichen „Verlorenheit", an innerer Unruhe und Getriebenheit, am Aktionismus, der meint, bei jedem gesellschaftlichen Anlass dabeisein zu müssen. Verlieren sich nicht viele Seelsorger deshalb, weil sie sich keine Zeit mehr für das Wesentliche zu „nehmen" trauen? Wer diese Zeit nicht mehr hat und sie auch nicht mehr „genießen", sondern nur mit dem schlechtem Gewissen verbringen kann, dass er eigentlich noch woanders sein sollte, wird notgedrungen eines Tages verausgabt sein.

Dass der pastorale Beruf die Gefahr des Sich-Verlierens und der Überforderung in sich trägt, wusste bereits Gregor der Große, der in seiner „Pastoralregel" schrieb: „Oft hetzt die Übernahme des Hirtenamtes das Herz in die verschiedenartigsten Angelegenheiten hinein, und ein jeder Mensch wird unfähig der einzelnen Sache gegenüber, wenn sein Geist in stetem Durcheinander sich in viele Dinge teilen soll. Deshalb warnt ein weiser Mann vorsichtig: ‚Mein Sohn, mische dich nicht in viele Händel!' (Sir 11,10) Denn der Geist kann unmöglich die ganze Aufmerksamkeit jedem einzelnen Punkte zuwenden, wenn er sich auf so viele Dinge verteilen muss. Während er nämlich durch irgendeine vordringliche Sorge völlig nach außen gezogen wird, verliert er die ganze zarte Innerlichkeit; er geht völlig in äußeren Geschäften auf, für sich selbst gar nichts mehr übrig habend. Indem er sich mehr als notwendig in äußere Dinge einlässt, vergisst er, gleichsam auf dem Wege hingehalten, das eigentliche Ziel, und zwar in solchem Maße, dass er dem Streben nach Selbsterkenntnis entfremdet wird und nicht einmal mehr die Verluste sieht, die er erleidet, und nicht mehr weiß, wie viele Fehler er begeht."[36]

Der wunderbare, wachsende Überfluss beim Wunder ist bei aller Anstrengung der Austeilenden letztlich nicht deren Verdienst und Leistung, sondern Gabe Gottes. Im eucharistischen Mahl geschieht die Kommunion des Wachsens und des Abnehmens, beides auf den Wandlungspunkt hin, den der christliche Glaube „Auferstehung" nennt. Das Brechen des Brotes ist stets auch Ausdruck der Brechungen und Unterbrechungen, der Abbrüche und Durchbrüche des menschlichen Weges. Es ist selbstverständlich, dass Gott nicht auf unser Feiern angewiesen ist und dass es seine Herrlichkeit nicht vergrößert, aber wir selbst würden verkommen und zugrunde gehen, wenn wir nicht feierten. Eine Präfation des Messbuchs drückt diesen Sachverhalt wie folgt aus: „Du bedarfst nicht unseres Lobes, es ist ein Geschenk deiner Gnade, dass wir dir danken. Unser Lobpreis kann deine Größe nicht mehren, doch uns bringt er Segen und Heil durch unseren Herrn Jesus Christus."[37] Kein Mensch und keine Gemeinschaft könnten auf Dauer ohne Feiern bestehen. Das gilt im doppelten Sinn des Wortes: Feiern als „nicht arbeiten" (lat. feriari), und Feiern als „etwas feiern" (lat. celebrare).

In unseren Erzählungen spielt der Hunger der Menschen eine zentrale Rolle. Man isst, weil man Hunger hat. Könnte man seinen Hunger nicht stillen, würde dies zum Tod führen. Man muss essen, wenn man leben will. Man steht gewissermaßen unter einem Zwang zu essen. Der Vorgang der Nahrungsaufnahme ist die Befriedigung eines fundamentalen Bedürfnisses: Ein Mensch isst, um leben zu können, um zu überleben. Doch wenn wir „miteinander essen gehen", wenn wir „ein Essen geben" bzw. „zu einem Essen einladen" oder selbst „ein Essen zu uns nehmen", dann verweist schon der unterschiedliche Sprachgebrauch darauf, dass essen und essen nicht dasselbe ist. Beim ersten Mal geht es um lebensnotwendige und zweckmäßige Nahrungsaufnahme, beim zweiten Mal um ein humanes Geschehen. Zu einem humanen Ereignis wird das Essen erst, wenn der Zwang des Essenmüssens aufgehoben ist. Aufheben bedeutet nicht, dass die Notwendigkeit des Essens negiert würde oder dass Regeln der Zweckmäßigkeit nicht zu beachten wären – im Gegenteil: Das Mahl erkennt die Notwendigkeit des Essenmüssens ausdrücklich an. Aber dieses Notwendige ist jetzt nicht mehr das allein Maßgebende. Das Essen wird im Mahl zu einem Vollzug der Freiheit, ohne die Notwendigkeit des Essens zu leugnen. Essen zu müssen erhält so eine neue Qualität.

Es wird zum Zeichen für Essen dürfen. Beim Mahl brauche ich keine Angst um das Notwendige zu haben. Und deshalb ist es üblich, insbesondere natürlich beim Festmahl, dass es etwas Besseres und mehr als gewöhnlich gibt. Oder mit unseren Evangeliumstexten gesagt, dass es seiner Potentialität nach eine Speisung der Vielen ist. Das Mahl bringt zum Ausdruck, dass es im menschlichen Leben mehr gibt als Zwang, Müssen und Sollen. Es macht das Dürfen und Können sichtbar. Es setzt quantitativ den Überfluss voraus und bringt diesen zugleich zum Ausdruck. Dabei ist zwischen Überfluss und Übermaß zu unterscheiden. Der Prasser im Evangelium will durch sein Übermaß an Essen zeigen, dass er über dem Notwendigen und Zweckmäßigen des Essenmüssens steht. Durch sein Übermaß versucht er zu überspielen, dass Essen auch eine Notwendigkeit ist. Das Prassen ist ein gewaltsamer Versuch, sich über den Zwang des Essenmüssens und seine zweckmäßigen Regeln zu erheben. Es fehlt die innere Freiheit des Mahls. Das Mahl ist urmenschliche Weise des Umgangs mit der Welt. In ihm bestätigen sich Freiheit und Notwendigkeit gleichzeitig. In der Metaphorik des geistlichen Essens bzw. geistlichen Mahls kommt zudem die Spannung von Hunger und Sättigung, also von Leere und Fülle zum Ausdruck. Augustinus merkt zu unserer Erzählung der „Speisung der Vielen" an, dass ein geistiges Gut nicht durch Mitteilung verliere. Im Gegenteil, man besitze es nicht recht, solange man es besitze, ohne es mitzuteilen. Teile man es mit, so wiederhole sich die Geschichte von den fünf Broten und den zwei Fischen, die beim Austeilen zunahmen: Die Hungrigen werden gesättigt, und die Austeilenden würden nicht ärmer, sondern gerade das Austeilen bewirke, dass sie sich eines wunderbaren, wachsenden Überflusses freuten.[38]

e Ein uralter Traditionsstrom: Leben und Brot

Ein Zusammenhang des Speisungswunders mit der Feier der Eucharistie wird von einigen Kommentatoren mit Zurückhaltung beurteilt. Die dabei ins Feld geführten Motive sind: Weder Markus noch die vormarkinische Tradition haben sich um eine Angleichung an die Abendmahlsüberlieferung (Mk 14,22f.) bemüht; die Mahlsubstanzen sind unterschiedlich. Hier fehlt der Wein, beim Abendmahl fehlen die Fische. Das Verbum „eucharistein" in der Version des Johannesevangeliums muss sich in sämtlichen neutestamentlichen Mahlberichten nicht unbedingt auf den das Herrenmahl betreffenden Sprachgebrauch beziehen. Es kann auch eine sprachliche, dem hellenistischen Empfinden angepasste Variante zu „eulogein" sein und das jüdische Gebet vor der Mahlzeit bezeichnen, das nach dem Lobspruch auf Gott den Dank für die Gaben bekundet. Damit ist jedoch noch nicht gesagt, dass „eucharistein" in diesem Kontext eucharistisch zu verstehen ist. Es wird darauf aufmerksam gemacht: Da diese Stelle wahrscheinlich ein Zusatz der Redaktion ist, darf ausgeschlossen werden, dass ein solches Verständnis in der Absicht des Verfassers lag. Jedenfalls bemerkt Rudolf Schnackenburg, dass im johanneischen Speisungsbericht kein eindeutiger Rekurs auf die Eucharistie begegne und er auch keine eucharistisch-sakramentale Anspielung beinhalte.[39]

Gleichwohl gibt es auch andere Stimmen: Oscar Cullman, Xavier Léon-Dufour, und Johannes Betz erblicken im Speisungswunder – wobei sie dieses und die Brotrede Jesu als Einheit betrachten – eine Predigt bzw. eine Katechese zur Eucharistie.[40] Sie geben zu bedenken, dass der erste Teil der Brotrede (Joh 6,26–47) in fundamentaler Weise auf die Christologie des Evangeliums hinweise.

Das Brot des Lebens sei allein Jesus in Person. Am deutlichsten trete der Bezug zur Eucharistie in Joh 6,35 hervor, wo vom Lebensbrot Jesu nicht nur die Stillung des Hungers, sondern auch des Dürstens verheißen und damit dem Essen das Trinken angefügt werde. Diese Doppelung weise eher auf das Mahlsakrament, nicht auf eine symbolische Bedeutung hin. Außer auf diese Beobachtungen im Text selbst macht man jedoch noch auf ein anderes bedeutsames Faktum aufmerksam: Wenn die johanneische Gemeinde, für die das Evangelium geschrieben worden ist, vom „Brot des Lebens" hörte, wurde sie durch diesen Ausdruck unwillkürlich an ihr Abendmahl erinnert. Diese Traditionslinie bezeugt auch die Didache, der älteste christliche Katechismus; er stammt aus dem gleichen Raum wie das vierte Evangelium, nämlich aus Nordpalästina/Syrien, und wurde um die gleiche Zeit wie dieses, nämlich um 90 bis 100, aus älteren Bestandteilen zusammengestellt. In diesem uralten Traditionsstrom war der Begriff „Leben", zumal in Verbindung mit dem Begriff Brot, eucharistisch vorgeprägt und lenkte die Hörerinnen und Hörer ganz von selbst auf die eucharistische Versammlung. Zusätzlich lässt sich in diesem Zusammenhang anmerken: Die Urkirche war wesentlich Gottesdienstgemeinde, sie lebte aus dem Kult. Daraus ergibt sich für die Auslegung: Wenn ein urkirchlicher Text kultisch interpretiert werden kann, so ist dies in der Regel sein tatsächlicher Sinn. Zwar ist auch die Bedeutung des metaphorischen Sprachgebrauchs in der urkirchlichen Predigtpraxis nicht zu unterschätzen. Aber wenn der tatsächliche liturgische „Sitz im Leben" so greifbar ist wie hier, sollte er bei der Auslegung Vorrang haben.

Die „Speisung der Vielen" wird als „Überbietungswunder" bezeichnet. Und wie die Erzählung zeigt, partizipiert in Wahrheit stets nicht nur ein Einzelner bzw. eine Einzelne am Wunder, sondern „Viele". Auf die verschiedenen Zahlenangaben von 4000 bzw. 5000 Essenden in unserer Erzählung soll hier gar nicht näher eingegangen werden; sie bezeichnen alle das Gleiche: Wenn Gott handelt oder spricht, wird niemals nur der Einzelne angesprochen bzw. am

Einzelnen etwas bewirkt – es wird immer auch das unmittelbare Umfeld der Betroffenen tangiert. Mit anderen Worten: Heil hat stets eine gemeinschaftliche Dimension. Die gemeindliche bzw. gemeinschaftliche Auswirkung des Heils sieht man auch in der Erzählung von Jesus und Zachäus (Lk 19,1–10), in der Jesus nach der Ankunft im Haus des Zöllners diesem zuruft: „Heute ist diesem Haus das Heil geschenkt worden" (Lk 19,9).

Als ich nach meiner Erfahrung mit Paula in unser Elternhaus zurückkehrte und meiner Mutter schilderte, wie Paula mit mir und meiner komplizierten Situation umgegangen war, sah ich in diesem Moment sehr deutlich in ihren Augen, wie glücklich sie mit mir gewesen ist. Normalerweise war bei uns zu Hause die Sitzordnung bei Tisch streng geregelt: An der Spitze saß der Vater, und dann folgten von rechts nach links dem Alter nach die Kinder. Da ich zuhause der Jüngste war, war mein Platz am unteren Ende des Tisches, an der Seite der Mutter. Nach dem Gespräch mit ihr über die Erfahrung mit Paula bat sie mich beim darauffolgenden Mittagstisch, ganz oben neben dem Vater zu sitzen.

„Wunder" besagt nicht, dass sie nur *von neuem*, sondern dass sie *immer wieder neu* geschehen. So werden sie stets auch gegenwärtig sichtbar und greifbar; man kann ihre „Herrlichkeit" *sehen*. So liest man im Johannesevangelium (1,14) im Zusammenhang mit dem fleischgewordenen Wort Gottes „… und wir haben seine Herrlichkeit gesehen …" und in der Bekräftigung des Weinwunders in Kana durch den Evangelisten: „So tat Jesus sein erstes Zeichen, in Kana in Galiläa, und offenbarte seine Herrlichkeit, und seine Jünger glaubten an ihn." (Joh 2,11) Im „Gesetz des Überflusses" liegt das Geheimnis, das die scheinbar unendliche Spannung zwischen Anforderung und Beschenktwerden überbrückt. Das Wunder der „Speisung der Vielen" hat seine Sinnspitze gerade in diesem Mehr-als-nötig. Es verweist auf ein Strukturgesetz des Handelns Gottes, und dieses heißt, dass der Überfluss den eigentlichen Wesenszug und die eigentliche Form der Heilsgeschichte ausmacht. Es verweist darauf, dass der Mensch jenes Wesen ist, für welches das Überflüssige zugleich das Notwendige ist. Es bringt zum Ausdruck, dass in der Seelsorge der Kirche die Gnade vor der menschlichen Leistung steht. Am treffendsten lässt sich der Wundertyp, mit dem wir es bei der „Speisung der Vielen" (wie auch beim Weinwunder von Kana) zu tun haben, mit dem Begriff „Überbietungswunder" beschreiben. Es ist ein Wunder, das den „Vorrang der Gnade" oder, wie es can. 1752 des kirchlichen Gesetzbuches von 1983 ausdrückt, den „Vorrang des Heils der Seelen" in der Seelsorge reklamiert.

Gewiss, Markus und Johannes denken in ihren Erzählungen an eine Speisung der Vielen mit geistiger und geistlicher Nahrung. Doch Tatsache ist auch: Jesus hat den konkreten Hunger der Menschen ernstgenommen. Nach dem einhelligen Zeugnis der Evangelien sind alle wirklich satt geworden. Die Bibel selbst sieht das Leben nicht abstrakt oder idealistisch, sondern nüchtern und realistisch. Nach der Erzählung der „Speisung der Vielen" ist es gebunden an die Speise, ohne die es erlöschen würde. Speise ist „Lebensmittel" im strikten Sinn des Wortes. Schon immer träumt die Menschheit von einer Speise, die Unsterblichkeit bewirkt und ewiges Leben schenkt. „Leben" ist ein Urwort, das man mit vielen Methoden erforschen, aber letztlich nicht ergründen kann. Die Heilige Schrift betrachtet das Leben nicht naturwissenschaftlich nach seinen besonderen biologischen Äußerungen, auch nicht als zielgerichtete Selbstbewegung und Selbststeuerung, wie es die klassische abendländische Philosophie tut, und ebensowenig als autonome Selbstverwirklichung wie die Aufklärung. Nach der Bibel ist Gott die Quelle allen Lebens (Ps 36,10; Jer 2,13).

Fragt man nach dem Anfang der Welt, darf man sich nicht von der Vorstellung naturhistorischer Werdeprozesse leiten lassen, so als ob diese den Rückschluss auf ein Ursprungsdatum von Himmel und Erde zuließen. Genau dies ist auch die Schwäche des sogenannten „Kreationismus". Wenn man nach dem Beginn im Sinne des Anfangs des Buches Genesis fragt, dann stellt sich zuvor die Frage

nach den Bedingungen, die Werden, Natur und Geschichte überhaupt ermöglichen und gelingen lassen. Nach Christian Link ist
der Anfang der Schöpfung „als Anfang zu allen Anfängen in der
Zeit zu sehen: als die keineswegs selbstverständliche Fähigkeit überhaupt, einen Anfang zu machen. Dazu gehören so elementare Gegebenheiten wie der Wechsel von Tag und Nacht, der Rhythmus von
Saat und Ernte, aber auch die Institutionen der Ehe und der Arbeit
einschließlich aller Konflikte, die sie mit sich bringen. Hier werden
Konstanten freigelegt, in deren Rahmen sich das Dasein von Welt
und Mensch vollzieht ... Statt über die Erde zu verfügen, wird der
Mensch in ein Gefüge von Bedingungen eingewiesen, von denen er
abhängig bleibt, solange er lebt."[41] Die theologische Absicht, um die
es der biblischen „Genesis der Welt" geht, ist die Frage, ob es einen
Garanten ihrer Dauer und ihres Bleibens gibt.

VI Die Schöpfung

1 Gott, die Quelle allen Lebens

Bei der Entwicklung ihrer jeweiligen Schöpfungstheologie verwenden die biblischen „Theo-logen" den Begriff „ruach", um die innere und äußere Ordnung der Schöpfung aufzuzeigen.

a Gottes Zuwendung zu seiner Schöpfung

„Ruach" drückt darüber hinaus jedoch auch die mütterliche Zuwendung Gottes zu seiner Schöpfung, sein mütterliches Erbarmen gegenüber allen Geschöpfen aus. Vor dem Hintergrund des Psalms 104 erscheint unsere Erzählung von der „Speisung der Vielen" nun im Licht der gesamten Schöpfungswirklichkeit: „Sie alle warten auf dich, dass du ihnen Speise gibst zur rechten Zeit. Gibst du ihnen, dann sammeln sie ein; öffnest du deine Hand, werden sie satt an Gutem. Verbirgst du dein Angesicht, sind sie verstört; nimmst du ihnen den Atem, so schwinden sie hin und kehren zurück zum Staub der Erde. Sendest du deinen Geist („ruach") aus, werden sie alle erschaffen, und du erneuerst das Antlitz der Erde" (Verse 27–30). Und wenn es in Vers 24 desselben Psalms heißt: „Herr, wie zahlreich sind deine Werke! Mit Weisheit hast du sie alle gemacht, die Erde ist voll von deinen Geschöpfen", so sieht man, dass die Menschen hier nicht im Mittelpunkt stehen; sie bleiben den ganzen Text hindurch mit allen Lebewesen verbunden und werden erst ausdrücklich am Ende genannt.

Spätestens jetzt wird deutlich, dass die Schöpfung in Zukunft nicht mehr in Kategorien von Besitz und Eigentum gedacht und erfahren werden darf. Sie ist vielmehr Wohnung aller Lebewesen, und nach Jürgen Moltmann wohnt ihr zugleich auch Gott in drei Personen inne.[42] Obgleich der Mensch in Psalm 104 gegenüber allen anderen Lebewesen nicht im Mittelpunkt steht, so ist es doch der Mensch, und nur der Mensch inmitten aller Natur, der überhaupt fähig ist zum Staunen: „Er war allein mit seinem Staunen / inmitten von Geschöpfen, die das Staunen nicht kannten – / denen es genügte, zu sein und zu vergehen."[43] Der Psalm will das mütterliche Erbarmen Gottes zur ganzen Schöpfung herausstellen. Das „Mütterliche" gehört zu den Archetypen im Seelengrund des Menschen. Auch wenn Jesus nicht ausdrücklich vom mütterlichen Gott spricht: Seine Bibel mit den Gottesworten der Propheten hat er seinem Volk als bleibendes Vermächtnis anvertraut, und zum Zentrum seiner Verkündigung hat die Botschaft vom „Gott des Erbarmens", das heißt vom „Gott voller Mütterlichkeit" gehört. Im Anblick Jerusalems sprach er in Bezug auf sich selbst in einem Muttergleichnis: „Wie oft wollte ich deine Kinder um mich sammeln, so wie eine Henne ihre Küken unter ihre Flügel nimmt" (Mt 23,37).

Ähnlich wie das hebräische „ruach" ist offenbar auch „spiritus" im Lateinischen bzw. „pneuma" im Griechischen etwas, das sich in körperlichen Dingen bewegt und darin etwas zum Guten hin in Bewegung bringt. Geist steht also auch hier für Dynamik, Spontaneität, Kreativität, Phantasie. Wenn Thomas von Aquin den Heiligen Geist als den „Geist der Liebe" bezeichnet, so entspricht das durchaus dem ursprünglichen Sprachsinn. Zum Wesen der Liebe gehört es ja, den Willen des Liebenden zum Geliebten hin zu bewegen.[44] Als *Person*bezeichnung für den Heiligen Geist war diese sprachliche Verbindung in der Tradition in Ordnung. Er ist ja das Gemeinsame zwischen Vater und Sohn, das, was den Vater und den Sohn verbindet. Als *Wesens*bezeichnung bezieht sich „spiritus" jedoch auf die Tradition des metaphysischen intellectus- bzw. nous-Begriffs. Der ursprüngliche Wortsinn von „spiritus" bzw. „pneuma" war darin lediglich mitzudenken. Im deutschen Wort „Heiliger Geist" spiegelt sich diese ursprüngliche Spannung zwischen dem dynamischen, spontanen, kreativen, phantasievollen, sinnlichen sowie dem rational analysierenden

Spiritus-Akzent nicht mehr wider. Die iroschottischen Mönche haben bei ihrer Übersetzungsarbeit nicht das westgermanische „athom" (Atem), sondern das Wort „ghost" (überirdisches Wesen) verwendet. Dabei darf man durchaus davon ausgehen, dass es sich nicht um einen Übersetzungsfehler, sondern um eine ganz bewusste Akzentsetzung im Rahmen des vorgegebenen Wortfeldes handelte. Durch diese Entscheidung hat der ursprüngliche dynamische Wortsinn der „spiritus"- bzw. „pneuma"-Theologie an Bedeutung verloren. Völlig untergegangen ist er jedoch nie, wie der Nachweis aus der Summa theologica gezeigt hat.[45]

b Die „Wurzel der Hauche"

Im Schöpfungsbericht kleidet die Bibel die Erschaffung des Menschen in folgende Worte: „Da formte Gott, der Herr, den Menschen aus Erde vom Ackerboden und blies in seine Nase den Lebensatem. So wurde der Mensch zu einem lebendigen Wesen." (Gen 2,7) Die jüdische Dichterin Nelly Sachs hat in einem Gedicht diese biblische Schöpfungsaussage noch um etwas Wesentliches ergänzt: Sie spannt einen Bogen vom Anfang der Schöpfung, in der das Werden des Menschen aus Staub und das Einhauchen des Atems durch Gott beschrieben wird, bis zur Schrift Kohelets:

> Wo nur sollen wir hinter den Nebeln
> die Wurzel der Hauche suchen,
> die in den Wolken
> Augenblicks-Schöpfungsgeschichte schreiben?

Nelly Sachs sagt in diesen vier Zeilen, dass die Sehnsucht des Menschen nach Gott, sein Gotthunger, in ihm faktisch unauslöschbar und unverlierbar ist, auch wenn der Atem noch so elend, matt und flüchtig ist. Seine Wurzel ist und bleibt der Lebensatem Gottes. Und die Dichterin geht sogar noch einen Schritt weiter. Unter Berufung auf das Buch Kohelet 2,1–11 kommt sie zu dem Schluss: Der Atem Gottes im Menschen ist „die Wurzel der Hauche". Im Hauch ist

Gott präsent. Im Bedingten und im Unvollkommenen. Im Armseligen und im sogenannten Menschlichen. Anders als im heutigen Leistungsdenken und Profitstreben liegt die Stärke des Menschen demzufolge in seiner Unvollendetheit. In der „Wurzel der Hauche" ist die eigentliche Würde des Menschen begründet, weil Gottes Lebensatem in ihm atmet. Diese dichterische Wahrheit lässt in christlicher Sicht an die Menschwerdung Gottes denken. Als Gott Mensch geworden ist, ist er in die menschliche Natur hinabgestiegen, in ihre Kleinheit und Ohnmacht, in eine augenblickliche, windige Existenz. Könnte sich vor diesem Hintergrund nicht gerade dieses Unvollendete als Chance zum Umgang mit unserer Vergänglichkeit erweisen?

Wenn man in der klassischen Theologie zum Ausdruck bringen wollte, dass im Herzen eines jeden einzelnen Menschen eine Sehnsucht nach etwas über ihn hinaus wohnt, sprach man vom sogenannten „desiderium naturale". Johannes Tauler sieht darin den „Geburtsort" des übernatürlichen Seins des Menschen – die im Menschen von Gott selbst eingehauchte Bezogenheit auf ihn. Sie hat zur Folge, dass Seelsorge von beidem auszugehen hat: vom grundsätzlichen Vorhandensein dieser Sehnsucht in ihm sowie von der individuellen Verschiedenheit und Ausgeprägtheit dieser Sehnsucht bei jedem einzelnen Menschen. Für die Seelsorge bedeutet dies, nicht von einer Wunschwelt auszugehen, sondern vom „faktischen Leben der Menschen", von ihrer „jeweiligen kleinen Welt" (Heidegger). Nicht nur vom Perfekten und Vollendeten, sondern ebenso vom Unvollendeten, „Flüchtigen", „Windhauchigen". So wie die Jünger nach dem Markusevangelium zu Beginn von Jesu Wirken in Galiläa ihm gegenüber bekannt haben: „Alle suchen dich." (Mk 1,37)

In der gegenwärtigen Dogmatik gibt es Stimmen, die vom „desiderium naturale" als einem notwendigen und notwendenden Grundwort in der Postmoderne und der postchristlichen Gesellschaft sprechen. Man verweist darauf, dass die Theologie der 60er

und 70er Jahre noch an der Vermittlung der christlichen Glaubens-
inhalte in der Gesellschaft und Kultur interessiert gewesen sei. In
unserer aktuellen Gesellschaft sei man überhaupt nicht mehr auf
eine solche Vermittlung bedacht; heute ziehe man es eher vor, sich
auf Eigenes zu konzentrieren und den Glauben als eines der vielen
Fragmente der postmodernen Kultur zu leben. Man sieht in einer
Welt, in der jeder Mensch und jedes Ding zur Ware gemacht wird,
überhaupt keine Anknüpfungspunkte und Vermittlungsscharniere
mehr. Wohin sollte noch „vermittelt" werden, wenn der christliche
Glaube von der Einmaligkeit jedes einzelnen Menschen ausgeht?
Die Beschreibung des „desiderium naturale" als Wesensbestim-
mung des Menschen ist also keineswegs etwas, das man für neben-
sächlich oder unbedeutend erklären könnte. Es ist keine binnen-
dogmatische Fragestellung, sondern eine ganz brisante pastorale
Fragestellung von Kirche und Kultur in der sogenannten postchristlichen Gesellschaft.[46]

c Der Sehnsucht ein Gewand geben

Ausgehend von Psalm 23 mit seinem Bild vom guten Hirten hat der
Schriftsteller Antoine de Saint-Exupéry den Zusammenhang zwischen der von Gott einem jeden Menschen eingehauchten Sehnsucht und der Seelsorge in die Worte gekleidet: „Herr, leih mir ein
Stück von deinem Mantel, damit ich die Menschen mit der Last ihrer großen Sehnsucht darunter berge!" Das deutsche Wort „Sehnsucht" kommt nicht, wie man zunächst meinen möchte, von „suchen". Es leitet sich von „siechen" ab.[47] So deutet das Wort
„Sehnsucht" darauf hin, dass die Sehnsucht, die es benennt, eine un-
vollkommene ist, dass sie immer noch im Ankommen ist, dass sie
immer noch zu ihrer eigentlichen Bestimmung unterwegs ist, dass
man auch an ihr leiden, dass sie einem auch eine Last sein kann.

Medard Kehl spricht vom „Paradox der Sehnsucht": Einerseits
gebe es zweifelsfrei so etwas wie die „Augenblickserfahrung gefüllter
Gegenwart"; nach einer philosophischen Unterscheidung spricht

man in diesem Fall vom sogenannten „episodischen Glück". Max Frisch bezeichnet es als „lichterlohes Bewusstsein". Es ist der Augenblick, den man niemals vergessen möchte, der, so wünscht sich auch Faust, verweilen soll. In der christlichen Theologie ist man dieser Form des Glücks stets reserviert begegnet. Dabei legt die Bibel – insbesondere bei Jesus – eine viel umfassendere und offenere Haltung an den Tag. Zweifelsfrei braucht ein Leben, wenn es glücklich sein will, solche Episoden.

Andererseits muss jedoch ein glückliches Leben insgesamt mehr sein als eine bloße Aneinanderreihung glücklicher Episoden, denn jede dieser „Augenblickserfahrungen gefüllter Gegenwart" ist erfahrungsgemäß einfach immer „eine Spur zu wenig"[48]. So muss es außer dieser einen Glückserfahrung, die sich nach der erwähnten philosophischen Unterscheidung „periodisch" nennt, noch eine zweite geben, die sich auf das Leben insgesamt bezieht und deshalb als „Gestalt des Lebens" bezeichnet werden kann.[49] In diesem Zusammenhang greift Kehl einen Gedanken von Ignatius von Loyola auf, den dieser über die Bedingungen der Aufnahme eines Kandidaten in die Gesellschaft Jesu niederschreibt. Ignatius betont, dass beim Aufzunehmenden die Sehnsucht danach, dem Herrn nachzufolgen, vorhanden sein sollte. Wegen der menschlichen Schwachheit reicht ihm jedoch schon, wenn wenigstens die „Sehnsucht nach dieser Sehnsucht", das „desiderium desiderii" vorhanden ist.[50] Damit ist gesagt, dass sich beide Glückserfahrungen nicht ausschließen müssen. Das episodische Glück kann ebenfalls eine Spur in die Gestalt des Lebens sein bzw. werden und kann auf seine Weise das menschliche Herz zur Ruhe kommen lassen, damit es ruht in dem, der es zu ihm hin erschaffen hat.[51] Die ausgesprochene Sehnsucht der Nachfolge mag sich heute bei vielen Menschen kaum finden lassen. Aber könnte es nicht durchaus sein, dass sich auch dort eine uneingestandene, nicht ausgesprochen bewusste „Sehnsucht nach der Sehnsucht" finden lässt, die mit den großen Fragen des Menschseins – Woher kommt das Böse? Woher komme ich? Wohin gehe ich? – zurechtzukommen versucht? Diese Sehnsucht geht ja oft gerade von ganz sinnlichen Erfahrungen aus, so wie es Rainer Maria Rilke im folgenden Gedicht ausdrückt:

> Von deinen Sinnen hinausgesandt,
> geh bis an deiner Sehnsucht Rand;
> gib ihr Gewand!

Wenn man dem Wort Gottes in Gen 2,7 glaubt, macht die Sehnsucht nach Gott die eigentliche Größe des Menschen, seinen „Adel" aus. So gesehen kann die Sehnsucht des Menschen nach Gott auch im strengen Sinne nicht vollkommen „verdunsten" oder „versickern" bis nichts mehr da ist. Damit ist der umstrittenen These Thomas Rusters widersprochen, „im Zeitalter des Kapitalismus als Religion" sei jeder religiösen Erfahrung zu misstrauen, weil sie an den falschen, „verwechselbaren Gott" verweist.[52] Ruster erteilt in puristischer Weise allen „Vermittlungsversuchen des Glaubens, die bei den Grunderfahrungen des menschlichen Lebens ansetzen" eine Absage. Doch wie die Geschichte gestern ebenso gut wie heute zeigt, sucht sich die Sehnsucht des Menschen immer wieder neue Wege ihrer Verwirklichung und Entfaltung. Sind die zahlreichen religiösen und pseudoreligiösen Bewegungen heute nicht ein lebendiger Beweis dafür? Dabei ist es natürlich nicht ganz zutreffend von *der* Sehnsucht des Menschen zu sprechen. Jeder Mensch besitzt aufgrund seiner Einmaligkeit und Einzigartigkeit auch seine je eigene Sehnsucht, und diese trägt auch ihr einmaliges und einzigartiges Gewand. Und jeder Mensch darf von Gen 2,7 her davon ausgehen: Gott weiß, was mich kleidet, Gott weiß, was mich bloßstellt.

Henri de Lubac unterstreicht die Bedeutung der Sehnsucht des Menschen nach Gott als Sehnsucht eines Naturverlangens. Er beschreibt sie als eine „Sehnsucht aus Entbehrung". Damit stellt er sich einmal auf die Seite der Menschen seiner Zeit – der Mensch erfährt sich als ein in die Welt Geworfener – und zum anderen auf die Seite der großen Gottsucher in der Geschichte. „Das Göttliche bricht immer ein" oder „Keiner sieht Gott ohne zu sterben" (Maurice Blondel).·Der Mensch ist zur Sehnsucht nach Gott fähig; befähigt wird er aber nicht aus sich selbst, sondern nur, wenn er sich „aufbrechen" lässt: durch den „Einbruch eines Anderen", durch „Angerührtwerden durch einen Anderen". Im Gegensatz zum Begriff „übernatürliches Existential", den Karl Rahner vorgeschlagen hat, ist der Begriff „desiderium naturale" dynamischer, offener nach vorn.

Ignatius von Loyola hat von der „Sehnsucht nach der Sehnsucht" gesprochen, die dem Menschen zum Gestalten aufgegeben ist. Der größte Hunger, die tiefste Sehnsucht des Menschen ist nach den Erzählungen der „Speisung der Vielen" sein Hunger, seine Sehnsucht nach Gott, und dies ist deshalb so, weil der größte Hunger Gottes seine Sehnsucht nach den Menschen ist, wie es Augustinus einmal ausdrückt. Man kann die Sehnsucht des Menschen nach Gott auch schon deshalb nicht aufgeben, weil man sonst auch den Glauben, „dass Gott selbst Sehnsucht nach dem Menschen hat", fahren lassen müsste. So lässt sich das Gedicht Rilkes nicht nur auf unsere menschliche Sehnsucht nach Gott, sondern auch auf die Sehnsucht Gottes zu uns Menschen beziehen. Dem „Desiderat" Rilkes, seiner Sehnsucht ein Gewand zu geben, ist Gott bereits nachgekommen. Wie Gen 2,7 zeigt, ist seine Sehnsucht von seinen Sinnen hinausgesandt bis an seiner Sehnsucht Rand gegangen und hat ihr Gewand gegeben.

d Sehnsucht und Phantasie

Die Sehnsucht drängt auch dazu, nach neuen Orten und neuen Wegen, nach neuen Formen und Gestalten des Lebens zu suchen. Sie drückt sich aus in dem, was man als Phantasie bezeichnet. Phantasie bedeutet dabei keineswegs nur Flucht vor der Wirklichkeit. Zunächst mag es sogar befremden, im Zusammenhang mit Religion von „Phantasie" zu sprechen. Zum gängigen christlichen Wortschatz gehört sie gewiss nicht.

Von vielen Christinnen und Christen wird sie im Vergleich mit der Vernunft auf einer niedrigeren Stufe angesiedelt. Und für viele dürfte es auf den ersten Blick ebenfalls nicht leicht sein, einzusehen, was sie mit Glauben und Religion und erst recht mit Theologie zu tun hat. Auch in dieser rangieren Rationalität, Logik, Historizität und Faktizität vor der Phantasie. Was von der Theologie gilt, lässt sich unschwer als ein Merkmal unserer gegenwärtigen Gesellschaft insgesamt ausmachen. Max Weber beschreibt diese Rationalisierung aller Lebensbereiche als „Entzauberung der Welt". „Wer Wahrnehmung und Erkenntnis meint mit reiner, stringenter Rationalität ,einfangen' zu können, verliert gerade Dimensionen der Wirklichkeit aus den Augen."[53] Denn auch Christinnen und Christen leben nicht nur vom Wort und auch nicht nur von der „Logik der Theologie" und von dogmatischen Definitionen, sondern wesentlich vom ästhetischen Erleben her, von Geist, Inspiration und Phantasie.

Hermann Hesse plädiert in seinem Schulroman „Unterm Rad" für eine Theologie, die sich als Kunst begreift. Sie soll nicht nur „Theologik" bleiben, sondern Theologie, die mit dem Leben zu tun hat. Trifft diese Beschreibung der Theologie nicht ebenso auf die Seelsorge zu? Kunst meint die Fähigkeit, grundlegende Wahrheiten so auszusagen, dass Menschen mit all ihren Sinnen angesprochen und berührt werden.[54] Besteht die Kunst der Seelsorge nicht darin, Unsichtbares sichtbar zu machen? Dabei ist sie stets das „Schöpfen" aus etwas bereits Vorgegebenem, Wahrgenommenen, Erkanntem, Offenbarem, so wie es Martin Heidegger in seinen Überlegungen zur Bestimmung der Rede als Sichtbarmachen, als Offenbarmachen in seiner prägnanten Art festgehalten hat: „In der Rede soll, sofern sie echt ist, das, was geredet wird, aus dem, worüber geredet wird, geschöpft sein, so dass die redende Mitteilung in ihrem Gesagten das, worüber sie redet, offenbar und so dem anderen zugänglich macht".[55]

In der Seelsorge geht es also um das Sehen-lassen von offenbar gewordener Wirklichkeit. Seelsorge ist eine schöpferische Tätigkeit.

Wo es ihr gelingt, den Blick von Menschen mit dem Sehen Gottes zu verschränken, können sich neue und ungeahnte Lebensmöglichkeiten auftun. Es kann sichtbar werden, wie es wieder weitergeht, wie es noch viel besser weitergeht. Es kann sogar etwas ganz Neues, etwas, das „kein Auge gesehen und kein Ohr gehört hat" (1 Kor 2,9) entstehen. Die Worte eines betagten Jesuiten, der jahrelang mein geistlicher Begleiter war, sind für mich die kostbarsten meines Lebens geworden. Er sagte einmal zu mir: „Seien Sie dankbar, dass Sie es so sehen können!" Hesse hat im Übrigen in einer anderen, in einer äußerlich schmalen, aber inhaltlich dichten Schrift bekannt: „Ich neige sehr dazu, aus dem Rucksack zu leben und Fransen an den Hosen zu haben. Lange hat es gedauert, bis ich wusste ..., dass ich Nomade bin und nicht Bauer, Sucher und nicht Bewahrer ... Der Wanderer ist in vielen Hinsichten ein primitiver Mensch, so wie der Nomade primitiver ist als der Bauer. Die Überwindung der Sesshaftigkeit aber und die Verachtung der Grenzen machen Leute meines Schlages trotzdem zu Wegweisern in die Zukunft."[56]

e Phantasie und Glaube

„Phantasie" besteht jedenfalls „im Heraustreten aus fixierter, harter und eindeutiger Realität in freie und offene Möglichkeitsfelder."[57] Phantasie als „schöpferische Einbildungskraft" hat übrigens grundlegend mit (jüdisch-christlicher) Religion zu tun, da der jüdisch-christliche Glaube vom Menschen „als Ebenbild Gottes, des Schöpfers", ausgeht. So gesehen kann die Phantasie unseren eingefahrenen Alltagsrealitäten in der Seelsorge neue oder zumindest erweiterte Möglichkeiten zuspielen. Die Phantasie des Glaubens lässt Wirklichkeit anders und neu sehen – schließlich steht im Zentrum unseres Glaubens ein Gott, der „das, was nicht ist, ins Dasein ruft" (Röm 4,17). Und auch die Bibel ist ein Buch voller Phantasie, voll von Gleichnissen, Bildern, Metaphern. Stellvertretend hierfür soll der „lebenspendende Fluss" in Ez 47,9 erwähnt werden, der unter dem Tempel entspringt und nach Osten fließt, und von dem es heißt: „Wohin der Fluss gelangt, da werden alle Lebewesen, alles, was sich regt, leben können, und sehr viele Fische wird es geben …, wohin der Fluss kommt, dort bleibt alles am Leben". Der Fluss gibt also Leben, weil er sich bewegt. Die Bewegung ist seine Kraft und zugleich seine Flüchtigkeit und Vergänglichkeit. Er verdankt seine Existenz dem Fließen. Im Fluss des Lebens bleibt, wer nicht auf der Stelle tritt, sondern sich bewegt und offen für Neues ist. Die Quelle findet nur, wer am Fluss wohnt. Ein Fluss bricht sich seine Bahn, er ist neugierig und entdeckungsfreudig. Er sucht und schafft sich ständig neue Wege. Es ist nicht seine Sache, immer in denselben Bahnen zu verlaufen. Sein Lebenselixier ist die Veränderung. Die Bibel ist aber auch reich an anderen Bildern, Liedern, Tänzen, Visionen, Träumen. Wenn wir uns beispielsweise die Träume des Joseph im Neuen Testament (Mt 2,13f.; 2,19f.) ansehen, wird klar, was für eine bahnbrechende Macht selbst Träume haben können.

Auf diese Weise formt Gott, der Herr, auch heute Menschen. Er gibt ihnen auch heute Anteil an seinem Lebensatem, an seiner Sehnsucht, an seiner Schöpferkraft, seiner Lebenskraft, seiner Energie, seiner Inspiration – vor allem gebraucht im prophetischen Zusammenhang – und an seiner Phantasie (Gen 2,7). Alles irdische Leben stammt von Gott, kommt von ihm, aus seinem Lebensatem. Aus seinem Hauch. Er ist die „Wurzel der Hauche", die eigentliche und handelnde Kraft unserer Seelsorge. Auch an anderen Stellen der Schrift wird immer wieder darauf hingewiesen, dass er seine „ruach" in jedes Lebewesen hineinsendet (Ps 104,30; Jes 42,5). Wie im kleinen Vierzeiler von Nelly Sachs angedeutet, wird das Wort „ruach" – Geist – im Hebräischen mit der Vorstellung des Atems, des Windstoßes oder des Hauchs zusammengebracht. Wie der Wind in der Natur an das Wehen des Gottesgeistes denken lässt – der Wind führt ja den Fruchtbarkeit und Wachstum spendenden Regen mit sich –, so erinnert das Atmen des Menschen an den belebenden und beseelenden Hauch der Schöpfergottes. Der Atem kommt von Gott und in ihm atmet sein Geist. Gottes „ruach" ist also sehr anschaulich vorgestellt: Gott atmet aus und sein Hauch dringt als Leben in seine Geschöpfe. Gott atmet wieder ein und sein Hauch wird aus ihnen zurückgezogen. Sie sterben.

Die Sehnsucht drängt den Menschen zu allem, und sie beflügelt ihn zu allem. Mit der Sehnsucht fängt alles beim Menschen an. So wie es Nelly Sachs in einem anderen Gedicht bekräftigt hat:

> Alles beginnt mit der Sehnsucht,
> immer ist im Herzen Raum für mehr,
> für Schöneres, für Größeres.
> Das ist des Menschen Größe und Not:
> Sehnsucht nach Stille, nach Freundschaft und Liebe.
> Und wo Sehnsucht sich erfüllt,
> dort bricht sie noch stärker auf.

Die Sehnsucht im Herzen des Menschen lässt sich auch nach den Worten des Künstlers Vincent van Gogh mit dem Feuer in der Seele vergleichen, wenn er schreibt: „Man soll das Feuer in seiner Seele nie ausgehen lassen, sondern es schüren. Wer die Armut für sich erwählt und sie liebt, besitzt einen großen Schatz und wird die Stimme seines Gewissens immer deutlich hören. Wer diese Stimme, die Gottes beste Gabe ist, hört und ihr folgt, findet schließlich in ihr einen Freund und ist nie allein."[58]

f Seelsorge mit Phantasie

„Keine Zeit und keine Kraft mehr für die Zeremonie", beschrieb Friedrich Nietzsche in seiner „Fröhlichen Wissenschaft" die Situation seiner Zeitgenossen. Phantasie ist nicht nur eine individuelle, sondern in gleicher Weise eine kollektive, institutionelle, ja strukturelle Herausforderung. Die schon angesprochene innere Neigung und Bereitschaft des Seelsorgepersonals, sich mehr Arbeit aufzuladen als es seinen menschlichen Kräften entspricht und der Qualität ihrer Arbeit guttut, ist nur eine Seite des Problems. Die andere ist die systemische: Dass diejenigen, die für die Strukturen der Seelsorge, für ihre Rahmenbedingungen in der Kirche verantwortlich sind, sich genauso vom „spiritus" des Reiches Gottes „inspirieren" lassen sollten wie die einzelnen Seelsorgerinnen und Seelsorger. Reich Gottes ist mehr als eine Idee Jesu. Es war das Herzstück seines Wirkens und des Wirkens der frühen Kirche. Nach den Texten des Zweiten Vatikanischen Konzils erkennt sich die Kirche Jesu Christi in diesem „Bild".[59] Wie Helmut Merklein schreibt, ist „Reich Gottes" als eschatologische Größe zu verstehen: „Ihr vom Ansatz her futurischer Charakter wird vor allem durch Verbindungen mit ‚kommen' (Lk 11,2 par. Mt 6,10) oder ‚nahekommen' (Lk 10,9 par. Mt 10,7 / Mk 1,15) unterstrichen und auch durch präsentische Aussagen wie Lk 11,20 par. Mt 12,28 … nicht in Frage gestellt, da letztere gerade dadurch ihre besondere Brisanz erhalten."[60] Das biblische Bild vom „Reich Gottes" macht der Kirche heute wie nichts anderes Mut zur Phantasie: Zum Zulassenkönnen von Veränderung, zum Sichverabschieden von überlebtem Altvertrautem mit all seinen zweifelhaften Kompromissen, die zu ihrer Zeit vielleicht durchaus berechtigt und sogar hilfreich gewesen sind. Es gilt, das Neue heute zu finden, ja mehr noch – und das meint „Seelsorge zur rechten Zeit" – um Verstehen durch Berühren, sich vom Neuen berühren zu lassen, es an sich heranzulassen, sich auf es als möglicherweise von Gott Geschicktes, Geschenktes einzulassen. „Reich Gottes" ist das Versprechen vom göttlichen Neuen – mitten im Feuer (1 Kor 3,12–15).

Jeden Tag will Gott durch uns etwas Neues schaffen im Sinne von neu gestalten. Jeden Tag ruft er uns mit den Worten des Propheten Jeremia (Jer 4,3) zu: „Nehmt Neuland unter den Pflug, und sät in die Dornen." Nach Gottfried Bitter ist die „Transformation" der Glaubensweisen und Lebensweisen, der kirchlichen Strukturen und Gemeindemodelle ein Ausweis für ihre Vitalität angesichts des Reiches Gottes.[61] Ein Ausweis für ihre Fähigkeit, auf den Hunger der Menschen in *ihrer* Zeit zu reagieren, denn sie „alle warten auf dich, dass du ihnen Speise gibst zur rechten Zeit. Gibst du ihnen, dann sammeln sie ein; öffnest du deine Hand, werden sie satt an Gutem" (Ps 104,27).

Die Theologie jeder Epoche hat versucht, vor ihrem besonderen zeitgeschichtlichen Hintergrund Wege zu definieren, die sie als zielführend zum Finden jener verborgenen Mitte unserer Welt, unseres Lebens und Glaubens angesehen hat. Wege, wo sich überraschende Sichtweisen auftun können. Wege, die ins Staunen münden können. Das Staunen steht am Anfang der Schöpfung. Es steht am Anfang des Menschseins. Genau genommen geht es bei dieser „Schulung" um das *Wieder*entdecken der eigenen „schöpferischen" Fähigkeiten. Denn wie bereits gesagt, sind sie nach Gen 2,7 bereits mit dem Lebenshauch Gottes in jedem Menschen grundgelegt. Sie wollen nur geweckt werden.

Die Formen menschlichen Hungers können unterschiedlich sein: Hunger nach Gerechtigkeit, Hunger nach Schönheit, Hunger nach Freude, Hunger nach Gemeinschaft und Vertrautheit mit anderen Menschen. Alle diese Formen – und es gibt unzählige weitere – symbolisieren „Brot und Wein" in der Feier der Eucharistie. Und weil Gott ebenso Hunger nach uns Menschen hat, verwandelt er sich in jeder Eucharistiefeier mittels der Gestalten „Brot" und „Wein" in den Leib und das Blut Christi. Auf diese Weise entsteht jedes Mal so etwas wie eine geschwisterliche Beziehung zwischen Gott sowie seinem Hunger nach uns und uns, die wir Hunger haben. Wir nehmen und haben auf diese Weise alle teil an ein und demselben Geheimnis. Vielleicht verstehen wir jetzt, warum wir die Proklamation Jesu in seinen Seligpreisungen „Selig, die ihr jetzt hungert, denn ihr werdet satt werden" (Lk 6,21) im Zusammenhang mit unserer „Speisung der Vielen" sehen dürfen. Und vielleicht begreifen wir jetzt, warum wir die Geschwisterlichkeit mit den Hungernden brauchen, warum wir der Feier des Hungers und der Liturgie des Hungers bedürfen: Weil das Leben ein Wunder ist, das sich jeden Tag aufs neue ereignet – Genesis ist jeden Tag –, und weil man auf das Wunder des Mannas nur warten, es jedoch nicht erzwingen kann. Deshalb nennen Kirche und Theologie die Feier der Eucharistie zu Recht ein „Geheimnis".

2 Die „Rationalisierung" des Geheimnisses

Die nebenamtliche pfarrliche Wahrnehmung einer zweiten, dritten oder gar vierten und fünften Pfarrei besteht für die betreffenden Priester in der Hauptsache darin, dass sie die an die Weihevollmacht gebundenen Aufgaben wahrnehmen, also Sakramentenspendung und Leitung der Eucharistiefeier. Can. 905 § 1 CIC erklärt: „Mit Ausnahme ... ist es dem Priester nicht erlaubt, mehr als einmal am Tag zu zelebrieren", und dann wird in § 2 desselben Kanons ergänzt, dass der Bischof das Zugeständnis machen kann „zweimal am Tag ..., an Sonntagen und an gebotenen Feiertagen auch dreimal" zu zelebrieren. Damit ist die oberste Grenze erreicht, die das kirchliche Recht für Notsituationen vorsieht. Die Absicht erscheint klar: Es will den Höhepunkt und die Quelle allen christlichen Lebens, das Geheimnis der Feier der Eucharistie vor einer „Rationalisierung" schützen.

a „Und wieder hinein ins Auto"
Schon heute heißt es für viele Priester am Sonntag bzw. am Wochenende mehr als dreimal „anzutreten", wie sie es oft ausdrücken. Ein Pfarrer, der am Sonntagvormittag drei Gottesdienste in drei verschiedenen Gemeinden zu feiern hat, erzählte, bei der ersten Eucharistiefeier müsse er ständig auf die Uhr sehen, um pünktlich fertig zu werden. Für ein Gespräch in der Sakristei oder vor der Kirche sei keine Zeit, es heiße nur: Und wieder hinein ins Auto, um rechtzeitig am nächsten Ort zu sein. In der Regel klappt das nicht ganz. Der Gottesdienst fängt einige Minuten später an, die Leute sind jedoch darauf eingestellt. In der zweiten Messe muss es wieder flott gehen, um pünktlich am dritten Ort zu sein – also wieder ein Got-

tesdienst mit Blick auf die Uhr. Heimlich, versteht sich, weil man die eigene Nervosität nicht auf die Leute übertragen will. Keine Liedstrophe zu viel. Auf den dritten Gottesdienst, da freue ich mich dann. Es ist der letzte. Da werde ich Zeit haben. Kein Blick mehr auf die Uhr. Vom einen oder anderen Lied eine Strophe mehr singen lassen. Bei der Predigt nicht so unter Druck stehen. Doch da merke ich bereits am Anfang: Jetzt bin ich erschöpft.

Rolf Zerfaß wies bereits 1985 darauf hin, dass unsere Gemeinden heute zur Praxis eines alternativen Umgangs mit der Zeit berufen seien. Er stellte fest, der erste Ort der Einübung dieses alternativen gesellschaftskritischen Umgangs mit der Zeit sei die Liturgie: „So steht auf einem Kirchenportal: ‚Hier stößt Eile auf Zeit‘. Deshalb wirkt sich die Hektik der Priester nirgends verheerender aus als in der Hast vieler Gottesdienste, in der Pseudopräsenz, in der sie häufig ihr Vorsteheramt in der Eucharistiefeier ausüben, schon auf dem Sprung, die nächste Eucharistiefeier in der anderen Pfarrei zu halten … Wer von uns käme auf den Gedanken, in eine Familie zum Abendessen zu gehen und sich nach einer Stunde mit der Begründung zu verabschieden: Ich bin nämlich noch in einer anderen Familie zum Abendessen eingeladen? Unsere Physiologie bewahrt uns vor solchem monströsen Unsinn, vor solch halbierendem, brüskierendem Umgang mit der Anwesenheit anderer Menschen. Aber mit dem Herrenmahl glauben wir, so umgehen zu können."[62] Wo führt es hin, wenn man in *dem* seelsorglichen Vollzug, in dem es wie in keinem anderen um die „Gegenwart der Freiheit und der Liebe" geht, Probleme mit der Zeit hat?[63] In der Eucharistie nimmt sich Gott Zeit für die Welt. Hier führt er die Zeit über die Zeit hinaus. Nur wer sich für den anderen Zeit nimmt, kann sich auf ihn einlassen, ihn lieben. Nur wer sich für sich selber Zeit nimmt, kann sich auf sich selbst einlassen, sich selber lieben. Was für ein Verhältnis habe ich zu *meiner* Zeit, zu mir selbst? Bin ich mir vielleicht selbst der „nächste Ferne"? „Ihr selbst seid Christi Leib und Glieder", schreibt Augustinus, und „darum liegt euer eigenes Geheimnis auf dem Tisch des Herrn, euer eigenes Geheimnis empfangt ihr. Was ihr selbst seid, darauf antwortet ihr mit Amen ... Denn ihr hört: Leib Christi, und ihr antwortet: Amen. Seid also ein Glied von Christi Leib, damit euer Amen wahrhaftig sei ... Seid, was ihr empfangt, und empfangt, was ihr seid.«[64]

Ist es nicht eine paradoxe Situation, dass das Kirchenrecht heute die Priester warnen muss, am Sonntag außer in Notsituationen nicht öfter als dreimal zu zelebrieren, während im Jahr 506 die Partikularsynode von Agde, der germanischen „Westkirche" zugehörig, den Bischöfen, Presbytern und Diakonen gesetzlich einschärfte, dass sie wenigstens an jedem dritten Sonntag zelebrieren bzw. an der Eucharistiefeier teilzunehmen hätten? Wenn nach Rahner in der Feier der Eucharistie der dichteste Wesensvollzug der Kirche geschieht, dann bedarf diese Feier der äußersten Sorgfalt in Gesinnung und Ausführung, und dies hat nicht nur theologische, sondern auch anthropologische Gründe. In einer jüngeren französischen Studie zum katholischen Ritus wird gesagt, dass man ein Ritual (also zentral auch die Eucharistiefeier) nicht beliebig manipulieren darf. Nicht weil es in sich sakral wäre, sondern weil es mit ausdrücklichen oder impliziten Bedeutungen beladen ist nach all den Generationen, die es praktiziert haben. Es trägt in sich einen Anteil lebendiger Dunkelheit, die zu *rationalisieren* gefährlich ist.[65]

b Qualität und Quantität

Nach den Texten des Zweiten Vatikanischen Konzils ist die Eucharistie *das* Geheimnis des Glaubens. Sie wirkt Kirche, wie Henri de Lubac schon lange vor dem Konzil feststellte, und Kirche wirkt Eucharistie.[66] Die Liturgiekonstitution „Sacrosanctum Concilium" spricht von ihr als dem Höhepunkt, dem das Tun der Kirche zustrebt, und bezeichnet sie als die Quelle, aus der all ihre Kraft strömt. Die Eucharistie soll die geistliche Mitte einer jeden christlichen Gemeinde sein. Es lässt sich zeigen, wie relativ spät in der historischen Entwicklung aus dem einen Opfer am Sonntag dann die vielen Messen wurden. Wenn can. 905 § 1 des kirchlichen Gesetzbuches von 1983 feststellt, dass es für den Priester im Normalfall nur eine Eucharistiefeier am Sonntag geben soll, so gilt dies genauso für die einzelne Gemeinde. Eine der großen Leistungen des Konzils war es, die Eucharistiefeier zur Mitte unseres Christseins und aller geistlichen Lebensvollzüge zu erklären. Jedoch ergibt sich daraus folgende Frage: Wurde der Impuls, den das Konzil geben wollte, in der anschließenden pastoralen Umsetzung nicht missverstanden? Wurde nicht Qualität mit Quantität verwechselt? Wie es unserer heutigen Mentalität auch in vielen anderen Bereichen entspricht? Ist es nicht Ereignissen – im Gegensatz zu Erlebnissen – eigen, dass man sie nicht beliebig oft oder gar ständig „konsumieren" oder „produzieren" – hier „zelebrieren" – kann?

Im Zuge dieser Entwicklung warnte der renommierte Innsbrucker Liturgiewissenschaftler Josef Andreas Jungmann seinerzeit vor der Gefahr der „Hypertrophie" der Messe und des „panmessismo", dass bei jeder passenden und unpassenden Gelegenheit eine Messe gefeiert werden muss. Braucht ein Zentrum, um Zentrum sein zu können, nicht eine Peripherie, die auf das Zentrum hinweist, und von der her es als erstrebens- und begehrenswertes Ziel erscheint? Jedenfalls wurde die Eucharistiefeier durch den „panmessismo" zum Synonym für Gottesdienst, was liturgisch eine gewaltige Verkürzung darstellt. Letztlich hat diese seit der Liturgiereform des Zweiten Vatikanischen Konzils üblich gewordene, jedoch von diesem keineswegs postulierte Identifikation von Liturgie und Eucharistie zu einer liturgischen Verarmung beigetragen. Deshalb wäre es heute um so wichtiger, die große Vielfalt von Gottesdienstformen wieder bewusster zu fördern und zu pflegen. Mit anderen Worten: Darauf aufmerksam zu machen, dass Gottesdienst mehr als nur die Messe ist.

Neben Liturgie und Diakonie zählt man die Verkündigung zu den klassischen Vollzügen der Seelsorge. Der schon zitierte Gregor der Große klagt in einer Homilie, die zwar im Original an die Bischöfe in jener Zeit gerichtet ist, aber ohne weiteres auf alle Seelsorgerinnen und Seelsorger heute angewendet werden kann: „Die Welt ist voller Seelsorger, aber Arbeiter in der Ernte sind selten, denn wir übernehmen zwar das Amt des Seelsorgers, aber wir erfüllen seine Aufgaben nicht. Wir sind in äußerliche Geschäfte abgeglitten, einiges übernahmen wir ehrenhalber, anderes leisten wir von Amts wegen. Die Aufgabe der Predigt aber vernachlässigen wir."[67] Rolf Zerfaß unterstellt, dass viele der heutigen Pfarrer schlechter predigen als sie es von ihrem intellektuellen Vermögen und von ihrem Ausbildungsstand her könnten. Er fügt an, dass der Grund dafür in ihrer Überlastung liege.[68] Ehrenfried Schulz knüpft daran mit der Feststellung an: „Sind die Pfarrer schon im Werktagsrhythmus Getriebene von diversen Aufgaben (pfarrliche Gruppen, Verwaltung und Sitzungslast der Räte, Haus- und Krankenbesuche), so sieht es am Samstag lediglich inhaltlich anders, aber nicht besser aus: … da gilt es, die Sonntagsgottesdienste als Familien-, Kinder- und Jugendgottesdienst vorzubereiten; da drängt die eventuell noch nicht erledigte Schlussredaktion des Pfarrblattes."[69] Und während all dem, so Schulz, bohre schließlich fortwährend der Gedanke: Worüber predige ich morgen?

3   Die Körbe Gottes

In Paulas Laden befanden sich auf der Holzbank zwei Körbe. Die neutestamentlichen Geschichten von der „Speisung der Vielen" erzählen von zwölf bzw. sieben Körben. Und es war bereits die Rede von Korbflechterfamilien, mit denen ich sehr früh in meinem Heimatdorf in Berührung kam, wenn ich meinen Vater während der Schulferien beim Postaustragen begleitete. Ihre Phantasie und Hingabe, mit der sie immer wieder neue Flechtmuster erfanden, waren für mich ungeheuer faszinierend.

Offenbar hat sich Gott wiederum meiner Erfahrung mit den Körben bedient, als ich im Zusammenhang mit meinem theologischen Studium und danach – man kann sagen bis auf den heutigen Tag – nach den Gesichtszügen meines persönlichen Gottesbildes fragte. Im Rahmen eines Seminars mit dem Titel „Die neuen Gesichter Gottes und ihre Rolle in der Seelsorge", das ich im Sommersemester 2006 in Sant'Anselmo in Rom gehalten habe, sagte mir einmal ein Student in der Pause, er glaube mein Gottesbild zu kennen. Als ich nachfragte, bekannte er mit einem verhaltenen Schalk in den Augen, mein Gottesbild sei das eines Korbflechters, und er könne mir auch die dominanten Flechtmuster der Körbe meines Gottesbildes nennen: Es seien die Schöpfung, die Heilige Schrift und die Dichtung.

a Schöpfung, Heilige Schrift, Dichtung
Während ich – aufgrund meiner Erfahrung mit Paula und ihrer Verknüpfung mit der biblischen Erzählung der „Speisung der Vielen" – seit meiner Kindheit ein besonderes Auge für das Flechtmuster des ersten Korbes, die Heilige Schrift, hatte, ist das Flechtmuster der Schöpfung in meiner Theologie und Spiritualität verhältnismäßig spät in den Vordergrund getreten. Dass es so kam, hing mit meinem Wechsel an die Benediktinerhochschule Sant'Anselmo in Rom zusammen. Als ich meine Lehrtätigkeit vor fünf Jahren mit den ersten Kursen im Fach Pastoraltheologie aufnahm, sah ich in den Lehrveranstaltungen buchstäblich jede Woche allen fünf Erdteilen ins Gesicht. Der damalige Rektor sagte mir im Rahmen eines vorausgegangenen Berufungsgesprächs, dass es nicht darum ginge über die verschiedenen seelsorglichen Probleme in den einzelnen Erdteilen und Ländern zu sprechen; dazu würden die Studenten nach ihrer Rückkehr in ihre Heimat jeweils eigens ausgebildet. Was Sant'Anselmo mit diesem Angebot anstrebe, sei das Vertrautmachen mit menschlichen und theologischen Grundzügen, die für die Seelsorge in der ganzen Welt Gültigkeit besitzen. Von dieser globa-

len Aufgabenstellung her lag es nahe, die mir so vertraute biblische Erzählung von der „Speisung der Vielen" als Ausgangspunkt zu wählen. Mit ihrer Kernaussage, dass die Liebe Gottes keine Grenzen hat, bot sich wie von selbst ein zweiter Korb mit dem Flechtmuster der Schöpfung an. Wie schon erwähnt, heißt es in der Heiligen Schrift: „Da formte Gott, der Herr, den Menschen aus Erde vom Ackerboden und blies in seine Nase den Lebensatem. So wurde der Mensch zu einem lebendigen Wesen" (Gen 2,7). Das bedeutet, dass der Mensch aus gutem Boden und von Gott gemacht ist – und nicht von irgendwelchen bösen Mächten. Alle Menschen sind von Gott aus guter Erde, und alle Menschen sind aus derselben und einen Erde erschaffen. Gottes gütiger Blick gilt seiner ganzen Schöpfung. Er gilt allem, was ist und was lebt, allen Menschen aller Herkunft. Alle sind in *seinen* Augen gut. Sein Heilswille ist nicht beschränkt. Niemand kann seine Gnade exklusiv für sich in Anspruch nehmen. Wenn ich heute auf meine eigene Geschichte mit der Speisungserzählung zurückblicke, stelle ich fest, dass diese erst durch den lebendigen Austausch mit den verschiedenen Erdteilen und Kulturen zu einer „Speisung der *Vielen*" hat werden können. Ein Wunsch, den ich einmal bei Thérèse von Lisieux gelesen habe, hat sich offenbar erfüllt: „… ich möchte das Evangelium in allen fünf Erdteilen gleichzeitig verkünden."

Wenn es stimmt, dass der christliche Schöpfungsglaube durch das evolutionäre Denken der Naturwissenschaften heute besonders herausgefordert ist[70] und die Theologie der vergangenen Jahrzehnte ohnehin im Bereich des Verstehens der Natur und der Schöpfung Schwächen zeigte[71], dann muss man sich nicht wundern, wenn viele Seelsorgerinnen und Seelsorger im Umgang mit diesem Thema in ihrer persönlichen Frömmigkeit wie in ihrer Seelsorge heute Schwierigkeiten haben. Nur wer sich selbst innerhalb der Welt dazu geschult hat, alle Dinge als Ausdruck tieferer Wahrheiten zu schauen, wer gelernt hat, hinter den Dingen die sich verbergenden Wunder zu entdecken, wer gelernt hat zu staunen, der bringt auch die besten Vorbedingungen mit, die gesamte Welt als Ausdrucksgestalt des Schöpfers (und Erlösers) zu deuten und in der Vielschichtigkeit und Vieldeutigkeit der Welt den wahrzunehmen, in dem „alles, was im Himmel und auf Erden ist, zusammengefasst ist" (Eph 1,10). Es geht ja gar nicht darum, Gott selbst zu sehen, sondern darum, die Spuren zu entdecken, die uns darauf hinweisen dass die Welt nicht unser „Erzeugnis" ist, über das wir nach eigenem Gutdünken verfügen können. Dazu gehört eine elementare Erkenntnis, die uns heute der Klimawandel vor Augen führt: Dass wir nicht nur von kosmischen, sondern auch von ökologischen Bedingungen schlechthin abhängig sind, die wir als Vorgaben unseres Lebens anzuerkennen haben. Gott ist jedenfalls nach der Bibel nicht nur der alles umgreifende Horizont, sondern er durchdringt auch alles mit seiner Gegenwart. Die Herrlichkeit bzw. der Geist des Herrn erfüllt die ganze Erde (Jes 6,3; Num 14,21; Jer 23,24).

In einem dritten Korb Gottes findet sich schließlich noch ein weiteres, für die Seelsorge bedeutsames Flechtmuster: die Dichtung. Der frühere Bischof von Rottenburg-Stuttgart, Georg Moser, schrieb in einem seiner letzten Aufsätze: „Bücherregale sind Fenster in die Welt. Der kirchliche ‚Betrieb', Betriebsblindheit und auch theologische Fachidiotie sind ständige Gefahren für den Seelsorgeberuf. Augen, Ohren, Sinne können abstumpfen. Darum muss ich mir wie für das Gebet und für die Sorge um das Heil der Menschen, fürs Mahl und für Schlaf auch Zeit nehmen zur Begegnung mit den schreibenden Beobachtern unserer Zeit. Von ihnen, diesen oft sehr feinfühlenden Seismographen, habe ich auch im Blick auf die Seelsorge hilfreiche Anregungen erfahren."[72] In meinem Leben ist die Dichtung nicht ursprünglich wie die Heilige Schrift aufgrund meiner Erfahrung mit Paula und mit der biblischen Erzählung der „Speisung der Vielen" da gewesen. Meine Begeisterung für sie wurde erst später im Deutschunterricht des Gymnasiums geweckt. Damals hat sich mir insbesondere durch die Literaturgeschichte ein Zugang zur Dichtung aufgetan. So erinnere ich mich noch genau daran, wie man uns beim Abitur die Themenliste vorgelegt hat, aus der jeder Schüler ein Thema zur Bearbeitung auswählen konnte. Im Voraus haben mich bereits wohlmeinende Bekannte, die um meine Liebe zur Dichtung wussten, gewarnt, nur ja keine Gedichtinterpretation zu übernehmen – aus der Sorge, dass man sich dabei allzuleicht vergaloppieren könnte, womit sie im Grunde ja nicht Unrecht hatten. Gleichwohl habe ich mich für das literarische Thema entschieden, weil es sich nicht um die Interpretation eines einzigen Gedichts handelte, sondern um einen Gedichtvergleich. Hierbei galt es, zwei Texte interpretierend miteinander zu vergleichen. Das eine Gedicht war „Sta viator!" („Bleib' stehen Wanderer") von Martin Opitz. Diesen Autor kannte ich gut aus dem Studium der Literaturgeschichte, und sein maßgebliches Werk „Von der deutschen Poeterey" aus dem Jahr 1624 war mir bestens vertraut. Der andere Text stammte von Gottfried Benn. Es war ein Gedicht aus der zeitgenössischen Literatur, das den Titel „Reisen" trug. Nachdem ich mir bei der literarischen Einordnung von einem der beiden Gedichtstexte sicher sein konnte, war das Risiko bei der Interpretation also als durchaus kalkulierbar einzuschätzen.

Zwischen Dichtung und Seelsorge besteht so etwas wie eine Seelenverwandtschaft. Beiden geht es darum, etwas an der Wirklichkeit zu zeigen, was nicht oder zu wenig gesehen wird. Sie nehmen den Leser gleichsam an die Hand und führen ihn zum Fenster. Sie stoßen das Fenster auf und zeigen hinaus. Durch diesen Verweischarakter vermögen sie mehr auszudrücken, als die Worte bedeuten, oder anderes, als die Einzelwörter beinhalten. Sie zielen über sich hinaus in einen tieferen Sinnbereich; sie wollen Wirklichkeitsschichten eröffnen, die sonst verborgen sind und die auf keine andere Weise sichtbar gemacht werden können.[73] Der Umgang mit Texten aus der Dichtung will dem Leser Mut machen, die Wortebene zu entschlüsseln, sich die Bedeutungsebene zu erschließen und schließlich die Sinnebene im Licht seines Lebens aufzudecken.

Wo Gott berührt

Vor allem letzteres darf man nicht unterschätzen. Jeder versteht nur das, wofür der Boden bereitet ist, wofür schon eine Vorahnung oder irgendeine Anschauung vorhanden ist. Wie schon der Ausdruck „die Worte finden" im alltäglichen Leben besagt, sind die Worte schon da, bevor wir sie ent-decken. Was die Philosophin Hannah Arendt vom Künstler und vom Philosophen erwartet, gilt auch für Seelsorgerinnen und Seelsorger, wenn sie schöpferisch Theologie treiben und wenn sie sich von ihrem Gedachten schöpferisch in ihrem seelsorglichen Handeln „treiben" lassen: Dem theoretischen Bemühen, schreibt Hannah Arendt, sind immer auch „dichterische Passagen als gleichursprüngliche Quellen des Wissens um die Darstellung denkerischer Erfahrung"[74] einzuweben.

b Formung von Leib, Geist und Herz

Nach Henri J. M. Nouwen sollten Seelsorgerinnen und Seelsorger „Menschen mit einer soliden Theologie sein. Damit sie das werden, muss viel, sehr viel in den Seminarien und auf den kirchlichen Hochschulen geschehen. Sie müssen zu Zentren werden, wo Menschen darin geschult werden, nüchtern und klar die Zeichen der Zeit zu deuten. Diese Schulung kann nicht nur auf intellektuellem Gebiet erfolgen. Dazu bedarf es einer zutiefst geistlichen Formung der gesamten Persönlichkeit – einer Formung von Leib, Geist und Herz ... Gegen diese Einstellung kämpft in unserer Welt, die von Wettbewerb und Ehrgeiz beherrscht wird, so gut wie alles. Aber nur in dem Maß, wie wir die Formung in diesem Geist versuchen und verwirklichen, sehe ich eine Hoffnung für die Kirche im kommenden Jahrhundert."[75] Worauf soll also der Mensch achten, der anderen zu essen geben soll, damit sie satt werden, ohne dass er selbst dabei Gefahr läuft zu verhungern? Wann essen die Jünger? Genau genommen ist dies die Frage, um die es bei der Spiritualität der Seelsorger heute geht. Was Platon (427–347 v. Chr.) in seiner Apologie an einen Freund geschrieben hat, könnte an jede Seelsorgerin und jeden Seelsorger heute gerichtet sein: Wie kommt es,

„dass du dich um alles Mögliche bemühst, um deine Seele dich jedoch weder sorgst noch kümmerst?"[76]

Es geht also nicht nur um eine „Schulung", die auf die Ansprüche der Vernunft pocht, sondern auch auf das Recht des Herzens achtet. Blaise Pascal ist eine derartige Verbindung gelungen, als er in seinen Pensées von den Gründen, „raisons", des Herzens sprach, zu denen der Verstand (raison) keinen Zugang habe.[77] Auch Karl Rahner hat im Zusammenhang mit der Frage nach der Eigenart der Gotteserfahrung des Menschen zu einer derartigen Verbindung gefunden. Sie hatte in seiner Theologie eine zentrale Stellung inne: „Der Christ der Zukunft wird ein Mystiker sein oder er wird gar nicht sein."[78] Als junger Novize hat Rahner versucht, eine Mystik jenseits der Körperlichkeit zu überwinden. Er hat gefragt: „Was passiert, wenn wir beten?" Und er gab zur Antwort: „Wir nähern uns Gott und werden dadurch fähig, unseren Schöpfer und Herrn zu berühren (‚ad attingendum Creatorem ac Dominum nostrum')." Rahner wies in einer persönlichen Anmerkung in seinem Manuskript darauf hin, dass sein Zitat nachweislich vom hl. Ignatius – aus dessen Exerzitienbuch – stammt. Er selbst entwickelte diesen Gedanken noch weiter und sagte: „Im Gebet wird Gott berührt." Für Rahner werden „Annäherung" und „Berührung" zu grundlegenden Begriffen seiner Theologie. Gott will vom ganzen Menschen erfahren werden, nicht nur mittels seines Verstandes, sondern auch mittels seiner (fünf) Sinne, mittels seines Leibes. Im Jakobusbrief (4,8) heißt es: „Naht euch Gott und er wird sich euch nahen."[79] In dieser Sicht ist und bleibt der Leib wesentlich für die christliche Spiritualität – und zwar nicht in der Leib- und Sexualfeindlichkeit, wie sie manche Wüstenväter behauptet und propagiert haben. Gerade die heutige mönchische Weisheit lehrt, dass die positive Einstellung zum eigenen Leib eine wichtige Voraussetzung für eine gesunde Spiritualität ist.

Das Übernatürliche begegnet im Natürlichen. Daraus folgt: Damit die Gotteserfahrung ganzheitlich ist, darf das Denken Gottes nicht nur eine Sache des Kopfes, sondern muss auch eine Sache des Herzens und des ganzen Leibes sein. Folgerichtig hat der franziskanische Theologe Bonaventura (1217–1274) die Auffassung vertreten, dass die Erfahrung Gottes nicht nur von der „ratio" motiviert sei. Rahner hat sich vor allem in seiner Novizenzeit sehr mit Bonaventura beschäftigt und hat diesem folgend formuliert: Es ist nicht nur notwendig, an Gott zu denken, sondern ihn auch zu fühlen. Heute ist der Gedanke, dass Gott mit allen Sinnen erfahren werden kann, nichts Aufregendes. Zu der Zeit, als Rahner junger Novize war, war er durchaus noch gefährlich. Man begegnete ihm mit dem Verdacht der Häresie des Subjektivismus. Ganz so, wie es dem hl. Ignatius passiert ist, den man auch verdächtigt hat, ein „Alumbrado" zu sein. Dieser Begriff bezeichnete im Spanien des 16. Jahrhunderts eine mystische Bewegung; „Alumbrado" wurde in jener Zeit jemand genannt, der die personale Dimension der Gotteserfahrung betont hat.

Viele Seelsorgerinnen und Seelsorger sehen sich heute nicht nur mit zunehmender Glaubensentfremdung bei anderen konfrontiert, sondern auch mit Zweifeln an ihrer eigenen Glaubenserfahrung. Das Aufleben religiöser Fundamentalismen in allen Teilen der Welt zeigt, wie wichtig es ist, dass gerade Menschen, die von Berufs wegen einen großen Einfluss auf die Glaubenserfahrung anderer haben, sich selbst auf ihre eigene spirituelle Erfahrung besinnen. Bei aller zeitlichen, lebens- und weltanschaulichen Verschiedenheit zwischen den Adressaten der Seelsorge Jesu und denen der heutigen Pastoral findet sich doch eine tiefe Gemeinsamkeit. Heute wie damals suchen die Menschen nach Heil, das die Namen „Sehnsucht", „Liebe", „Leben", „Frieden", „Freiheit", „Anerkennung", „Heimat" tragen kann. Heute wie damals treffen sie auf Heilsangebote unterschiedlicher Herkunft und Wirksamkeit. Von den verschiedenen Evangeliumsversionen der „Speisung der Vielen" versteht sich am auffallendsten der Markustext 6,30–44 als geistliche Schulung für die Christen und Christinnen, die in jener frühen Zeit der Kirche als Multiplikatoren des Glaubens tätig gewesen sind. Markus zeigt die Menschen, wie sie Jesus zu Fuß aus allen Städten an den Ort nachlaufen, wohin er sich mit seinen Jüngern zurückgezogen hat. Damit will er zum Ausdruck bringen: Die Menschen suchen nach einem geistlichen und geistigen Grund, der sie trägt und an dem alles hängt. Sie suchen nach Orientierung und versprechen sich, diese von Jesus zu erhalten. Die Menschen, die mit ihm in Berührung kamen, waren offenbar davon beeindruckt, wie gut er sich darauf verstand, zu hören, zu sehen, zu schweigen und zu sprechen – zur rechten Zeit.

B

WIE GOTT BERÜHRT
„GEBT IHR IHNEN ZU ESSEN!"
(Lk 9,13)

I   Hören
„Als Jesus all das hörte" (Mt 14,13)

Im Matthäusevangelium (14,13–14) heißt es: „Als Jesus all das hörte, fuhr er mit dem Boot in eine einsame Gegend, um allein zu sein.
Aber die Leute in den Städten hörten davon und gingen ihm zu Fuß
nach. Als er ausstieg und die vielen Menschen sah, hatte er Mitleid
mit ihnen und heilte die Kranken, die bei ihnen waren." Es fällt auf,
dass in der Heiligen Schrift die Aufnahme der Offenbarung immer
wieder unter den Aspekten des Hörens und Sehens, also mit Hilfe
der Vorstellungsbereiche des Auditiven und Visuellen geschieht.[1]

1   „Gebt also acht, wie ihr zuhört" (Lk 8,18)

Im Anschluss an seine Zusage an die Jünger „Euch ist es gegeben,
die Geheimnisse des Reiches Gottes zu erkennen" (Lk 8,10) und
seine Auslegung des Sämannsgleichnisses (Lk 8,11–15) fordert Jesus nach dem Lukasevangelium seine Jünger auf: „Gebt also acht,
dass ihr richtig zuhört!" (Lk 8,18). Der französische Exeget Fran-
çois Bovon stellt in seinem einschlägigen Kommentar dazu klar:
Während 8,4–15 die Aufnahme des Gotteswortes zum Gegenstand
hat, geht es in 8,16–20 um dessen Verbreitung. Man denke an Lk
2,17, wo von den Hirten nach der Verkündigung der Geburt Jesu
durch den Engel nach der Luther-Bibel gesagt wird: „Und als sie
es (das Kind) aber gesehen hatten, breiteten sie das Wort aus, das
zu ihnen von diesem Kinde gesagt war". Nach Bovon muss „hören"
in Lk 8,18 nicht als äußerer, akustischer technischer, sondern als
innerer, geistlicher Vorgang verstanden werden.[2] Jesus spricht also
nicht nur vom Hören an sich, sondern vom „richtigen" geistlichen
Hören bzw. Zuhören. Wörtlich heißt es: „Gebt also acht, *wie* (im

ursprünglichen griechischen Text ‚pos‘, im Lateinischen ‚quomodo‘) ihr zuhört".

Der Theologe Dietrich Bonhoeffer vertieft den aufgezeigten Gedankengang weiter, wenn er schreibt: „Mit Vollmacht kann zu mir nur gesprochen werden, wenn ein Wort aus der tiefsten Kenntnis meiner Menschlichkeit mich in meiner ganzen Wirklichkeit jetzt und hier betrifft. Jedes andere Wort ist Ohnmacht. Das Wort der Kirche an die Welt muss darum aus der tiefsten Kenntnis der Welt dieselbe in ihrer ganzen gegenwärtigen Wirklichkeit betreffen, wenn es vollmächtig sein will. Die Kirche muss jetzt und hier aus der Kenntnis der Sache heraus in konkretester Weise das Wort Gottes, das Wort der Vollmacht, sagen können, oder sie sagt etwas anderes, Menschliches, ein Wort der Ohnmacht. Die Kirche darf also keine Prinzipien verkündigen, die immer wahr sind, sondern nur Gebote, die heute wahr sind. Denn, was immer wahr ist, ist gerade ‚heute‘ nicht wahr. Gott ist uns immer gerade ‚heute‘ Gott."[3] Auch im Lukasevangelium wird uns das „Heute" wiederholt als ein wichtiges Handlungs- und Entscheidungskriterium vor Augen gestellt (Lk 2,11; 4,21; 5,26; 19,5.9; 23,43).

An anderer Stelle hat Bonhoeffer in seinen Aufzeichnungen im Gefängnis für eine entschiedene Hinausweisung der Kirche aus ihren geschlossenen Räumen in die Welt plädiert. Für ihn war das irdische und jetztzeitliche Leben die entscheidende Dimension der christlichen Seelsorge. Seine Rede von der „Diesseitigkeit" ist oft missverstanden worden. Im Grunde meint er damit jedoch dasselbe, was die katholische Tradition unter der Sakramentalität der Wirklichkeit versteht. Er machte die nüchterne und alltägliche Präsenz und Gegenwärtigkeit zu seinem theologischen Programm; er setzte sich dafür ein, auf die ganze Schrift zu hören, die beiden Testamente nicht nebeneinander, sondern ineinander auszulegen und das letzte Wort nicht vor dem vorletzten zu sprechen, den zweiten nicht vor dem ersten Schritt zu tun. Wörtlich schreibt er: „Ich spüre übrigens immer mehr, wie alttestamentlich ich denke und empfinde. So habe ich in den vergangenen Monaten auch viel mehr Altes Testament als Neues Testament gelesen. Nur wenn man die Unaussprechlichkeit des Namens Gottes kennt, darf man auch einmal den Namen Jesus Christus aussprechen; nur wenn man das Leben und die Erde so liebt, dass mit ihr alles verloren und zu Ende zu sein scheint, darf man an die Auferstehung der Toten und eine neue Welt glauben; nur wenn man das Gesetz Gottes über sich gelten lässt, darf man wohl auch einmal von Gnade sprechen, und nur wenn der Zorn und die Rache Gottes über seine Feinde als gültige Wirklichkeiten stehen bleiben, kann von Vergebung und von Feindesliebe etwas unser Herz berühren. Wer zu schnell und zu direkt neutestamentlich sein und empfinden will, ist m. E. kein Christ. Wir haben darüber ja schon manchmal gesprochen, und jeder Tag bestätigt mir, dass es richtig ist. Man kann und darf das letzte Wort nicht vor dem vorletzten sprechen. Wir leben im Vorletzten und glauben das Letzte, ist es nicht so?"[4]

Der Literaturkritiker Marcel Reich-Ranicki erzählt in seiner Biographie „Mein Leben" davon, wie er als Kind zum ersten Mal mit seinen Eltern den Gottesdienst in einer Synagoge besuchte, und hält als Erfahrung fest: „Die Juden haben keine Schlösser und Paläste erbaut, keine Türme und Dome errichtet, keine Reiche gegründet. Sie haben nur Worte aneinandergereiht. Es gibt keine Religion auf Erden, die das Wort und die Schrift höher schätzen würde als die mosaische. Über sechzig Jahre ist es nun her, dass ich in der Synagoge am Lützowplatz erwartungsvoll und etwas ängstlich neben dem Schrein stand, in dem die Torarolle aufbewahrt wird. Doch kann ich den Augenblick nicht vergessen, da der Vorbeter sie vorsichtig hervorholte und dann die Pergamentrolle mit den fünf Büchern Mose vor der Gemeinde hochhielt. Die Gläubigen erstarrten in Ehrfurcht und verneigten sich vor der Schrift. Ich war ergriffen, ich hielt den Atem an."[5]
Ignatius von Loyola hat bekanntlich seine Meditation der Menschwerdung eingeleitet mit den Worten: „Der erste Punkt ist: sehen

der Person". Verstehen durch Berührung meint also besonders die hinhörende und hinsehende Wahrnehmung und Auslegung der verschiedenen Lebenstexte der Menschen, der „Initialen" Gottes in diesen Lebenstexten.

2 Auf Überraschungen gefasst sein

Bonhoeffers Gedanke, Christus begegne uns in der *ganzen* Heiligen Schrift, sowohl im Alten als auch im Neuen Testament, ist bereits bei den Kirchenvätern zu finden. Sie sprechen in diesem Zusammenhang von sogenannter „symphonischer" Schriftauslegung. Damit wollten sie wohl ein dreifaches ausdrücken: Wenn es im ersten Kapitel des Johannesevangeliums heißt, „Im Anfang war das Wort, und das Wort war bei Gott, und das Wort war Gott ... Alles ist durch das Wort geworden, und ohne das Wort wurde nichts, was geworden ist" (Joh 1,1.3), so verknüpft der Evangelist den alttestamentlichen Schöpfungsbericht mit der neutestamentlichen Botschaft. Im Anfang schuf Gott die ganze Schöpfung durch das Wort und im Wort, wodurch der innere Bezug zwischen Altem und Neuem Testament herausgestellt ist. Wie man heute immer mehr erkennt, erweist sich die Aufteilung in eine Schöpfungs- und eine Erlösungsordnung als biblisch unzutreffend. Alles ist Zeugnis der Bundesliebe Gottes. So liegt es nahe, von dem *einen* Gott einen weiten Bogen auf und über seine *ganze* Offenbarung zu spannen. Altes und Neues Testament sind also stets beide gleichzeitig die *eine* Schrift der Kirche. So wie man den Sohn nicht ohne den Vater haben kann, so kann man zu Jesus keinen Zugang finden ohne den Raum, in dem er groß geworden ist.

„Symphonia", so die Kirchenväter, bezieht sich auch auf die innere Ganzheit des Menschen, auf sein Streben nach innerer Einheit. Vor dem Hintergrund der Begriffe „Integrität" und „Identität" aus der Psychologie meint „Symphonia", also Übereinstimmung mit sich selbst, mit seinem wahren Wesen. Sie ist für uns mehr Weg als Ziel. Sie ist weniger Einheit und mehr Vereinigung, je neue Vereinigung. Sie ist ständige Aufgabe angesichts der Zerrissenheit unseres menschlichen Herzens, in dem manches nicht „zusammenstimmt", wo manches nicht im „Einklang", nicht „bei Trost", sondern „ver-rückt" ist, wo wir nicht mit uns einverstanden sind. Doch auch das gehört zur Wahrheit und auch zu meiner Wahrheit. Die Anerkennung der eigenen Unzulänglichkeit nennen wir Wahrhaftigkeit. „Wahrheit ist symphonisch" besagt also: Gott sieht mich nicht „monophon", sondern „polyphon", und ich darf darauf vertrauen, dass er in seiner Weisheit und Güte dieses Verschiedene zu einer „Symphonie" zusammenfügt.

Schließlich sei noch eine dritte Bedeutung von „symphonia" bei den Kirchenvätern erwähnt: Die Einheit der Christen untereinander. Diese weist auf die Wahrheit hin, dass man Christ nicht allein, sondern immer in Gemeinschaft bzw. in Gemeinde ist. Ignatius von Antiochien hat auf seiner Reise nach Rom, wo ihn das Martyrium erwartete, einen Brief an die Gemeinde von Ephesus geschrieben. Darin vergleicht er sie mit einem Chor und ermutigt sie: „Nehmt Gottes Symphonie in euch auf. So werdet ihr alle zusammen zu einem Chor, und in eurer Eintracht und zusammenklingenden Liebe ertönt durch euch das Lied Jesu Christi. Es ist das Lied, das Gott, der Vater, hört – und so erkennt er euch, als die, die zu Christus gehören." Johannes Bours hat den Zusammenhang von „Symphonie" und „Phantasie" wie folgt beschrieben: „Gottes Melodie für mich kann ich nicht endgültig auswendig lernen, denn sein Lied geht weiter, ist immer neu, immer neu überraschend. Denn es ist doch ein Liebeslied Gottes für mich; und die Liebe erfindet immer neue Melodien. Und er wartet darauf, dass ich sein Lied weitersinge, mitsinge ..."[6]

In einem anderen Zusammenhang schreibt Dietrich Bonhoeffer: „Ich glaube, wir sollen Gott in unserem Leben und in dem, was er uns an Gutem gibt, so lieben und solches Vertrauen zu ihm fassen, dass wir, wenn die Zeit kommt und da ist – aber wirklich erst dann! –

auch mit Liebe, Vertrauen und Freude zu ihm gehen … Man soll Gott in dem finden und lieben, was er uns gerade gibt; wenn es Gott gefällt, uns ein überwältigendes irdisches Glück genießen zu lassen, dann soll man nicht frömmer sein als Gott und dieses Glück durch übermütige Gedanken und Herausforderungen und durch eine religiöse Phantasie, die an dem, was Gott gibt, nie genug haben kann, dieses Glück wurmstichig werden lassen. Gott wird es dem, der ihn in seinem irdischen Glück findet und ihm dankt, schon nicht an Stunden fehlen lassen, in denen er daran erinnert wird, dass alles Irdische nur etwas Vorläufiges ist und dass es gut ist, sein Herz an die Ewigkeit zu gewöhnen, und schließlich werden auch die Stunden nicht ausbleiben, in denen wir aufrichtig sagen können: ‚ich wollt, dass ich daheime wär …‘ Aber dies alles hat seine Zeit und die Hauptsache ist, dass man mit Gott Schritt hält und ihm nicht immer schon einige Schritte vorauseilt, allerdings auch keinen Schritt hinter ihm zurückbleibt. … ‚Er tut alles fein zu seiner Zeit‘ und Gott sucht wieder auf, was vergangen ist.“[7] Nach Bonhoeffer sind also irdisches Glück und sinnliche Freude von Gott geschenkt. Sie dürfen und sollen folglich auch angenommen und genossen werden. Gewiss mit der Bereitschaft, sie loszulassen und einen Schritt oder mehrere Schritte weiterzugehen, wenn Gott es will. Ich soll – oder noch besser gesagt: ich darf mit Gott Schritt halten und muss ihm nicht schon immer einige Schritte vorauseilen. Entscheidend ist das Hören darauf, was Gott jetzt, was er heute will.

Wichtig erscheint, dass Gott dem Menschen auch in seiner Fremdheit begegnen kann: „Entweder ich bestimme den Ort, an dem ich Gott finden will, oder ich lasse Gott den Ort bestimmen, an dem er gefunden sein will. Bin ich es, der sagt, wo Gott sein soll, so werde ich dort immer einen Gott finden, der mir irgendwie entspricht, gefällig ist, der meinem Wesen zugehörig ist. Ist es aber ein Gott, der sagt, wo er sein will, dann wird das wohl ein Ort sein, der meinem Wesen zunächst gar nicht entsprechend ist, der mir gar nicht gefällig ist.“[8] Glauben besteht nach Bonhoeffer vor allem im

Hören auf die „Andersartigkeit Gottes". Schließlich weiß man um die Erfahrung, die durch die Bibel und die Kirchengeschichte bezeugt ist: Gott ist auch dort, wo er nicht auf den ersten Blick zu erkennen ist. Er ist nicht weit weg im Nahen; er ist sozusagen immer ein Fremder im eigenen Haus. Doch diese Erfahrung ist oft schwer zu ertragen: Das Selbstverständliche, das Vertraute, wird nämlich dann das zu Verlassende.

So kann die Andersartigkeit Gottes zu einem wichtigen Deutungsprinzip der Vorgänge in der Welt und in meinem Leben entwickelt werden. Gott ist kein Besitzstand und keine Habe – er ist immer wieder neu zu suchen, und dabei darf man auf Überraschungen gefasst sein. Dies gilt auch in Bezug auf das heutzutage von vielen Seelsorgerinnen und Seelsorgern beklagte Phänomen der „Säkularisierung". Sie lässt sich als eine heute beobachtbare Geisteshaltung beschreiben, die ihre Aufmerksamkeit von der übernatürlichen Welt abzieht und sich auf diese Welt und Zeit konzentriert: „saeculum" bedeutet „das gegenwärtige Zeitalter".[9] Dieses lateinische Wort, das dem griechischen „aion" entspricht, bezeichnete ursprünglich eine Zeiteinteilung im liturgischen und religiösen Bereich. Das Wort „Säkularisierung" ist, so betrachtet, selbst in einem Säkularisierungsprozess entstanden. Wenn die Säkularisierung nicht einfach als Preisgabe des Heiligen und als allgemeine Sündhaftigkeit begriffen wird, betrachtet die moderne Theologie sie meist als grundlegende Bezeugung der Differenz zwischen Gott und der irdischen Wirklichkeit. Mit der von Dietrich Bonhoeffer eingenommenen Position, nach der die heutige „säkularisierte Welt" als ergänzende Entsprechung des „ganz anderen" Gottes zu betrachten sei, gibt sich der Turiner Philosoph Gianni Vattimo keineswegs zufrieden. Er vertritt eine rein positive Auffassung der „Säkularisierung", die nicht erst als Folie für jenen „ganz Anderen" herhalten muss, um einen religiösen Sinn zu ergeben. Für ihn stellt das Verschwinden des Heiligen aus der Welt die Art und Weise dar, in der sich heute und morgen die totale „Andersheit" des biblischen Gottes bekräftigt. Im Gegensatz zu Bonhoeffer, der in der „Säkularisierung" einen „Ort" sehen will, an dem sich Gott offenbart, fasst Vattimo diesen Prozess nicht als Sprung und Umkehrung auf, sondern als Erfüllung einer Heilsgeschichte, die von Anfang an durch den Leitfaden des Todes, der „Schwächung" gelenkt worden ist – das heißt die Auflösung des Heiligen, welche Paulus als die „Selbstentäußerung Gottes" (Phil 2,6–8) bezeichnet. Vattimo will „Säkularisierung" nicht negativ als einen Verfall, sondern als Wiederbelebung der Religion im Sinne einer Öffnung für das ganz Andere sehen.[10]

3 „Liebend finden, findend lieben"
(Anselm von Canterbury)

Gregor von Nyssa, einer der Väter der christlichen Mystik, bezeichnet Gott in seinen späten Schriften, besonders in den kurz vor seinem Tod gehaltenen Hohelied-Homilien, häufig als „Den-zu-Suchenden" bzw. „Das-zu-Suchende".[11] Er stellt die Gott-Suche im Bild der Braut dar, die ihren Bräutigam sucht, und fordert zugleich den Hörer seiner Predigt auf, es ihm gleichzutun. Was beim ersten Hören wie eine gedankliche Verknüpfung mit jener beschriebenen Suchhaltung des modernen Menschen klingt, ist im Grunde noch eine viel tiefere Suche. Gregor stellt die Seele des Menschen dar, die Gott sucht, ohne in diesem Streben je an ein Ende zu kommen; und dies nicht nur, weil der Gesuchte (Gott) so unendlich vollkommen ist, dass man ihn nicht letztlich erfassen kann, sondern auch, weil er nicht dem ständigen Wandel und Werden der Menschen unterworfen ist, die immer unterwegs zu Gott sind. Nicht das „Finden" ist also der Gegenbegriff zum „Suchen", sondern „stehen bleiben", „verharren"! Leben heißt für Gregor, in der andauernden Suche nach mehr als dem jeweils Erfassten niemals haltzumachen. Das macht nach Gregor die Dynamik des Lebens aus. Finden ist für ihn also das immerwährende Suchen selbst. Der Gewinn des Suchens besteht in dieser Suche. Also dürfen die Suche des Menschen und die dazu benötigte Phantasie um Gottes und der Lebendigkeit des Lebens willen durch die Seelsorge nicht unterdrückt werden. Im Gegenteil.

Den Gedanken Gregors von Nyssa finden wir in ähnlicher Weise aufgegriffen bei Anselm von Canterbury (1033–1109). Er hat in seinem „Proslogion", nach welchem die Reflexion in ein Gebet, also in eine „Anrede" eingebettet ist, diese Einstellung zur Seelsorge in einem Kirchengebet formuliert: „Lehre mich Dich suchen und zeige Dich dem Suchenden; denn ich kann Dich weder suchen, wenn Du es nicht lehrst, noch finden, wenn Du Dich nicht zeigst. Lass mich Dich verlangend suchen, suchend verlangen. Lass mich liebend finden, findend lieben."[12] Auf diese Weise wird die Gottsuche zum Inhalt des Glaubens selbst: Sie ist an sich ein Wert des Glaubens und des Lebens. Im „Prooemium" verweist Anselm übrigens auf die Heilige Schrift, welche die Nachschrift einer Entdeckung ist und als solche nicht nur ein Ergebnis mitteilt. Sie will vielmehr anregen, den Weg selbst dorthin zu gehen: „Wohlan, jetzt, Mensch, entfliehe ein wenig deinen Beschäftigungen, verbirg dich ein Weilchen von deinen lärmenden Gedanken. Wirf ab jetzt deine drückenden Sorgen und stelle zurück die mühevollen Geschäfte. Sei frei ein wenig für Gott und ruhe ein bisschen in ihm. ‚Tritt ein in die Kammer' deines Herzens, halte fern alles außer Gott und was dir hilft, ihn zu suchen und nach ‚Schließung der Türe' suche ihn. ‚Sprich jetzt, mein ganzes Herz' sprich jetzt zu Gott: ‚Ich suche Dein Antlitz, Dein Antlitz, Herr, suche ich'. Wohlan, jetzt also, Du mein Herr-Gott, lehre mein Herz, wo und wie es Dich suche, wo und wie es Dich finde, Herr, wenn Du hier nicht bist, wo soll ich suchen, Dich Abwesenden!"[13] Ähnlich hat später Ignatius von Loyola (1491–1556) argumentiert, als er feststellte, man könne sich Gott nur annähern, ihn jedoch nie ganz erreichen. Dazu führte er den Begriff des „Deus semper maior", des „je größeren Gottes" ein. Damit wollte er sagen: Man muss davon ausgehen, dass Gott jeweils immer wieder unendlich größer ist als jede Erkenntnis, die man von ihm gewonnen hat.

Um auf den Unterschied zwischen „suchen" und „finden" aufmerksam zu machen, schreibt der Künstler Pablo Picasso, Suchen sei „Ausgehen von alten Beständen und ein Findenwollen von bereits Bekanntem im Neuen. Finden, das ist das völlig Neue, das Neue auch in der Bewegung. Alle Wege sind offen, und was gefunden wird, ist unbekannt. Es ist ein Wagnis, ein heiliges Abenteuer. Die Ungewissheit solcher Wagnisse können eigentlich nur jene auf sich nehmen, die im Ungeborgenen sich geborgen wissen, die in die Führerlosigkeit geführt werden, die sich im Dunkeln einem unsichtbaren Stern überlassen, die sich vom Ziel ziehen lassen und nicht – menschlich beschränkt und eingeengt – das Ziel bestimmen. Dieses Offensein für jede neue Erkenntnis, für jedes neue Erlebnis im Außen und Innen, ist das Wesenhafte des modernen Menschen, der in aller Angst des Loslassens doch die Gnade des Gehaltenseins im Offenwerden neuer Möglichkeiten erfährt."[14]

4 Nichts verlorengehen lassen

In der Erzählung der „Speisung der Vielen" in der Fassung des Johannesevangeliums sagt Jesus, als die Menge satt war, zu seinen Jüngern: „Sammelt die übrig gebliebenen Brotstücke, damit nichts verdirbt. Sie sammelten und füllten zwölf Körbe …" (Joh 6,12–13).

a   Globalisierung im Horizont der Schöpfung

Das Zeitalter der politischen Kolonialisierung im Verbund mit christlicher Missionierung wirkt unbestritten immer noch belastend. Gleichwohl darf man in jener Zeit auch eine Epoche sich öffnender Horizonte sehen. Die Christen mussten etwa in der Neuen Welt erfahren, dass es völlig andere und ihnen bis dahin unbekannte Glaubens- und Lebensweisen gab. Bei vielen Christen führte dies damals zu einem Kultur- und Glaubensschock. Während die einen Missionare ihre Zweifel an der Universalität Gottes durch Unterjochung des Fremden – zum Beispiel durch die Zerstörung von Tempelanlagen – zerstreuen wollten, waren andere nachdenklicher, suchender, aufgeschlossener. Ihre Mission war nicht auf eine Zerstörung des Fremden aus, sondern auf die kritische Konfrontation mit dem Eigenen und eventuelle Integration in das Eigene (Inkulturation): Man zeichnete die unbekannte Sprache auf, erforschte die Grammatik und übersetzte in die eigene Sprache, man stellte Wörterbücher zusammen und konzipierte Lehrbücher, man studierte den neuen und rätselhaften Kult, die Symbole, Riten und Gebräuche, man gründete ethnologische Museen. Durch die Ehrfurcht vor anderen Glaubens- und Lebensweisen weiteten sich auch die eigenen Glaubens- und Lebenshorizonte. Eine Wertschätzung des Fremden wuchs sicher erst sehr langsam im Laufe der Zeit, und es hat lange gedauert, bis diese Kenntnisse ins christliche Volk gelangt sind, und noch wesentlich länger, bis sie als bereichernd erkannt und zu Perspektiven für den eigenen Glauben umgewandelt wurden. Ohne die dunklen Seiten der kolonialen Epoche zu leugnen, darf man festhalten, dass durch die damalige christliche Fremdmission ein einzigartiger historisch-kritischer Prozess der Selbstmission in Gang gekommen ist.

Dem Christusglauben, der durch die welthistorische Kritik gegangen ist, wird im interreligiösen Dialog auch in Zukunft eine welthistorische Bedeutung zukommen. Fremdmission – so wäre aus der Glaubensgeschichte des Kolonialismus zu lernen –, hat nur Sinn, wenn sie mit engagierter Selbstmission verbunden ist, wenn sie kritische Neugier auf das Fremde, auch auf das Fremde im eigenen Bewusstsein ist.[15]

In christlicher Sicht wird gern die Inkarnation als Maßstab der Inkulturation bezeichnet.[16] Das ist zwar richtig, greift aber vor dem Hintergrund der Bonhoefferschen Forderung nach der Einheit beider Testamente zu kurz. Bereits in der biblischen Schöpfungsgeschichte bzw. in den biblischen Schöpfungsgeschichten ist die interkulturelle Dimension des Christentums verankert. Hier findet man eine selbstverständliche innere Freizügigkeit in der Verwendung von Bildern und Ausdrücken. Was sich jedoch durch alle Beschreibungen hindurchzieht, ist die zentrale Botschaft, dass Gott der Schöpfer der Welt ist. Die Weisheitsliteratur ist gleichsam das Scharnier, das unser Thema vom Alten Testament her mit dem Neuen Testament verbindet, die Brücke eines langen Weges, der direkt in jenen Schöpfungsbericht hineinführt, wie er uns bei Johannes überliefert ist: „Im Anfang war das Wort, und das Wort war bei Gott, und das Wort war Gott … Alles ist durch das Wort geworden, und ohne das Wort wurde nichts, was geworden ist." (Joh 1,1.3) Johannes hat offenbar bewusst die Worte vom Anfang des alttestamentlichen Schöpfungsberichtes aufgegriffen – und sie vor dem christologischen Hintergrund neu gedeutet.

Ferner wird der Mensch im Schöpfungsbericht (Gen 1,26) als Bild Gottes bezeichnet. Dank der Exegese weiß man heute, dass dies zum Ausdruck bringen will, dass der Mensch Gott als Sinnbild (wie eine Statue den Herrscher) seiner Autorität vergegenwärtigt. Und zwar im Hinblick auf alles, was in dieser Welt geschaffen worden ist, also auf die gesamte Schöpfung. Die alttestamentliche Forschung weist darauf hin, dass der Ausdruck „Bild" bzw. „Sinnbild" auch eine Verwandtschaft, Freundschaft und Ähnlichkeit zwischen Gott und Mensch erdrückt. Man ist sich heute im Gegensatz zur theologischen Tradition der Vergangenheit weitgehend darüber einig, dass das Bild-Gottes-Sein des Menschen nicht verloren werden kann, ganz gleich um was für einen Menschen es sich handelt: Sünder oder Nichtsünder, Christ oder Nichtchrist, Gläubiger oder Nichtgläubiger. Während in der Vergangenheit „Bild Gottes" in eins gesehen wurde mit der „Menschenwürde", erleben wir heute eine Abkoppelung der Menschenwürde vom Bild Gottes. Solange der Mensch lebt, gehen die Fragen nach dem Selbstverständnis des Menschen, seiner Sinngebung und Zielbestimmung nicht unter,

Wie Gott berührt

auch wenn diese Fragen wie verdeckt und verschüttet erscheinen. Sie treten immer wieder hervor. Nach Rudolf Bultmann ist die Frage nach Gott untrennbar mit der Frage nach dem Menschen verbunden: „Jedenfalls müßte ein Reden von Gott, wenn es möglich wäre, zugleich ein Reden von uns sein … Wenn gefragt wird, wie ein Reden von Gott möglich sein kann, so muß geantwortet werden: Nur als ein Reden von uns."[17]

Für die Mehrheit der Menschen in der südlichen Hemisphäre – in Lateinamerika, in Afrika, im Süden Asiens – ist die Religion heute noch selbstverständlich in den Alltag integriert. Sie finden in ihr Lebenssinn und Motivation zum Leben. Eine Trennung von sakral und profan, von Geist und Materie ist ihnen ebenso fremd wie die Privatisierung religiöser Überzeugungen. Diese Debatte spiegelt auch das Spannungsverhältnis zwischen Wahrheitsanspruch und Dialogfähigkeit wider. In den Dokumenten des Zweiten Vatikanischen Konzils, besonders in „Lumen gentium" und „Nostra aetate" wird öfter auf das Anliegen des interreligiösen Dialogs hingewiesen. Er wird sogar als Teil des missionarischen Auftrags der Kirche verstanden. Dabei ist festzuhalten: Die erkannte Differenz und nicht der vorschnelle Kompromiss ist der Ort des Dialogs.[18]

Fordert die heutige Globalisierung die Seelsorge nicht dazu heraus, auch im Wettbewerb der Glaubensweisen, im Ringen um das Wahre und das Wahrere des Gottesglaubens voranzukommen? Es ist nach Ähnlichem und Gemeinsamem zu suchen, und es gilt genauso, das Ungleiche und Ungleiches wahrzunehmen. Unsere Lehrzeit ist in dieser Frage nie beendet. Martin Buber berichtet in seinen chassidischen Erzählungen von einem Rabbiner-Schüler, der gegen Mitternacht seinen ehemaligen Mitschüler und Freund in einer fremden Stadt besucht. Er klopft an die Fensterscheibe des erleuchteten Zimmers. „Wer ruft?", hört er die vertraute Stimme fragen und antwortet, da er gewiss ist, dass auch die seine erkannt wird, nichts als: „Ich bin es!" Aber das Fenster bleibt verschlossen, und von innen kommt kein Laut mehr, sooft er auch klopft. Endlich schreit er bestürzt: „Aaron, warum öffnest du mir nicht?" Da entgegnet ihm die Stimme des Freundes, so ernst und groß, dass sie ihm fast fremd erscheint: „Wer ist es, der es wagt zu sagen: ‚Ich bin es', wie es Gott allein zusteht!" Als der Schüler dies vernimmt, spricht er in seinem Herzen: „Meine Lehrzeit ist noch nicht um"; und er kehrt unverweilt nach Mesritsch zurück.

b Hören auf die „Kultur der Leute"

Um im Ringen um die Wahrhaftigkeit des Gottesglaubens voranzukommen, ist es wichtig, dass sich Seelsorgerinnen und Seelsorger auch nicht der „Kultur der Leute", der sogenannten „Popularkultur" verschließen, wenn sie auf die Menschen in all den Spannungen ihres Lebens hören und sie auf ihren oftmals dunklen und verworrenen Wegen begleiten wollen.[19] Der niederländische Theologe Tjeu van den Berk plädiert sogar für eine „Mystagogie", d. h. eine Einführung in das Geheimnis Gottes, die auch die Erzeugnisse der Popularkultur als „Material" einbezieht. Er gibt zu bedenken, dass das Christentum heute auch aus anderen Gebieten schöpfen müsse: etwa aus der Mythologie, aus Märchen und Folklore, Romanen, Gedichten, aus Oper und Tanz, aus den Geschichten, die uns erzählen, wie Neurosen, Psychosen und Stress entstehen, aus unseren Träumen, aus der Archäologie, Paläontologie, Biologie, Astronomie, Ethnologie und Tiefenpsychologie, aus der Mode, aus Filmen, Sport, der audio-visuellen Kultur etc.[20]

Zu seinem Vorgehen sieht er sich von der Praxis der frühen Kirche bestärkt. Die Christianisierung der Heiden setzt die Paganisierung der Christen voraus. Das Eigene des Christentums in den ersten vier Jahrhunderten bestand ja gerade darin, dass es kaum etwas Eigenes gab. Und die schöpferische Fähigkeit der ersten Christen bestand darin, Elemente aus der sie umgebenden paganen Welt so in die eigene Verkündigung und Seelsorge zu integrieren und zu transformieren, dass sich auch die so bezeichneten Heiden in der christlichen Botschaft wiederfinden konnten. In einem gewissen

Sinn musste die Kirche erst heidnisch werden, damit die Heiden Christen werden konnten. Den Grundstein hierfür hat bereits Paulus mit seiner Rede auf dem Areopag zu Athen gelegt (Apg 17,22–34). Als er vom „unbekannten Gott" spricht, der nicht in Tempeln von Menschenhand gemacht, wohnt, und in dem wir leben, uns bewegen und sind, nimmt er typisch stoisches Gedankengut in seine Verkündigung mit auf. Auch nach Augustinus haben die heidnischen Dichter unbewusst die Wahrheit benannt, und Clemens von Alexandrien spricht von „inspirierten" Worten Homers. Gerade die „Odyssee" Homers gilt den Kirchenvätern als „praeparatio evangelica" schlechthin. Die Reise des Odysseus wird zum Prototyp der Lebensreise eines jeden Christen, sein Schiff wird zum Bild für die Kirche, im an den Mastbaum gefesselten Protagonisten erkennen wir den gekreuzigten Christus. Kurzum: Die griechischen Mythen werden christianisiert – oder, wie es Tjeu van den Berk umgekehrt sagt: Das Christentum wird im positiven Sinne paganisiert. Die Popularkultur ist voll von Mythen, von Geschichten, die lebenswichtige Fragen des Menschen verdichten: Woher komme ich? Wohin gehe ich? Wozu bin ich da? Zur Beantwortung dieser Fragen ziehen die Menschen heute nicht mehr den Odysseusmythos heran. Es sind neue Mythen, sogenannte Neomythen, die diese Aufgabe in der Gegenwart leisten; man denke nur an „Harry Potter" oder an den „Herrn der Ringe". Jedoch bleibt das Vorgehen dasselbe wie zu Zeiten der Kirchenväter, und es ist heute genauso legitim und effektiv wie damals.

Die tiefere Begründung, diese Mythen für das Suchen von Antworten auf die Lebensfragen in den Blick zu nehmen, liegt unbestritten im Geheimnis der Menschwerdung Gottes selbst. Carlo Sacchetti, ein italienischer Schriftsteller, hat es verstanden, dieses Geheimnis in besonders schöne Worte zu kleiden, wenn er schreibt: „Nach der Menschwerdung Jesu besitzt Gott ein menschliches Gesicht; nach der Menschwerdung Jesu spricht Gott auf typisch menschliche Weise, er hat Hände, einen Blick, die Wärme einer Gegenwart, er ist eine Person, die du im Glauben berühren, umarmen und lieben kannst."[21] Ein Weiser aus dem 17. Jahrhundert hat gesagt, die Menschwerdung, also die Leiblichkeit Gottes, sei auch das Ende der Wege Gottes. Um die „Erdung" des Geheimnisses der Menschwerdung Gottes hat sich in besonderer Weise der Kirchenvater Johannes Chrysostomus in der sechsten Homilie seines Matthäus-Kommentars verdient gemacht. Im Zusammenhang seiner Meditation der Geburt Jesu fragt er nach der tieferen Bedeutung der Worte der drei Magier – „Wir haben seinen Stern aufgehen sehen und sind gekommen, um ihm zu huldigen" – sowie der Feststellung des Evangelisten: „Siehe, der Stern ging ihnen voran, bis er an dem Ort stille stand, an dem das Kind sich befand" (Mt 2,2.9).

Johannes Chrysostomus erörtert zuerst die unterschiedlichsten Verstehensmöglichkeiten, die nach damaligem Wissen zur Deutung des merkwürdigen Himmelskörpers zur Verfügung standen: „Aber was hätte Gott denn anders tun sollen? Propheten zu ihnen schicken? Die Magier hätten den Propheten schwerlich geglaubt. Durch eine Stimme von oben zu ihnen reden? Sie hätten nicht darauf geachtet. Einen Engel senden? Auch auf einen solchen hätten sie wohl schwerlich gehört. Darum hat Gott von all dem abgesehen, hat dafür ihrer Verfassung vollkommen Rechnung getragen und sie durch Dinge gerufen, an die sie gewöhnt waren. Darum zeigt er ihnen einen großen, von den anderen verschiedenen Stern, der ihnen durch seine Größe wie durch die Schönheit seines Anblicks und die Richtung seines Laufes auffallen musste. So hat es auch der hl. Paulus gemacht. Er hat mit den Griechen von ihrem Altar geredet und ihre Poeten als Zeugen angeführt ... Da nämlich jeder das liebt, womit er seit langem vertraut ist, so schlagen auch Gott sowie die Menschen, die er zur Rettung der Welt gesandt hat, diesen Weg ein ... So hat er es denn auch bei den Magiern gemacht, die er aus Entgegenkommen durch einen Stern rief, um sie für Höheres empfänglich zu machen." Sodann fährt Chrysostomus mit der folgenden entscheidenden Erklärung fort: „Er (der Stern) blieb nicht in

Wie Gott berührt

der Höhe und zeigte von da aus den Ort, sonst hätten ihn ja die Magier auch gar nicht erkennen können; nein, er kam zu diesem Zweck herab in die Tiefe. Ihr wisst ja, dass ein Stern einen Ort nicht anzeigen kann, der so klein ist, dass gerade noch eine Hütte auf ihm Platz hat, oder vielmehr, dass er eben noch den Leib eines kleinen Kindes aufnehmen kann. Da er so unermesslich hoch oben ist, ist er nicht geeignet, einen so eng begrenzten Ort zu bezeichnen und für die kenntlich zu machen, die ihn suchen. Das kann man ja auch beim Monde beobachten; obwohl er alle Sterne an Größe überragt, scheint er doch allen Bewohnern der Welt nahe zu sein, obwohl sie über einen so großen Teil der Erdoberfläche zerstreut leben. Wie hätte also unser Stern den schmalen Raum andeuten können, den die Krippe und die Hütte einnahmen, wenn er nicht von der Höhe herabgekommen und über dem Haupte des Kindes stehen geblieben wäre?"[22]

5 *„Gott tut jeden Morgen das Ohr auf"* (Jes 50,4)

a *Woher das Hören kommt*
Nach dem Gottesknechtslied beim Propheten Jesaja (50,4–9) ist es Gott selbst, der die Zunge zum Stärken der Müden gibt und den Seelsorgerinnen und den Seelsorgern jeden Morgen das Ohr öffnet.

> Gott, der Herr, gab mir die Zunge eines Jüngers,
> damit ich verstehe, die Müden zu stärken
> durch ein aufmunterndes Wort.
> Jeden Morgen weckt er mein Ohr,
> damit ich auf ihn höre wie ein Jünger.
> Gott, der Herr, hat mir das Ohr geöffnet.
> Ich aber wehrte mich nicht
> und wich nicht zurück.
> Ich hielt meinen Rücken denen hin, die mich schlugen

und denen, die mir den Bart ausrissen,
meine Wangen.
Mein Gesicht verbarg ich nicht
vor Schmähungen und Speichel.
Doch Gott, der Herr, wird mir helfen;
Darum werde ich nicht in Schande enden.
Deshalb mache ich mein Gesicht hart wie einen Kiesel;
Ich weiß, dass ich nicht in Schande gerate.
Er, der mich freispricht, ist nahe.
Wer wagt es, mit mir zu streiten?
Lasst uns zusammen vortreten!
Wer ist mein Gegner im Rechtsstreit?
Er trete zu mir heran.
Seht her, Gott, der Herr, wird mir helfen.
Wer kann mich für schuldig erklären?
Seht: Sie alle zerfallen wie ein Gewand, das die Motten zerfressen.

Ausgehend von diesem beeindruckenden Schriftabschnitt lässt sich gut die geistliche Dimension der Seelsorge erschließen. Die seelsorgliche Fähigkeit beginnt nicht beim Sprechen, sondern beim Hören, und schon dieses Hören-Können ist offenbar nicht selbstverständlich. Es scheint sogar in vielerlei Hinsicht gefährdet, denn im Text heißt es: „Gott, der Herr hat mir das Ohr geöffnet, ich aber habe mich nicht gewehrt und bin nicht zurückgewichen." Dies sind offenbar die beiden Formen, wie wir dem Aufgehen der Ohren im Weg stehen können: Widerstand und Flucht, sich abschotten und sich entziehen. Der Prophet sagt: „Ich wehrte mich nicht und wich nicht zurück, sondern ich hielt meinen Rücken denen hin, die mich schlugen und denen, die mir den Bart ausrissen, meine Wangen." Damit wird ausgedrückt, auf welche Weise Gott das Ohr des Menschen öffnet und bei welchen Gelegenheiten er unsere Hörfähigkeit in besonderer Weise fördert: Es sind Grenzerfahrungen, Leidenserfahrungen, Situationen, in denen wir mit dem Rücken an der Wand stehen. Ein bedeutsamer Beleg für diesen Zusammenhang zwischen Grenzerfahrung und Hörbefähigung findet sich im Neuen Testament. Im Hebräerbrief heißt es von Jesus: „Als er auf Erden lebte, hat er mit lautem Schreien und unter Tränen Gebete und Bitten vor den gebracht, der ihn aus dem Tod retten konnte, und er ist erhört und aus seiner Angst befreit worden. Obwohl er der Sohn war, hat er durch Leiden den Gehorsam gelernt; zur Vollendung gelangt, ist er für alle, die ihm gehorchen, der Urheber des ewigen Heils geworden." (Hebr 5,7–9) Helfendes, schöpferisches Handeln ruft bei Betroffenen oft Erstaunen hervor. Man erlebt es wie eine erfreuliche Irritation, in der sich überraschend die Treue Gottes zeigt.

Bereits im Zusammenhang mit der theologischen Absicht der 12-Zahl in der Heiligen Schrift – sei es bei den zwölf Stammvätern oder bei den zwölf Aposteln – und bis hinein in die Anzahl der Körbe in der „Speisung der Vielen" wurde darauf aufmerksam gemacht: Die Zahl 12 will auf die immerwährende Treue Gottes zu den Menschen hinweisen. Sie will zeigen, dass der Zusammenhang zwischen Gott und Mensch nie gänzlich unterbrochen ist, sondern dass die Treue Gottes durch alle dunklen Strecken und Stellen hindurchführt. Dass die Kirche die Menschwerdung Gottes in einer „Nacht" feiert, zeigt, wie sehr die Nähe Gottes unserem Dunkel gilt. Wer in dieser Weise in Grenzsituationen Gottes Treue erfährt, vermag den Kopf hinzuhalten. Er vermag auch die Müden zu stärken durch ein aufmunterndes Wort, wie es zu Beginn unseres Textabschnittes heißt, denn der Herr gibt ihm dazu die Zunge eines Jüngers, und jeden Morgen weckt er sein Ohr, damit er hört wie ein Jünger hört.[23] Gott selbst ist es also, der das Ohr des Menschen öffnet, so steht es an der Spitze unseres Textes. Er tut dies jedoch nicht nur an Orten, die für den Gottesdienst besonders reserviert sind, und er tut dies auch nicht nur am Morgen, wie das folgende Beispiel zeigt.

Vor einigen Jahren verbrachte ich meine Sommerferien mit einem Freund in Sizilien. Wir unternahmen Ausflüge zu sehenswerten Orten und genossen am Strand in Liegestühlen das italienische dolce far niente. Dabei kamen jeden Tag Afrikaner, behängt mit Badetüchern, Sonnenbrillen, Teppichen und anderem an uns vorbei. Sie versuchten zum Kaufen ihrer Sachen anzuregen indem sie den Leuten zuriefen: „Vu cumprà?" – „Brauchen Sie was?" – Einer der Verkäufer hatte eine von den anderen verschiedene Ansprechweise. Er fragte die Leute: „Oggi si o no?" – „Heute ja oder nein?" Natürlich dachte auch dieser Afrikaner an den Verkauf seiner Waren. Nach mehrmaligem Hören vernahm ich aus seiner Ansprechversion jedoch mehr. Ich fragte mich: Was dominiert heute bei dir? Das Ja oder das Nein? Wie ist heute deine Einstellung zum Leben? Es lohnt sich als Seelsorgerin und Seelsorger einmal darüber nachzudenken, welche Worte in meinem Leben überwiegen. Der Basler Bischof Kurt Koch schreibt dazu: „Ist es das kleine Wort ‚Ja' oder das ebenso kleine Wort ‚Nein'? Diese Besinnung ergibt nicht bloß ein mathematisches Zahlenverhältnis. Es könnte dabei unendlich viel mehr zum Vorschein kommen, nämlich das tiefste Geheimnis unseres Lebens. Denn in den kleinen Worten ‚Ja' oder ‚Nein' liegt jeweils eine ganze Welt verborgen."[24]

b Gott hat mich erschaffen

In seiner Auslegung des ersten Genesis-Kapitels schreibt Gerhard von Rad, dass der Schöpfungsbericht nicht ausschließlich theologische, sondern auch Naturerkenntnisse vermitteln will.[25] Diese Erkenntnisse haben die biblischen Verfasser in ihrer Zeit vorgefunden. Claus Westermann macht darauf aufmerksam, dass der erste Schöpfungsbericht die Schöpfung der Pflanzen und Tiere als ein Entstehen in Arten, also eine Biologie in Gliederung darstellt, doch dass es bei dieser Erkenntnis nicht nur um eine bloße wissenschaftliche Erklärung des Entstehens der Pflanzen und Tiere geht. Vielmehr geht es dem Verfasser um die ehrfürchtige Bejahung des Schöpfers. Für ihn schließen sich nach Westermann die naturwissenschaftliche Erklärung und die gläubige Betrachtung der Schöpfung nicht aus.[26] Die heutige naturwissenschaftliche Vorstellung einer fortschreitenden Entwicklung der Gattungen und Arten wäre jedoch für die ganze Antike in keiner Weise nachvollziehbar gewesen. So ist es also nur verständlich, dass man sich Tiere und Pflanzen als aus der Hand Gottes hervorgegangen vorstellte. Im Unterschied zur heutigen Situation stellt von Rad in Bezug auf den priesterschriftlichen Schöpfungsbericht fest, „dass sich hier ein Glaube völlig mit dem natürlichen Erkennen geeinigt hat. Glaube und Weltbild ruhen hier in einzigartiger Weise spannungslos ineinander. Es kann aber kein Zweifel sein, dass die Sätze von Gen 1 primär Glaubensaussagen sind.“[27] Damit hatte die Theologie in der damaligen Naturerkenntnis ein Instrument gefunden, das ihr völlig angemessen war. Ihr Anliegen war aber kein naturwissenschaftliches, sondern ein Glaubensbekenntnis: „Die Welt als Ganze im Aufblick zum Schöpfer zu begreifen.“[28] Die heutige Situation der Theologie ist jedoch eine völlig andere geworden. In allen Bereichen des Lebens wird heute selbstverständlich von Entwicklung, Evolution und Prozess gesprochen. Nichts kann uns hindern, die Bibel im Licht der Naturerkenntnisse unserer Zeit zu sehen. „Ein Widerspruch zwischen einer Welterklärung aus dem Gottesglauben und einer wissenschaftlichen Welterklärung hat in der Bibel selbst keine Grundlage.“[29] Im Blick auf die gesamte Bibel zeigen die Schöpfungsaussagen eine große Uneinheitlichkeit. Ihnen geht es jedenfalls nicht um Naturhistorie, worauf Dorothea Sattler und Theodor Schneider hinweisen, sondern um ein authentisches Zeugnis für gläubige Weltbetrachtung und Weltdeutung: „Deshalb können naturwissenschaftliche Erkenntnisse die biblischen Erzählungen auch nicht widerlegen, ebenso wenig wie mit Hinweis auf die Bibel Ergebnisse der Naturwissenschaften in Zweifel gezogen werden können.“[30]

So wie man bei der Schöpfung im Ganzen unterscheiden kann zwischen dem „Dass“ und dem „Wie“, zwischen dem Faktum und der Art und Weise, wie sie „gemacht“ wurde, so lässt sich diese Unterscheidung auch ausdehnen auf das Verstehen meiner ganz persönlichen Erschaffung, auf meine einmalige Ausstattung und Ausgestaltung, auf mein einzigartiges „Design". Letzteres will das Modell bezeichnen, nach dem die Schöpfung „gebaut" ist.[31] Dies lässt sich an der Verwendung der Zahlen im biblischen Schöpfungbericht zeigen: Sie wollen nicht als mathematische Größen verstanden werden, sondern als geistliche Orientierung. Sie wollen auf die Idee hinweisen, nach der die Schöpfung angelegt ist.

Eine besonders bedeutsame Zahl im Schöpfungsbericht ist die Zahl 7. Was bedeutet sie? Nach der Forschung darf man sie auf eine Mondphase beziehen. Von daher kann uns diese Zahl über unser menschliches Leben sagen, dass der Rhythmus des Mondes in Beziehung zum Rhythmus unseres menschlichen Lebens steht. Wir erkennen, dass der Mensch nicht isoliert ist,[32] sondern mit allem und mit dem All in Verbindung ist. Unser Rhythmus und jener des Kosmos sind eins. Die geistliche Bedeutung dessen lautet: Wir sind nicht die Urheber unseres Rhythmus, sondern wir empfangen ihn vielmehr von außen. Und um die Bewegung unseres Lebens kennenzulernen, ist es erforderlich, auch jene des Ganzen kennenzulernen. Dieser Gedanke wird in der Bibel schließlich noch weiter vertieft: Nicht wir „machen" unseren Rhythmus, sondern er kommt vielmehr „von oben". Er kommt aus der Liebe Gottes.

Im Zusammenhang mit dem ersten Artikel des Apostolischen Glaubensbekenntnisses – „Ich glaube an Gott, den Schöpfer des Himmels und der Erde" – weist Martin Luther in seinem „Kleinen Katechismus" darauf hin, dass dieser nicht als metaphysischer Allsatz, sondern als existentiell berührender Satz zu verstehen sei: „Ich glaube, dass *mich* Gott erschaffen hat." Diese Feststellung beinhaltet eine große Ermutigung: „Du stehst nicht unter dem Zwang der Selbstherstellung. Du bist nicht gezwungen, dein eigener Vater und deine eigene Mutter zu sein. Du birgst dich nicht in deiner eigenen Hand. Denn du bist geborgen, und du bist gerufen, ehe du dir einen Namen gemacht hast."[33] In der „Summa theologica" des hl. Thomas von Aquin findet sich die Bemerkung, dass am siebten Tag, der sich im Christentum auf den Sonntag verlagert hat, „die erste und vornehmste" unter allen göttlichen Gaben gefeiert werde, das „Geschenk des Erschaffenseins", das beneficium creationis. An diesem Tag, das ist gemeint, wird eigens begangen, was *jeder* Feier zugrunde liegt – die Zustimmung zu Wirklichkeit und Dasein insgesamt. Folgerichtig konnte Augustinus sagen: „Der siebte Tag werden wir selbst sein".

Was ist Anfang? Was ist Ende? Gibt es ein Davor jenseits der Grenze des Anfangs? Gibt es ein Danach nach der Grenze des Endes? Viele Urreligionen versuchten, diese oder ähnliche Fragen im Zusammenhang mit der Entstehung des Universums und des Menschen bzw. der Lebewesen, oder aber die Entstehung des Lebens mit Hilfe der Sprache in Mythen zu erklären. Solche Mythen bzw. Mythologien bezeichnet man als Existenzbewältigungsversuche. Um existieren zu können, braucht der Mensch solche Mythologien, auch für seine individuelle Existenz. Also hat Martin Luther Recht mit seiner Forderung, den ersten Artikel des Apostolischen Glaubensbekenntnisses nicht allein als metaphysischen Allsatz, sondern als existentiell berührenden Satz zu verstehen. „Ich glaube, dass *mich* Gott erschaffen hat". So stellt sich mir die Frage nach meinem Anfang, nach meinem Ende. Ich muss mich fragen: Warum bin ich geboren? Weil diese Frage existentieller Natur ist, kann ich nicht bestimmen oder gar mitbestimmen, wann sie sich mir stellen soll oder darf. Es ist eine Frage, die mit mir einfach da ist: Warum bin ich da? Warum bin ich gerade da und nicht woanders? Deshalb genügt es auch nicht, Kindern mit altersgerechten Methoden „lediglich ein Grundwissen über die Bibel und das Kichenjahr zu vermitteln. Vielmehr brauchen Kinder Vorbilder im Glauben, mit denen sie – durchaus schon im Alter von drei bis sechs Jahren – über ihre wichtigen Fragen ernsthaft reden können: Warum bin ich eigentlich geboren? Ist alles gerecht, was da passiert? Sterbe ich auch mal wie meine Oma? Glaubt Achmed an einen anderen Gott? Warum hat Pauls Vater keine Arbeit? Warum bringt uns das Christkind Geschenke? Was passiert jetzt mit meinem toten Hasen? Warum ist der Jesus am Kreuz gestorben? Erzieherinnen sind hier persönlich gefragt. Zwar geht es auch um Glaubenswissen, aber mehr noch geht es um religiöses Grundvertrauen, um die spirituellen Fragen nach dem Woher und dem Wohin unseres Lebens, letztlich um die Frage nach Gott.“[34]

6 Hingehen und Antworten

Nach Sören Kierkegaard ist der Seelsorger in gewisser Weise selbst ein „Hilfsbedürftiger, als er in sich den Drang fühlt anderen zu helfen und zugleich der Helfenden bedarf, um ihnen zu helfen.“[35] Die Seelsorgerin und der Seelsorger als Menschen für andere, als „Helferinnen“ und „Helfer“, die, um es sein zu können, selbst der Menschen bedürfen. Doch das Erkennen und Anerkennen der eigenen „Schwäche“ sowie der Umgang damit wollen gelernt sein. Eine geistliche Hilfe dazu kann das Buch Exodus des Alten Testaments geben.

a Der Vorrang Gottes

Mit einer großen Dichte begegnet uns das Wort „Gott“ im zweiten Kapitel des Buches Exodus. In den Versen 23–25 lesen wir es gleich viermal: „Nach vielen Jahren starb der König von Ägypten. Die Israeliten stöhnten noch unter der Sklavenarbeit; sie klagten, und ihr Hilferuf stieg aus ihrem Sklavendasein zu Gott empor. Gott hörte ihr Stöhnen, und Gott gedachte seines Bundes mit Abraham, Isaak und Jakob. Gott blickte auf die Söhne Israels und gab sich ihnen zu erkennen.“ Bevor Gott sich Mose zu erkennen gibt, heißt es also, dass er hört und sieht. In der deutschen Einheitsübersetzung werden dieser Passus und das folgende dritte Kapitel mit „Die Berufung des Mose“ überschrieben. Es geht in diesem Abschnitt jedoch nicht in erster Linie um die Berufung des Mose, sondern um die Offenbarung Gottes selbst. Moses Berufung ist eine Folge, die sich aus jener Offenbarung ergibt.

Auch in der Seelsorge sollte Gott den Vorrang haben. Das schließt den entschiedenen wie auch schmerzlichen Abschied von Erfolgsrezepten ein. Es geht in der Seelsorge darum, wieder mehr mit Gott zu rechnen, sei es in der Predigt oder im Religionsunterricht, sei es im Beratungsgespräch oder im Dienst an Kranken, im Gottesdienst oder in den unzähligen anderen seelsorglichen Diensten.

In Ex 3,5 sagt beispielsweise Gott zu Mose: „Komm nicht näher heran! Leg deine Schuhe ab, denn der Ort, wo du stehst, ist heiliger Boden." Gewöhnlich wird diese Aufforderung so gedeutet, dass der Boden heilig ist, weil sich Gott auf ihm offenbart. Durch seine Anwesenheit hat auch der entsprechende Boden an Gottes Heiligkeit teil. Zweifelsohne ist diese Sicht bibeltheologisch im Gesamten stimmig und soll nicht infragegestellt werden. Und doch darf – auch gegen jede exegetische Vernunft – angemerkt werden: Mose steht gar nicht auf dem Boden, auf dem ihm Gott erscheint. Sonst müsste Gott nicht zu ihm sagen: „Komm nicht näher heran!" „Heiliger Boden" meint also gar nicht den Boden Gottes, sondern den Boden des Mose, auf dem dessen geistlicher Beruf entstanden und gewachsen ist. Gott lenkt den Blick des Mose auf *seinen* Boden; er macht ihm Mut zur Annahme seiner Geschichte. Für mich war es einmal eine große Überraschung, als ich entdeckte, dass das kleine lateinische Eigenschaftswort „humilis", das man gewöhnlich mit „demütig" übersetzt, wörtlich „bodennah" bedeutet. Gott macht den Seelsorgerinnen und Seelsorgern Mut, zu ihrem eigenen Boden zu stehen. Gott macht Mut zur „Humusnähe". Das entsprechende Tätigkeitswort „humiliare" heißt: Sich zum Boden bzw. zur Erde hinabbeugen, zur eigenen Erdhaftigkeit, zur eigenen Wahrheit hinabsteigen, seine Menschlichkeit akzeptieren.

Von hier aus verstehen wir auch den Hinweis Gottes an Mose besser: „Zieh deine Schuhe aus!" Man muss ihn mit dem folgenden „Denn der Ort, auf dem du stehst, ist heiliger Boden" zusammen sehen. Moses Schuhe sind aus Leder, das Leder ist vom toten Tier. Die Schuhe stehen für das Tote überhaupt. Es geht also um die

Heiligung meines Bodens im Sinne seiner Fruchtbarmachung, es geht um die Annahme meiner persönlichen Geschichte. In Joh 12,24 sagt Jesus in seiner letzten öffentlichen Rede: „Wenn das Weizenkorn nicht in die Erde fällt und stirbt, bleibt es allein; wenn es aber stirbt, bringt es reiche Frucht." Es geht um die Pflege meines Bodens. Man beachte, dass Pflege und Pflicht im Deutschen die gleiche Wurzel haben. Es geht um meine Bodenkultur. Kultur hat auch – und so tritt in diesem Wort wieder etwas noch Tieferes zutage – mit Kult zu tun. Es geht um die Heiligung des Bodens, auf den mich Gott in meinem geistlichen Beruf gerufen hat. Dieser Boden wird einmal die Unterlage zu dem sein, was Gott am Ende der Zeit zu mir sprechen wird. Die Begegnung zwischen Gott und Mose in Ex 3 will sagen, dass meine Nähe zu Gott etwas mit meiner Nähe zu mir selbst zu tun hat – und Nähe setzt immer Annahme voraus.

b Gott „geschieht", wo ein Mensch da ist

Gott ist gleichsam in der Obhut des Menschen, dem auf diese Weise zugemutet wird, ebenfalls da zu sein. Als Mose beim Namen gerufen wird, antwortet er: „Da bin ich." Mose hat verstanden, dass „Ich bin da" ihm zum Auftrag wird. „Ich bin da" hat plötzlich mit Mose selbst zu tun. Gott geschieht, wo ein Mensch da ist, mit seiner Achtsamkeit und Aufmerksamkeit, mit seiner Zugewandtheit, wo ein Mensch nicht nur vorhanden, sondern „zuhanden" ist, ganz präsent ist, wo ein Mensch – wie Mose – sieht, hingeht und hört und antwortet. Gott geschieht, wo Menschen in ihrer Not und in ihrem Glück nicht allein sind. Dies galt nicht nur für die Hebräerinnen und Hebräer in Ägypten, sondern es gilt in gleicher Weise heute: „Ich bin da" ist die Erfahrung, die Gott sich als Namen gibt. „Ich werde da sein" ist die Zusage und Gewissheit, mit der uns Gott begegnet.[36] Rainer Maria Rilke macht in einem seiner Gedichte Mut zum Hingehen, zur Hinwendung an Gott:

Du darfst nicht warten, bis Gott zu dir geht
und sagt: Ich bin.
Ein Gott, der seine Stärke eingesteht,
hat keinen Sinn.
Da mußt du wissen, dich Gott durchweht
seit Anbeginn,
und wenn dein Herz dir glüht und nichts verrät,
dann schafft er drin.[37]

Gott hat seine Herrlichkeit geoffenbart im Leben eines Menschen, „in allem uns gleich außer der Sünde." So betrachtet heißt Seelsorgerin und Seelsorger sein, eine Verkünderin bzw. ein Verkünder der „Menschwerdung" zu sein: „ut … omnes nostram experiantur humanitatem", wie es in den Fürbitten der Laudes des 2. Fastensonntags heißt. Wenn dies stimmt, kann man fragen: Was war es für ein Boden, den Gott für seine Menschwerdung gewählt hat? Am Anfang des Neuen Testaments steht der Mensch Jesus, der aus der Geschichte der Menschen kommt. Von den vier Evangelien ist es besonders das Matthäus-Evangelium, das mit seinem Stammbaum (Mt 1,1–17) behutsam die Geschichte Jesu in das Geheimnis Jesu Christi überführt. Was will diese lange und verworrene Darstellung der Geschichte Jesu sagen? Sie will deutlich machen, dass das Leben Jesu nicht einfach vom Himmel herabgefallen, sondern auf dem Boden einer langen Geschichte gewachsen ist. Sieht man genauer auf den Boden, den sich Gott zu seiner Menschwerdung ausersehen hat, so ist es ganz gewöhnlicher Boden; auch Niedrigkeit, Nichtigkeit und Schuld sind darauf gewachsen. Gerade dadurch ist dieser Boden ein Zeichen für das Übermaß von Gottes Kraft geworden (2 Kor 4,7).

Folglich darf sich das geistliche Leben nicht über den Leib erheben. Der Leib ist ein wichtiger Partner auf dem geistlichen Weg: Unter anderem hat er die Funktion, dass der Mensch sich besser kennenlernt, wenn er auf ihn hört. Die Gewissenserforschung darf sich nicht auf die Ebene des Willens und des Verstandes beschränken, sondern hat auch den Leib einzubeziehen. Wenn nur auf das geachtet wird, was möglicherweise verkehrt gemacht wurde, dann reduziert man die eigene Selbsterkenntnis auf die moralische Ebene. Auf diese Weise stößt man jedoch nie zu den unbewussten Voraussetzungen vor, die einen blockieren oder daran hindern, das zu tun, was man gerne möchte. Man gelangt nie zu den eigenen tiefsten Bedürfnissen und Wünschen. Ebensowenig nimmt man wahr, wo man eigentlich steht, was die wahre Situation ist und wo die wirkliche Schuld liegt. Oft besteht die Schuld nicht in einem falschen Verhalten, sondern in einer falschen Grundeinstellung, die Unangenehmes verdrängt.[38] Spiritualität bedeutet also keinesfalls die Abtötung der eigenen Triebe und Leidenschaften, sondern positiv: ihre Kultivierung, Pflege und Entfaltung.

Der Boden, von dem in Ex 3,5 die Rede ist, ist heilig, weil es der Boden des Mose selbst ist, und mein Boden ist heilig, weil es mein Boden ist. Thomas Merton sagte einmal: „Für mich bedeutet heilig sein – ich selbst sein."[39] Meine Lebensgeschichte ist meine Berufungsgeschichte. Auch in der Vorbereitung auf den geistlichen Beruf sollten wir uns daher vor einer Hypertrophie der Ideale hüten. Ideale haben es an sich, dass sie überhöht sind. Sie haben von Haus aus höher zu sein als das, wo man gerade steht, aber sie dürfen auch nicht zu hoch sein. Auf Dauer ist das deprimierend. Man erkennt dies vor allem bei „Einbrüchen" bzw. Krisen, in denen Gott eine Berufung und seinen Ruf noch einmal wiederholt, oder sagen wir es biblisch, wo Gott uns nicht nur einmal, sondern doppelt mit unserem Namen ruft, wie in Ex 3,4: „Mose, Mose!" Und Mose antwortete: „Hier bin ich", was wörtlich übersetzt heißt: „Siehe mich!" Oder man denke an den doppelten Ruf Gottes nach Abraham im Buch Genesis: „… Abraham, Abraham!" (Gen 22,11); an Gen 46,2 „… Jakob! Jakob!" oder 1 Sam 3,10: „… Samuel, Samuel!" Liest man diese Berufungserzählungen einmal einzeln nach, so entdeckt man, dass darin immer auch Feuer mit im Spiel ist. Von Origenes wird uns ein Jesuswort überliefert, das man in diesem Zusammenhang heranziehen kann: „Wer mir nahe ist, ist dem Feuer nahe." Dass Gott Menschen doppelt ruft, setzt sich übrigens im Neuen Testament fort: Lk 10,41: „... Martha, Martha"; Lk 22,31: „Simon, Simon, ..." und Apg 9,4: „... Saulus, Saulus."

c Zum Anfangen berufen

Genau besehen handelt es sich bei der Begegnung zwischen Gott und Mose um einen Schöpfungsakt. Der Mensch Mose wird zum Anfangen, zur Initiative, zum Initiieren, zum etwas auf den Weg bringen, zum „Gehend machen", zum Leiten befreit. Unser deutsches Wort „Gemeinde" leitet sich etymologisch von „andere gehend machen" ab.[40] Der Mensch ist nicht der Beginn von etwas, das sich aufgrund seines Wesens entwickelt und zum Schluss auch wieder vergeht, sondern er beinhaltet das Anfangen eines Wesens, das selbst im Besitz der schöpferischen Fähigkeit des Anfangens ist: Es ist der Anfang des Anfangs oder des Anfangens selbst. Mit der Erschaffung des Menschen erschien das Prinzip des Anfangs, das bei der Schöpfung der Welt noch gleichsam in der Hand Gottes und damit außerhalb der Welt verblieben ist. Mit der Erschaffung des Menschen als eines Jemands fällt nach Augustinus die Erschaffung der Freiheit selbst zusammen, und sie wird in der Welt anwesend bleiben, solange es Menschen gibt.[41] Die Philosophin Hannah Arendt hat sich in ihrer von Karl Jaspers betreuten Heidelberger Dissertation ausgiebig mit dem „Liebesbegriff bei Augustinus" auseinandergesetzt. „Damit ein Anfang sei, wurde der Mensch geschaffen, vor dem es niemand gab"[42], zitiert sie Augustinus. Folgerichtig war sie auch überzeugt, dass der Mensch, mit der schöpferischen Fähigkeit des Beginnens begabt, selbst einen neuen Anfang darstellt; dass damit immer, wenn etwas Neues geschieht, das sich unerwartet, unberechenbar und letztlich unbegründbar – eben wie ein Wunder – in den Zusammenhang berechenbarer Verläufe hinein ereignet, ein Wunder der Freiheit geschieht, und dass Letztere in der unauslöschbaren Fähigkeit des Menschen zum Anfangen beschlossen ist.

Anfangen ist aber noch nicht das Ganze des menschlichen Handelns. Der Anfänger, „archegos", braucht stets die anderen, die das, was er anfängt, aufgreifen, mittragen, weiterführen und vollenden. Mose muss also Israel für den Exodus gewinnen, den er in die Wege leiten will. Seine Auseinandersetzung mit der Stimme, die zu ihm aus dem Dornbusch spricht, befähigt ihn dazu, Phantasie zu entwickeln und die Initiative zu ergreifen, um den Auszug aus Ägypten im Namen Gottes zu leiten.

Alles zusammengenommen enthält der Vorgang am Dornbusch eine bedeutsame Botschaft für alle Personen, die in der Seelsorge tätig sind: Bevor das Volk Israel ins Weite geführt wurde, wurde Mose selbst ins Weite geführt. Die persönliche Fähigkeit, sich für andere einzusetzen, wurde umgewandelt in einen Auftrag für andere. Angefangen hat alles nicht mit der Veränderung der Verhältnisse in Ägypten, sondern mit einer Veränderung des Mose selbst. Seine Beauftragung stützt sich nicht auf die Forderung, alle menschlichen Kräfte zusammenzunehmen, sondern darauf, dass Mose im Dialog, also in Spruch und Widerspruch, lernt, dem „Ich bin da" in den verschiedenen Situationen seines Weges zu trauen. Die etymologische Herkunft des Namens „Jahwe" ist nicht sicher. Während Mose unmittelbar nach der Offenbarung des Gottesnamens in Ex 3,14 gesagt bekommt: „So sollst du zu den Israeliten sagen, der ‚Ich-bin-da' hat mich zu euch gesandt", macht der anschließende Vers 15 darauf aufmerksam, dass er sowohl als „Gott der Väter" als auch als „Gott jetzt da" verehrt werden will: „So sag zu den Israeliten: Jahwe, der Gott eurer Väter, der Gott Abrahams, der Gott Isaaks und der Gott Jakobs, hat mich zu euch gesandt. Das ist mein Name für immer, und so wird man mich nennen in allen Generationen".

d „Er hörte nicht auf sie"

Die Initiative des Mose bestand darin, im Auftrag und im Namen Gottes vom Pharao die Freilassung seines Volkes zu erbitten (Ex 5,1). Diese Bitte stellt sich jedoch als kontraproduktiv heraus: Jetzt macht es der Pharao den Israeliten noch schwerer: Die Sklaven müssen unter noch schwierigeren Bedingungen die gleiche Ziegelzahl abliefern (Ex 5,6–19). Mose wendet sich wiederum an Gott: „Mein Herr, warum behandelst du dieses Volk so schlecht? Wozu hast du mich denn gesandt?" (Ex 5,22) Wie ein roter Faden durchzieht das „verhärtete Herz" des Pharao die gesamte Exodus-Erzählung: Man vergleiche dazu Ex 7,3; 7,13f.; 7,22; 8,11; 8,28; 9,7; 9,12; 9,35; 10,1; 10,20; 10,27; 11,10; 14,4; 14,8 und 14,17. Was will die Bibel damit sagen? Sicher ist: Sie will kein philosophisches Problem thematisieren oder gar lösen; sie fragt nicht: Wie verhält sich die Vorsehung Gottes zur Verantwortlichkeit des Menschen? Wie spielen Gottes Herrsein und menschliche Freiheit zusammen? Die Bibel denkt ganzheitlich.[43]

Was bedeutet das „verhärtete Herz"? In der Sprache der Bibel ist das „Herz" ganz allgemein eine Bezeichnung für die verborgene Mitte eines Menschen, in der sowohl sein Denken als auch sein Fühlen und Wollen verankert sind. Das „verhärtete Herz" ist hier das Gegenstück zum „reinen Herzen", von dem die Bergpredigt spricht. Von seiner Bedeutung für die Seelsorge wird später noch die Rede sein. Jedenfalls ist es nicht so, dass der Pharao die Befreiung Israels nicht will. Es ist vielmehr so, dass der Pharao die Befreiung Israels gar nicht wollen kann. Er ist Person und Rollenträger, Person und Funktion, Herr und Knecht in einem. Eine Rolle bzw. Funktion kann jemanden in seiner Wahrnehmungsfähigkeit behindern. Sie kann den Blick für die Wirklichkeit verstellen und „betriebsblind" machen. Sie kann einen Menschen zum Gefangenen seiner selbst machen. Die Herzenshärte des Pharao ist Ausdruck seiner Phantasielosigkeit, seiner inneren Leblosigkeit, und damit Lieblosigkeit. Wegen mangelnder Liebe kann er die Sache, um die es geht, den Ernst der Lage nicht erkennen. „Verhärtung" ist ein biblisches Wort für eine Beziehung zwischen menschlichem Tun und dem Handeln Gottes. Das Verhalten des Pharaos ist Handeln wider besseres Wissen; es steht für falsches Wissen wider besseres Wissen-Können, für das Unterlassen von Lebensnotwendigem. Für das „so tun als ob". Für mangelnde „Gleichzeitigkeit". Für die

Verschlossenheit gegenüber dem (W)Ort des lebendigen Gottes. Für das Verweigern, nicht für das Zusage und Gewähren. Für die Regel und nicht die Ausnahme, und schon gar nicht dafür, dass der Ausnahmefall der Regelfall von morgen werden dürfe.

Das verhärtete Herz als Handeln wider besseres Wissen, als Nichtwahrnehmenwollen der Lebenswirklichkeit, betrifft nicht nur die Seelsorgerinnen und Seelsorger an der Basis. Die Haltung des Pharaos ist eine Gefahr für sämtliche Menschen in Leitungsämtern. Von Walter Benjamin stammt das Zitat: „Der Begriff des Fortschritts ist in der Idee der Katastrophe zu fundieren. Dass es ‚so weiter' geht, *ist* die Katastrophe. Sie ist nicht das jeweils Bevorstehende, sondern das jeweils Gegebene."[44] Dieses „So-weiter-Gehen" ist Ausdruck von Verhärtung; dieses So-weiter-Machen wie bisher, weil es immer so gewesen ist, ist pharaonisch – das so tun als wenn noch alles beim Alten wäre. Ausdrücklich weist der Hebräerbrief auf die Gefahr hin, dass auch die Kirche in ihrem Herzen ebenso wie einzelne Christinnen und Christen verhärtet werden kann. In Bezug auf Psalm 95,7–11 heißt es: „Gebt acht, Brüder, dass keiner von euch ein böses, ungläubiges Herz hat, dass keiner vom lebendigen Gott abfällt, sondern ermahnt einander jeden Tag, solange es noch heißt: Heute, damit niemand von euch durch den Betrug der Sünde verhärtet wird; denn an Christus haben wir nur Anteil, wenn wir bis zum Ende an der Zuversicht festhalten, die wir am Anfang hatten." (Hebr 3,12–14)

An zahlreichen Stellen des Buches Exodus fällt auf, dass im Zusammenhang mit dem verhärteten Herzen des Pharao gesagt wird: „Das Herz des Pharao blieb hart, und er hörte nicht auf sie …" (vgl. z. B. Ex 7,13; 7,22; 8,11). Im Gegensatz zu Mose erscheint der Pharao in der Exodus-Erzählung unberührt und ungerührt. Für das Verständnis unseres Christseins ist davon ein zusätzlicher Aspekt abzuleiten: Die klassische Dogmatik spricht von sogenannten Grunddimensionen des kirchlichen Amtes, so zum Beispiel von der Dimension des Heiligens (Priesteramt) oder der Dimension des Heilens (Diakonat).

Wie Gott berührt

Aufgrund des Gesagten darf man noch von einer weiteren Grunddimension des kirchlichen Amtes sprechen, die man sich aber als den vorgenannten vorgelagert vorzustellen hat: Die Grunddimension des „Hörens" bzw. „Zuhörens", die Grunddimension des Sich-berühren-lassens, ohne die es kein Verstehen geben kann.

e *Nicht alles antasten müssen*

Doch obschon Gott in der Kundgabe seines Namens Züge seiner selbst erkennen ließ, ist er für den Menschen ein Geheimnis. Und weil der Mensch ein Ebenbild Gottes ist, hat auch jeder Mensch ein Recht darauf, ein Geheimnis zu haben wie auch darauf, dass dieses Geheimnis von anderen anerkannt wird. Jon Sobrino, Befreiungstheologe aus El Salvador, schreibt unter der Überschrift „Europa aus der Sicht Lateinamerikas": „Trotz mehr Fortschritt, Wissen und Freiheit in Europa gelten die Dinge immer weniger und bedeuten sie immer weniger. Für mich ist das Anerkennen des Geheimnisses essentiell, die Freude darüber, dass es – glücklicherweise – in den Dingen ein ‚Mehr' gibt, auch wenn dieses ‚Mehr' in den Dingen nur sichtbar wird, wenn man sie als solche geschehen lässt und sie nicht in Ware pervertiert – von der Musik bis zum Sport, von der Lektüre bis zur Liebe. Ich meine, in der Welt von heute bräuchte es mehr ‚Keuschheit' – ich verwende bewusst diese Metapher, obwohl sie Anstoß erregen kann – und zwar nicht nur in Beziehung auf die sexuelle Realität des Menschen, sondern in einer erweiterten anthropologischen Dimension: ‚nicht alles antasten zu wollen' … Wenn Europa sich mit anderen in Beziehung setzt, ist es daran gewöhnt, etwas zu erwerben – nicht zu empfangen – … Darin besteht nach meiner Meinung die größte theologische Schwierigkeit, und nicht so sehr in der Säkularisation: Man kann nichts unentgeltlich annehmen, hat keine Erfahrung mit der Vergebung oder damit, dass man auch unerwartet und unverdient annehmen darf, wenn man ‚sein' will." [45]

Armut, Keuschheit und Gehorsam bringen elementare Bedürfnisse des Menschen zum Ausdruck: nach Besitz (Armut), nach sexueller Befriedigung und Erfüllung (Keuschheit), nach Macht und Einfluss (Gehorsam). Für das Wort „Keuschheit" verwendet man heute gern im Zusammenhang mit den Evangelischen Räten das Wort „Ehelosigkeit". Warum das Wort ausgewechselt wird, bedarf keiner ausführlichen Erklärung; man hat es durch eine begriffliche Verengung auf den Sexualbereich in Verruf gebracht. Dabei meint Keuschheit von seiner ursprünglichen Wortbedeutung her etwas anderes. Es geht auf das lateinische „cognoscere" – erkennen – zurück. Das Adjektiv „keusch" bedeutete im Rahmen der frühmittelalterlichen Christianisierung soviel wie „in die christliche Lehre eingeweiht" sein. Theodor von Mopsuestia, ein Zeitgenosse von Augustinus, der in Syrien wirkte, berichtet, dass jeder Christ unmittelbar vor dem Empfang der heiligen Kommunion ein Wort der Anbetung sprach. Geheimnis hat etwas mit Anbetung zu tun. Besonders ergreifend ist, was von den Mönchen in Cluny um das Jahr 1000 erzählt wird. Wenn sie zur Kommunion hintraten, zogen sie ihre Schuhe aus. Sie wussten, dass sich hier der brennende Dornbusch befand, dass das Geheimnis, vor dem Mose in die Knie gesunken ist, hier anwesend war.[46] Die Formen wechseln, aber was bleiben muss, ist der Geist der Anbetung, die Anerkennung des Geheimnisses, die erst wahres Heraustreten aus sich selbst ermöglicht; frei werden im Sinne von leer werden von sich selbst und sich finden im anderen sowie in der menschlichen Gemeinschaft.

7 Vor dem Krähen die Flügel schütteln

In der theologischen Tradition werden elementare Erfahrungen mit der Phantasie in der Seelsorge auf anschauliche Weise gezeichnet. So vergleicht man z. B. den Seelsorger mit einem Hahn, der, wenn er mit seinem Krähen andere munter machen will, sich selbst zuvor mit Zusammenschlagen der Flügel munter machen muss.[47]

Um das Bild des Hahns in der Vätertheologie entsprechend einzuordnen, muss man bis zu Gregor dem Großen zurückgehen, der vom Prediger fordert: „Er muss mehr durch seine Taten als durch sein Wort zu den Menschen sprechen; er darf ihnen nicht nur mit Worten sagen wollen, wohin sie gehen müssen, sondern muss ihnen durch sein Leben Fußstapfen hinterlassen. Denn auch der Hahn, den der Herr in seinen Worten benützt, um das Bild des guten Seelsorgers zu skizzieren, schüttelt die Flügel, bevor er kräht, und schlägt sich selbst, um sich wachzumachen. Wer durch das Wort in der Seelsorge wirken will, muss zuvor selbst durch die Praxis des Guten aufgewacht sein. Wer das eigene Leben verschläft, kann die andern nicht durch sein Wort aufwecken. Die Flügel regen heißt: tun, was uns selbst weiterbringt; danach mögen wir auch die andern zu einem guten Leben anhalten. Die Flügel an den eigenen Körper schlagen heißt: über sich selbst nachdenken, bei sich selbst erkennen, was belastend und hinderlich ist, und es durch Umkehr abtun; danach mögen wir in das Leben anderer ordnend eingreifen. Zuerst muss ein Prediger die eigenen Fehler bedauern, dann mag er die andern auf das aufmerksam machen, was für sie schädlich ist. Und noch ehe ein Wort über seine Lippen kommt, sollte er bereits durch seine Lebenspraxis ankündigen, was er sagen wird.“[48]

Bilder sind stets vieldeutig. Während in dem erwähnten Text das Bild des Hahns stark das Appellative betont, macht Rolf Zerfaß noch auf einen weiteren Gesichtspunkt dieses Bildes aufmerksam: Es wird gesagt, der Hahn künige den Morgen an, weil er den Tagesanbruch ahne, noch ehe die Sonne aufgegangen ist, und so werde er zum Symbol christlicher Hoffnung. Darum werde die Zeit des Hahnenschreis in der alten Kirche auch zur ersten Gebetsstunde. Zu dieser Stunde werde an jedem Sonntagmorgen in der Anastasis-Kirche in Jerusalem die Auferstehungsbotschaft verlesen. Vor diesem Hintergrund bedenkt Gregor die Bibelstelle Ijob 38,36, wo es heißt: „Wer legte in das Innere des Menschen Weisheit oder wer gab dem Hahn die Ahnungskraft?“ Gregor fragt: „Wer wird hier wohl als

Hahn bezeichnet, wenn nicht – wie oft an anderer Stelle – die heiligen Prediger, die in der Dunkelheit des jetzigen Lebens sich mühen, mit ihrer Stimme Kraft das kommende Licht anzukündigen? Sie sagen nämlich: Die Nacht ist vorgerückt, der Tag ist nahe." (Röm 13,12) Zerfaß zieht daraus den Schluss, hier zeige sich eine endzeitlich orientierte Frömmigkeit von hohem theologischem Niveau. Der Prediger werde als jemand gesehen, der zwischen Ostern und der endzeitlichen Wiederkunft Christi den Anbruch des Reiches Gottes ankündigt.[49]

Ein häufig gebrauchter Begriff für „Verkündigung" ist „Evangelisierung". Er wird heute gern von lehramtlicher Seite im Verbund mit der Wortschöpfung „Neu-Evangelisierung" gebraucht. Die zwei gewichtigsten Argumente gegen die Einführung bzw. Verwendung dieses Begriffs sind, dass der Begriff eine Tautologie darstelle, weil der Vorgang der Evangelisierung per se einen Neuanfang für die Kirche und die betroffenen Menschen beinhalte. Ohne die in der Versöhnung Gottes immer wieder neu geschenkte Umkehr zur Nachfolge des Evangeliums gibt es eine Evangelisierung weder nach innen noch nach außen, und erst recht nicht nach außen, wenn nicht zuvor nach innen. Weiterhin wird gegen den Gebrauch des Begriffs vorgebracht, er unterstelle, die Kirche betrachte sich selbst bereits als evangelisiert und der Evangelisierung gar nicht mehr bedürftig. Ganz abgesehen davon, so sagt man, orientiere er sich zu sehr am institutionellen Interesse – Kirchenmitgliedschaft, Gottesdienstbesuch usw. – und vernachlässige das spirituelle Anliegen der Kirche.

Aber es lässt sich dem Begriff „Neu-Evangelisierung" durchaus eine positive Perspektive abgewinnen. Und zwar in der Weise, dass jede Verbindung von Verkündigung mit dem konkreten Leben insofern Neues aus sich hervorbringt, als unterschiedliche Situationen (auch im Sinne von Zeitsituationen) Neues in der Botschaft selbst entdecken lassen. Vor einigen Jahren konnte man dies zum Beispiel bei der öffentlichen Rezeption der römischen Erklärung „Dominus

Wie Gott berührt

Jesus" (2000) sehr gut beobachten. Die gutmeinenden Verteidiger des Dokuments wurden nicht müde, immer wieder darauf hinzuweisen, dass alle wesentlichen Aussagen nur Wiederholungen früherer lehramtlicher Texte, insbesondere des Zweiten Vatikanischen Konzils seien, und dementsprechend nichts Neues sagten. Da aber auch jede Aussagebedeutung situationsabhängig ist, haben die Texte von gestern es heute eben doch anders und folglich auch anderes gesagt. Wenn es stimmt, was Augustinus festgestellt hat, nämlich dass die Zeit die Menschen sind, so muss dieser Satz auch umgekehrt gelten, dass die Menschen die Zeit sind; in diesem Fall erreicht derselbe Text, den man vor 40 Jahren geschrieben hat, nicht mehr dieselben Menschen wie vor 40 Jahren.

In seinem Gedicht „Der Zweifler" kann der Schriftsteller Bertolt Brecht Impulse zum „rechtzeitigen" Handeln in der Seelsorge geben.

Der Zweifler

Immer wenn uns
Die Antwort auf eine Frage gefunden schien
Löste einer von uns an der Wand die Schnur der alten
Aufgerollten chinesischen Leinwand, so dass sie herabfiel und
Sichtbar wurde der Mann auf der Bank, der
So sehr zweifelte.

Ich, sagte er uns
Bin der Zweifler, ich zweifle, ob
Die Arbeit gelungen ist, die eure Tage verschlungen hat.
Ob was ihr gesagt, auch schlechter gesagt,
   noch für einige Wert hätte.
Ob ihr es aber gut gesagt und euch nicht etwa
Auf die Wahrheit verlassen habt dessen, was ihr gesagt habt.
Ob es nicht vieldeutig ist, für jeden möglichen Irrtum
Tragt ihr die Schuld. Es kann auch eindeutig sein

Und den Widerspruch aus den Dingen entfernen;
    ist es zu eindeutig?
Dann ist es unbrauchbar, was ihr sagt. Euer Ding ist dann leblos.
Seid ihr wirklich im Fluss des Geschehens? Einverstanden mit
Allem, was wird? Werdet ihr noch? Wer seid ihr? Zu wem
Sprecht ihr? Wem nützt es, was ihr da sagt? Und nebenbei:
Lässt es auch nüchtern? Ist am Morgen zu lesen?
Ist es auch angeknüpft an Vorhandenes? Sind die Sätze, die
Vor euch gesagt sind, benutzt, wenigstens widerlegt?
    Ist alles belegbar?
Durch Erfahrung? Durch welche? Aber vor allem
Immer wieder vor allem andern: Wie handelt man?
Nachdenklich betrachteten wir mit Neugier den zweifelnden
Blauen Mann auf der Leinwand, sahen uns an und
Begannen von vorne.[50]

8 Und es wurde Abend und es wurde Morgen

In den vergangenen Jahren wurde immer wieder ein eigenes Schöpfungsfest gefordert. Vor dem Hintergrund der aktuellen Diskussion um Globalisierung und Klimaschutz gewinnt dieser Vorschlag an zusätzlicher Brisanz. Überdies darf Schöpfungsfrömmigkeit nicht nur Partikularspiritualität einiger franziskanisch geprägter Menschen sein, sondern geht alle Christinnen und Christen etwas an. Versteht man sie jedoch als integrale Dimension christlicher Frömmigkeit, dann ist ihr auch mit der speziellen Widmung eines besonderen Zeitabschnitts oder eines bestimmten Tages, und sei dieser auch ein Sonntag, nicht gedient. Vielmehr muss sie in der Liturgie insgesamt einen angemessenen Platz erfahren.

Wie Gott berührt

a Schöpfung und Erlösung

In den Texten der Liturgie sind nicht selten Hinweise auf die Schöpfung zu finden. Bei der Feier der Stundenliturgie erinnern die Psalmen und zahlreiche Hymnen immer wieder an den Schöpfer, an das Werk der Schöpfung und an die Geschöpfe. Als erste Lesung nimmt die priesterschriftliche Schöpfungserzählung einen prominenten Platz in der Feier der Osternacht ein. Nach Medard Kehl kann die Liturgie der Osternacht als das „Portal zum Verständnis des ganzen Schöpfungsglaubens" angesehen werden.[51] Für das nachkonziliare Messbuch und seine Hochgebetstexte wurde von liturgiewissenschaftlicher Seite zu Recht von einem Durchstoß zum Thema „Schöpfung" gesprochen. Bedenkt man, dass der Sonntag theologisch als Tag der Auferstehung Christi zu bestimmen ist, so ist der folgende Text der Präfation für die Sonntage V schon bemerkenswert: „In Wahrheit ist es würdig und recht, dir, allmächtiger Vater, zu danken und dich mit der ganzen Schöpfung zu loben. Denn du hast die Welt mit all ihren Kräften ins Dasein gerufen und sie dem Wechsel der Zeit unterworfen. Den Menschen aber hast du auf dein Bild hin geschaffen und ihm das Werk deiner Allmacht übergeben. Du hast ihn bestimmt, über die Erde zu herrschen, dir, seinem Herrn und Schöpfer, zu dienen und das Lob deiner großen Taten zu verkünden durch unseren Herrn Jesus Christus."[52]

Dieser Text, der allein den Dank für die Schöpfung ausspricht, ist kein altehrwürdiger Text aus der Tradition, den man aus Respekt erhalten wollte. Ein Präfationstext aus ambrosianischer Tradition, der für den 2. Sonntag der Osterzeit vorgesehen war, diente lediglich als Ausgangstext. Er hatte sich nicht auf den Schöpfungsdank fokussiert, sondern den einleitenden Hinweis auf die Schöpfung der Welt und des Menschen mit Elementen des Erlösungsgedächtnisses weitergeführt: Wiedergeburt durch die Taufe und der Sieg über den Urheber des Todes waren dort Motive, die an einem Sonntag theologisch durchaus üblich waren. Also ist der neue römische Text nicht die einfache Übernahme einer liturgischen Vorlage, sondern eine bewusste redaktionelle Bearbeitung oder auch Neu-schöpfung. Offensichtlich soll auch am Sonntag gelegentlich ein deutlicher und in gewisser Weise exklusiver Akzent auf das Schöp-fungsgedächtnis gelegt werden.

Schon in neutestamentlicher Zeit ist man davon ausgegangen, dass Schöpfung und Erlösung auch innerlich verbunden sind. Erin-nert sei nur an den Prolog des Johannesevangeliums (1,1–18), in dem von der Fleischwerdung des Logos gesprochen, zugleich aber benannt wird, dass alles, was geworden ist, durch den Logos gewor-den ist. Im 1. Kapitel des Hebräerbriefes lesen wir, dass Gott zu uns gesprochen hat „durch den Sohn, den er zum Erben des Alls einge-setzt und durch den er auch die Welt erschaffen hat" (Hebr 1,2). Vielleicht ist es kein Zufall, dass beide Texte einen Platz in der Li-turgie des Weihnachtsfestes haben, und zwar als Schrifttexte der äl-testen Weihnachtsmesse, der Messe „Am Tag". Die Menschwerdung Gottes ist eben nicht der Beginn der Zeit, sondern nur die Zeiten-wende. Weihnachten ist somit nicht nur Fest der Erlösung, sondern auch Fest der Schöpfung. Es sei in diesem Zusammenhang nur an die Schöpfungsmittlerschaft Christi erinnert, zu der sich die Kirche im Nizänischen Glaubensbekenntnis ausdrücklich bekennt. Auch der Kolosser-Hymnus (Kol 1,12–20) spricht von Christus als dem Erstgeborenen der Schöpfung und dem Erstgeborenen der Toten. In der nachkonziliar erneuerten Liturgie gehört dieser Hymnus zur Vesper am 25. Dezember.

Wie ein Ausfall der Schöpfungstheologie die Theologie ins-gesamt bedroht, so muss auch Erlösungsfrömmigkeit ohne Schöp-fungsfrömmigkeit zwangsläufig spirituelle Einseitigkeit zur Folge haben. Darüber hinaus ist leicht zu zeigen, dass die Frage nach dem Ziel des Menschen nicht von der Frage nach seinem Woher zu trennen ist. Unzählbar sind in der Sprache der Gebete im übri-gen die biblisch gut fundierten Hinweise, dass der Mensch in Chris-tus eine neue Schöpfung ist (2 Kor 5,17). Eine solche Redeweise ist nur dann als sinnvoll nachzuvollziehen, wenn das Bewusstsein der grundlegenden Erstschöpfung vorhanden ist. Gerade um einer angemessenen Erlösungsfrömmigkeit willen muss es eine entsprechende Schöpfungsfrömmigkeit geben. So darf auch die christliche Liturgie ihre schöpfungstheologischen Bezüge nicht vernachlässigen. Liturgie ist ja nicht Ausdruck von Weltverachtung, sondern Ort der lobenden und dankenden Erinnerung an die Geschichte Gottes mit uns Menschen, die ihren Anfang in der Erschaffung der Welt sowie des Menschen genommen und ihre Bestätigung in der Offenbarung gefunden hat.

b Schöpfung in der Liturgie

Kein anderes Fest des Kirchenjahres schaut so bewusst auf die Früchte der Erde wie das Erntedankfest. Der Mensch, der kultivierend mit der Schöpfung umgeht, erinnert sich nach der Ernte dankbar daran, dass der Ertrag der Erde nicht nur das Werk seiner Hände ist, sondern dass trotz aller eigenen Mühe zutiefst Grund besteht, dankbar zu sein, weil die menschliche Kulturleistung niemals die natürlichen Prozesse ersetzen kann. Dass wir ernten können, bleibt am Ende ein Geschenk, für das wir Gott dem Schöpfer zu danken haben. Diese Danksagung ist der zentrale Inhalt des Erntedankfestes. Nur ist das Erntedankfest kein liturgisches Fest im strengen Sinn. Bis zum Zweiten Vatikanischen Konzil kannte das Missale Romanum nicht einmal Gebetstexte zur Danksagung für die Ernte. Die allgemeinen Gebete zur Danksagung, welche das frühere Missale zur Verfügung stellte, bildeten kein eigenes Messformular; sie waren lediglich zur Ergänzung anderer „Messen" gedacht und können deshalb wohl kaum als Platzhalter eines Erntedankfestes der römischen Liturgie betrachtet werden. Erst im nachkonziliaren Messbuch findet sich ein Messformular „Zum Erntedank". Diese Reserve gegenüber dem Erntedankfest dürfte wohl kein Zufall sein, insbesondere, wenn man davon ausgehen muss, dass die Mitte eines jeden christlichen Festes das Pascha-Mysterium ist.[53] Darüber hinaus dürfte das Fehlen eines Erntedankfestes in der vorkonziliaren

Liturgie mit der Problematik eines Naturdankes in einer von geschichtlicher Offenbarung bestimmten Religiosität und Liturgie liegen.[54] Bemerkenswert ist in diesem Zusammenhang auch, dass schon die jüdischen Erntefeste teilweise offenbarungsgeschichtliche Umdeutungen erfahren haben. Ebenso kann auch die Situation eintreten, dass die feiernde Gemeinde überhaupt keinen direkten Erfahrungsbezug zum ursprünglichen „Grund" des Festes mehr hat, dass sie nicht mehr an Vorhandenes anknüpfen und dass so auch keine Umdeutung bzw. Umwidmung das Fest mehr „retten" kann. Wie beim gegenwärtigen Übergang von einer agrarischen Kultur zu einer urbanen, industriell, technisch und elektronisch bestimmten Gesellschaft.

Norbert Lohfink weist darauf hin, dass nicht übersehen werden darf, dass auch die Ohnmachtserfahrungen – zum Beispiel bei Naturkatastrophen – theologisch verantwortet und menschlich sensibel zu verstehen sind und als Aufleuchten der Geschöpflichkeit des Menschen gedeutet werden können. Auch sie haben prinzipiell einen Ort in der Liturgie, etwa in den Klagepsalmen und den Fürbitten des Allgemeinen Gebetes. Darüber wäre verstärkt nachzudenken, damit unser Gottesdienst nicht zum Ausdruck eines halbierten Gottesbildes wird. Wenn Schöpfungsfrömmigkeit stärker als bisher durch die Liturgie fundiert und motiviert werden soll, dann wird es notwendig sein, die realen Schöpfungserfahrungen der Menschen von heute konkreter in Worte zu fassen; sie müssen innerhalb der Lob- und Dankgebete, aber auch innerhalb der Klagegebete aufgegriffen werden. Nicht die moralisierende Ermahnung zum ehrfurchtsvollen Umgang mit der Schöpfung dürfte heute für eine authentische Schöpfungsspiritualität notwendig sein, sondern die zweckfreie Entdeckung, dass unser alltägliches Leben nicht in sich selbst ruht, sondern einen Grund hat, den wir uns selbst nicht geben können. Gerade wenn ein eigenes Fest der Schöpfung nicht als Heilmittel gegen schöpfungsspirituelle Defizite geeignet erscheint, muss die schöpfungstheologische Dimension der Liturgie, ihrer

Feste und ihrer einzelnen Feiern durchgängig deutlicher zum Ausdruck gebracht werden.[55]

Jeder Sonntag ist nicht nur ein kleines Osterfest, sondern auch ein kleines Schöpfungsfest. Insofern braucht es so auch kein eigenes Schöpfungsfest im Jahreskreis. Als „erster Tag" ist jeder Sonntag Schöpfungs- und Ostertag in einem. Man findet dies übereinstimmend bezeugt in Mt 28,1; Mk 16,2; Lk 24,1; Joh 20,1. Die erste Apologie Justins an Antoninus Pius um die Mitte des zweiten Jahrhunderts bestätigt eindrucksvoll eine solche Vision des Sonntags: „Am Sonntag halten wir alle gemeinsam die Zusammenkunft, weil er der erste Tag ist, an welchem Gott durch die Umwandlung der Finsternis und des Urstoffs die Welt schuf, und weil Jesus Christus, unser Erlöser, an diesem Tag von den Toten auferstanden ist." Demnach feiern die Christen also in dieser frühen Zeit Erlösung und Schöpfung in einem. Die Bezeichnung des Sonntags als „achter Tag", wie sie die Liturgiekonstitution des Zweiten Vatikanischen Konzils (SC 106) gebraucht, bezieht sich ebenfalls auf das Schöpfungsereignis. Allerdings wird in dieser Sicht zugleich „der Anfang einer anderen Welt" mit in den Blick genommen. So wird im Barnabasbrief gesagt: „Begehen wir den achten Tag in Heiterkeit, an dem auch Jesus aufstand von den Toten und erschien und in die Himmel aufstieg."[56]

c *Ein ganz persönliches Geschehen*

Johannes Paul II. hat hingegen im Jahr 2003 in seiner Enzyklika „Ecclesia de Eucharistia", die von der Eucharistie in ihrem Verhältnis zur Kirche handelt und in der damals aktuellen ökumenischen Diskussion im deutschsprachigen Raum von vielen als belastend empfunden wurde, den inneren Zusammenhang von Auferstehung und Schöpfung angemessen herausgestellt: „Weil Christus lebt und auferstanden ist, kann er sich in der Eucharistie zum ‚Brot des Lebens' (Joh 6,35.48), zum ‚lebendigen Brot' (Joh 6,51) machen." (Nr. 14) Die Eucharistie sei das „Sakrament des Ostergeheimnisses schlechthin", wird in Nr. 3 gesagt und in Nr. 5 heißt es weiter: „Ihr Fundament und ihre Quelle ist das insgesamt Triduum paschale. Dieses aber ist in der eucharistischen Gabe gewissermaßen gesammelt, vorweggenommen und für immer ‚konzentriert'. In dieser Gabe übereignete Jesus Christus der Kirche die immerwährende Vergegenwärtigung des Ostermysteriums". Von hier aus wird nun die kosmische Dimension der Eucharistie herausgestellt: „… auch dann, wenn man die Eucharistie auf dem kleinen Altar einer Dorfkirche feiert, feiert man sie immer in einem gewissen Sinn auf dem Altar der Welt. Sie verbindet Himmel und Erde. Sie umfasst und erfüllt alles Geschaffene." (Nr. 8) In einer Zusammenschau wird anschließend festgehalten: „Dies ist das mysterium fidei, das in der Eucharistie gegenwärtig wird: die Welt, die aus den Händen des Schöpfergottes hervorgegangen ist, kehrt als von Christus erlöste Welt zu Gott zurück." (Nr. 8) Und vor diesem kosmischen Horizont vollzieht sich ein ganz persönliches Geschehen – in Nr. 22 der Enzyklika heißt es: „Wir können sagen, dass nicht nur jeder einzelne von uns Christus empfängt, sondern auch, dass Christus jeden einzelnen von uns empfängt."

Der Neutestamentler Ulrich Wilckens ist in der zu Ehren von Theodor Schneider veröffentlichten Festschrift „Ökumene vor neuen Zeiten" mit einem Beitrag „Ökumenische Spiritualität – Biographische Notizen" vertreten. Im zweiten Abschnitt über die Gegenwart Gottes in der Heiligen Schrift berichtet der Verfasser, wie er während der letzten Tage des Zweiten Weltkriegs die Begegnung mit Christus als ganz persönliches Geschehen erlebte: „Erst als ich beim Nahen der amerikanischen Panzer von der Angst gepackt wurde, hörte ich in meinem selbstaufgeschaufelten Erdloch beim Lesen in einem winzigen Neuen Testament auf einmal die lebendige Stimme Christi, die aus dem gedruckten Text zu mir sprach, so persönlich gütig und mit einer so überlegenen Autorität, wie ich noch nie einen Menschen zu mir habe reden hören: ‚In der Welt habt ihr Angst, aber seid getrost: Ich habe die Welt besiegt' (Joh 16,33)."[57] Wilckens hat diese Erfahrung in seinem Leben nicht mehr vergessen können. Aber er ist nicht der erste gewesen, der aus der Bibel die Stimme Christi hörte. Auch Antonius hatte in der Kirche bei der Lesung des Evangeliums den Anruf des Herrn vernommen. Während eines Gottesdienstes berührten ihn die Worte aus dem Matthäusevangelium: „Wenn du vollkommen sein willst, geh, verkauf deinen Besitz und gib das Geld den Armen; so wirst du einen bleibenden Schatz im Himmel haben; dann komm und folge mir nach." (Mt 19,21) In der von Athanasius verfassten Vita heißt es, Antonius sei überzeugt gewesen, dass diese Lesung für ihn persönlich vorgetragen wurde (Vita Antonii, 2,3 und 3,1). Und als Augustinus das „tolle, lege" der Kinderstimme hörte, erinnerte er sich an eben jene Vita des Antonius. Nach der Überlieferung griff er zur Bibel und fand dort die Worte, die ihm den Weg in die Nachfolge Christi zeigten, und man wird auch noch ergänzen dürfen: die ihm diesen Weg in die Nachfolge Christi bereiteten und ihn darauf begleiteten. Beim „Offenbarungsempfang" geht es stets um ein persönliches Geschehen, es geht um das Eingehen in die Christuswirklichkeit. Gewiss, es ist Gott selbst, der das menschliche Ohr öffnet, und es ist sein Geist, der ihm dabei assistiert, aber Gott braucht auch bei diesem Vorgang mein Ohr, ohne das seine Offenbarung nicht wirksam werden könnte.

Bernhard Casper hat versucht, die zahlreichen Dimensionen aufzuzeigen, in denen ein Mensch von Gott angesprochen werden kann. Er hat sich mit den Kriterien befasst, anhand derer sich das wirkliche Sprechen Gottes von einem nur vermeintlichen, fiktiven Sprechen unterscheiden lässt, und er ist der Frage nachgegangen, wie einem Menschen die Gewissheit zuteil wird, dass er diesem Wort vertrauen darf. Immer wieder weist er in diesem Zusammenhang auf den bereits im Kontext meiner Erfahrung mit Paula zitierten Ludwig Wittgenstein hin, der festhielt: „Gott kannst du nicht mit einem anderen reden hören, sondern nur, wenn du der Angeredete bist."[58] Das Ineinander von Sprechen, Glauben und Denken hat für mich kein anderer in der Geschichte der Theologie und der

Spiritualität treffender zum Ausdruck gebracht als der junge Augustinus der Soliloquien innerhalb eines Dialogs mit seiner eigenen Vernunft – übrigens einem der schönsten Gebete des kirchlichen Altertums. Wo er um die rechte Erkenntnis betet, heißt es:

Augustinus: So habe ich nun zu Gott gebetet.
Vernunft: Was willst du also wissen?
Augustinus: Alles, was ich im Gebet gesagt habe.[59]

Auch im 17. Kapitel des 1. Buch Samuel geht es bei der geistlichen Erfahrung, die David im Kampf mit Goliath macht, um ein ganz persönliches Geschehen. Schon die Tatsache, dass sie in langer und ausgeschmückter Form erzählt wird, weist darauf hin, dass sie einen hohen Symbolwert hat. Hierbei kommt bereits der Gegenüberstellung von Saul und David Bedeutung zu. Saul ist mit äußerer Macht ausgestattet. Er hat ein großes Vermögen, und ein großer Hofstaat umgibt ihn. Er befehligt ein Riesenheer. Für all das steht in der biblischen Erzählung seine „Waffenrüstung". Äußerlich fehlt es ihm an nichts. Und worüber verfügt David? Saul hat ihn an seinen Hof gerufen. Er soll ihm singen, spielen und tanzen. Er hat nicht das Vermögen Sauls, dessen höfischen Prunk und auch nicht dessen viele Soldaten. Aber vielleicht ist er, gerade weil er nicht so wohlhabend ist wie Saul, reicher als dieser. Saul ist der Kluge. Er sagt zu David: „Du kannst nicht zu diesem Philister hingehen, um mit ihm zu kämpfen; du bist zu jung, er aber ist ein Krieger seit seiner Jugend." (1 Sam 17,33) David aber besitzt theologischen Mut. Seine Entscheidung, den Kampf mit Goliath zu wagen, gründet in der religiösen Erfahrung, die er mit Gott in seinem bisherigen Leben gemacht hat; daher seine Antwort an Saul: „Der Herr, der mich aus der Gewalt des Löwen und des Bären gerettet hat, wird mich auch aus der Gewalt dieses Philisters retten" (1 Sam 17,37). Deutlich werden in dieser Erzählung die beiden Eigenschaften Klugheit und theologischer Mut gegenübergestellt. Nun sind diese beiden Einstellungen gewiss nicht so beschaffen, dass sie sich ausschließen müssten; nicht umsonst spricht man in der Seelsorge von „pastoraler Klugheit", wenn man genau und sorgfältig auf die Umstände der jeweiligen Situation achtet, bevor man eine Entscheidung trifft. Klugheit kann jedoch auch von mangelndem Selbstvertrauen und von Angst vor den Menschen herrühren: Was könnten die anderen sagen, wie könnten sie mein Handeln auslegen? Saul, dem Klugen, ist solches offenbar nicht fremd gewesen – er ist auch von Schwermut geplagt. Bei David fällt dagegen sein Leichtmut auf. Er traut sich etwas zu, hat keine Angst vor den Menschen. Er handelt aus seinem Vertrauen auf Gott heraus, der sich schon in seinem bisherigen Leben für ihn eingesetzt hat.

In 1 Sam 17,38f. heißt es: „Und Saul zog David seine Rüstung an; er setzte ihm einen bronzenen Helm auf den Kopf und legte ihm seinen Panzer an, und über der Rüstung hängte er ihm sein Schwert um. David versuchte (in der Rüstung) zu gehen, aber er war es nicht gewohnt. Darum sagte er zu Saul: Ich kann in diesen Sachen nicht gehen … Und er legte sie wieder ab". Muss ich nicht auch zuerst eine Rüstung getragen haben wie David, muss ich nicht auch zuerst viel Zurüstung erfahren haben, um in einer bevorstehenden Auseinandersetzung zu bestehen? Das Wort „Frömmigkeit" stammt aus dem Mittelhochdeutschen, wo es so viel wie die kriegerische Auseinandersetzung bedeutet hat. Kann ich nicht erst das loslassen, was schon in irgendeiner Weise mein geworden ist? Muss ich nicht Heimat kennengelernt haben, um aufbrechen zu können? Muss eine Traube, aus der unter der Kelter Wein werden soll, nicht vorher viel Sonne in sich aufgenommen haben?[60]

Womit tritt David schließlich dem Riesen entgegen? Er „nahm seinen Stock in die Hand, suchte sich fünf glatte Steine aus dem Bach und legte sie in die Hirtentasche, die er bei sich hatte und die ihm als Schleudersteintasche diente. Die Schleuder in der Hand, ging er auf den Philister zu." (1 Sam 17,40) Ein Stock in der Hand und eine Hirtentasche mit fünf Kieselsteinen darin sind alles, womit David den Kampf gegen Goliath wagt. Aber auch das scheint noch zuviel zu sein. Er greift einen Kieselstein aus seiner Tasche heraus, schleudert ihn Goliath entgegen und besiegt ihn damit. Wenn also ein Stein genügt, um eine schwierige Situation zu bestehen, was ist dann dieser eine Stein? Nun, nach dem biblischen Text war es Davids Phantasie, seine innere Beweglichkeit. Er ist ganz offen gewesen für das, was ihm in jenem Augenblick zu tun aufgegeben war. Es werden keine Gründe genannt, nach denen er eine umfassende Abwägung für einen Strategiewechsel vorgenommen hätte. Der Stein war seine Fähigkeit zu spüren, was *jetzt* zu tun ist; es war sein theologischer Mut. Offenbar ist dieser ein Teil seines unverwechselbaren Wesens. Er ist sein Name. Und wenn er in seinem eigenen Namen, also authentisch handelt, handelt er im Namen des Herrn: „David antwortete dem Philister: Du kommst zu mir mit Schwert, Speer und Sichelschwert, ich aber komme zu dir im Namen des Herrn …" (1 Sam 17,45)

Was ist die Quintessenz dieser Erzählung für unsere Seelsorge? Der entscheidende Kieselstein, mit dem David seinen Gegner bezwungen hat, ist sein theologischer Mut gewesen. So lebendig wie eben dieser Mut in unseren Gemeinden, in unserer Kirche und in uns selber ist, so lebendig ist unsere Seelsorge. Nur mit ihm vermag man mehr zu sehen als man normalerweise sieht.

II Sehen
„und als er die vielen Menschen sah"
(Mt 14,14)

„Als Jesus all das hörte ... und die vielen Menschen sah" (Mt 14,13–14). Mit seiner Seelsorge knüpft Jesus beim Menschen an. Er hört auf die Menschen und sieht sie. Den Ausdruck „viele" darf man nicht nur auf die äußere Quantität der Menschenmenge beziehen, er meint ebenso die innere Vielfalt der Menschen, die Vielheit ihrer Verschiedenheit im Menschsein. Die Frage unserer Seelsorge ist: Wie kommen die so unterschiedlichen Menschen aus so unterschiedlichen Lebenswelten zum Glauben? Wie finden sie zu Jesus? Wie finden sie zur Kirche?

1 „Sehen" und „schauen"

Johann G. Herder beschreibt den inneren Zusammenhang von Hören und Sehen wie folgt: „Siehet das Auge? Höret das Ohr? Dein innerer Sinn siehet; er nur höret und weiß, was er von außen vernahm. Und du zweifelst, Freund, am hohen inneren Weltsinn? Hörst du die Harfe nicht? Willst du auch sehen den Ton?" Die Aufnahme der Offenbarung Gottes drückt die Heilige Schrift immer wieder mit Hilfe der Vorstellungsbereiche des Hörens und Sehens aus. Dabei kennen die johanneischen Schriften z. B. nicht nur *einen* Ausdruck, der das Geschehen des Sehens bezeichnet. Insgesamt kann man im Johannesevangelium 136 Belege für das Sehen finden, unter Hinzunahme der hinweisenden Partikel sind es sogar 155.[61] Dies hat Romano Guardini zu der Feststellung veranlasst, Johannes sei ein „Mann des Auges" gewesen.[62]

a Analyse und Intuition

Fragen wir uns nun: Was ist das für ein Sehen, um das es im Johannesevangelium geht? Zunächst ist zu sagen, dass es kein Sehen ist, welches aus den Einzelheiten einen Gegenstand erschließt. Es ist eher ein Sehen im Sinne der Intuition. Man kann es auch als ganzheitliches Sehen bezeichnen. Guardini weist darauf hin, dass die Sinngestalt eines Dings nicht erst vom Verstand erschlossen wird. Sie sei vielmehr das Erste, was der Blick mehr oder weniger deutlich, und vielleicht am Anfang nur in der Form eines Betroffenseins auffasst.[63] Aus der eigenen Erfahrung wissen wir: Wenn wir einen Menschen sehen, dann erfassen wir ihn zunächst in seiner Ganzheit, und später erst in den Einzelheiten. Oder, wie Guardini sagt: Die Seele, die leib-geistliche Gestalt, ist das Beherrschende, das uns an einem anderen Menschen entgegentritt, und dann erst folgt in ihm das Übrige.[64] Von hier aus leuchtet einem also völlig ein, warum im Johannesevangelium die Gestalt Jesu gewissermaßen mit einem Blick erfasst wird.

Besonders schön lassen sich die beiden verschiedenen Weisen des Sehens im Johannesevangelium an den beiden Gestalten des geliebten Jüngers und des Petrus zeigen (vgl. Joh 1,35–51; 20,1–8; 20,11–18 und 21,1–14). Johannes erfasst die Situation spontan, intuitiv. Das Sehen (theorein) des Petrus (20,6f.) ist von anderer Art. Er beobachtet nacheinander, Stück für Stück, die Gegenstände, die auf Jesus hinweisen. Sein Sehen ist zu bezeichnen als ein analytisches Sehen – im Gegensatz zum intuitiven Sehen des geliebten Jüngers. Petrus nimmt die „Tücher" getrennt voneinander (Vers 6) und das „Schweißtuch" zusammengefaltet an einem Ort (Vers 7) wahr. Nicht dieses analytische Betrachten der Gegenstände wird im Johannesevangelium mit dem „Glauben" an Jesus als den Lebendigen verbunden, sondern das Sehen des geliebten Jüngers (Vers 8). Dieser nimmt nicht zergliedernd einzelne Gegenstände am bzw. im Grab wahr. Es heißt lediglich in Vers 5, dass er „vorgebeugt" die Tücher liegen sieht. Er erfasst gleichsam mit einem Blick den Tatbestand und kommt sofort zum Glauben. Seine Intuition ist der Weg zum Glauben an Jesus als den Auferstandenen. In Vers 8 heißt es: „Er sah und glaubte." Damit ist sein Glaube keine Schlussfolgerung aus dem „Kennen" der Schrift: „Denn sie wussten noch nicht aus der Schrift, dass er von den Toten auferstehen musste." (Vers 9) Nicht aus einem Schriftwissen kommt der geliebte Jünger zum Glauben, sondern aus einem Blick, der blitzartig die Situation des leeren Grabes erfasst. Für Johannes B. Lotz ist das „Erfassen" mit einem Blick das Charakteristische der intuitiven Erkenntnis. Nach Rudolf Schnackenburg entscheidet sich alles an der Person Jesus selbst und seinem Eindruck, den er auf die glaubenswilligen und glaubensempfänglichen Menschen macht.[65]

b „Jesus sagte zu ihr: Maria!"

Maria von Magdala geht ebenfalls analytisch an das leere Grab heran (Joh 20,11–18). Wie zuvor Petrus sieht auch sie Einzelheiten: Sie sieht, dass der Stein von der Grabstätte weggenommen ist (Vers 1); sie sieht zwei Engel am Grab sitzen (Vers 12); sie sieht Jesus dastehen (Vers 14) und sie hält ihn schließlich für den Gärtner (Vers 15). Dieses Sehen kann man noch nicht als ganzheitliches Sehen Jesu bezeichnen. In Marias Begegnung mit dem auferstandenen Jesus tritt erst eine Wende in ihrem Sehen ein, als Jesus sie mit ihrem Namen anspricht. Jetzt wird sie von ihm in ihrer Person mit einem Wort umfasst, so dass es ihr möglich wird, ihn zu erkennen: „Jesus sagte zu ihr: Maria! Da wandte sie sich ihm zu und sagte auf hebräisch zu ihm: Rabbuni!, das heißt: Meister." (Vers 16) Erst jetzt handelt es sich also um ein intuitives Erfassen Jesu, das sich in der beruflichen Bezeichnung als „Rabbi" (Lehrer) ausdrückt. Später jedoch wird die Begegnung durch die Kategorie des Visuellen noch bekräftigt, als Maria den Jüngern berichtet: „Ich habe den Herrn gesehen!" (Vers 18). Es muss sich auch um ganzheitliches und intuitives Sehen handeln, weil sich Jesus gegenüber Maria von Magdala nicht durch Argumente als der Auferstandene ausweist, sondern dadurch, dass er sie in ihrem Wesen – also mit ihrem Namen – anspricht. Erst dies ermöglicht es ihr, Jesus in seinem Wesen als den auferstandenen Herrn im „Sehen" zu erfassen.

All diese Texte können zeigen, dass im Johannesevangelium die Dimension, welche man als intuitives Sehen beschreiben kann, für das Zum-Glauben-Kommen eine besondere Bedeutung besitzt. Mit der Gewinnung der ersten Jünger ist dies in diesen Texten ausgedrückt, und der geliebte Jünger hat auf diese Weise eine beispielhafte Aufgabe für den Glauben. Er ist für das Johannesevangelium offenbar der ideale Jünger mit einem exemplarischen Glauben. Der geschichtliche Hintergrund der Evangeliumserzählung vom reichen Fischfang im Johannesevangelium (Joh 21,1–14) ist, dass die Christen in der frühen Kirche, in der Zeit nach Ostern, Angst um die Zukunft ihres Glaubens hatten und deshalb versucht waren, alles auf die eigene Anstrengung zu setzen. Besteht in unseren Gemeinden und bei unseren Seelsorgerinnen und Seelsorgern heute nicht eine ähnliche Gefährdung? Wird heute nicht auch unsere Angst um die Zukunft unseres Glaubens mit zuviel Aktion und Leistung kompensiert? Da sagt Simon Petrus zu den anderen: „Ich gehe fischen. Sie sagten zu ihm: Wir kommen auch mit. Sie gingen hinaus und stiegen in das Boot. Aber in dieser Nacht fingen sie nichts." (Vers 3) Petri Tatkraft, die Organisation allein genügt nicht. Es braucht neben der Tatkraft auch die Vision, die Sehkraft des geliebten Jüngers, des Johannes. Wer liebt, sieht mehr. Jedenfalls nimmt nicht der zuerst schaltende, waltende und verwaltende Petrus den auferstandenen Jesus am Ufer des Sees Tiberias wahr, sondern der sehende, der liebende Johannes. Er sieht Jesus zuerst und bringt den Grund des reichen Fischfangs mit den Worten auf den Punkt: „Es ist der Herr." Der geliebte Jünger behält seine „Vision" jedoch nicht für sich. Er gibt sie an Petrus weiter, und die Überlieferung hält fest: Petrus lässt es sich vom geliebten Jünger sagen. Er lässt es sich gesagt sein. Er nimmt es an. Er nimmt es auf. In unserer Evangeliumserzählung wird gesagt, Petrus habe sich das Obergewand übergezogen, er sei in den See gesprungen (im griechischen Text heißt es sogar: „Er warf sich hinein") und zum Herrn geschwommen (Vers 7). Am Rande sei vermerkt: „Simon" bedeutet im Hebräischen soviel wie „der, der hört". Wie das Beispiel des Petrus in den verschiedenen Texten und Kontexten und schließlich auch das Beispiel der Maria von Magdala zeigen, weiß das Johannesevangelium auch darum, dass die Einsicht in die Person Jesu nicht nur auf diesem unmittelbaren, spontanen und intuitiven Weg erfolgt. Das Erfassen der Person Jesu im Sehen geschieht auch über den bedächtigen Weg des Zur-Einsicht-Kommens. Oder, um es zeitgemäß auszudrücken, das Erfassen der Person, das Sehen Jesu im Ganzen kann durchaus auch „Prozesscharakter" haben. Beispielhaft dafür sind die Wege der Samaritanischen Frau (Joh 4,1–42) und des Blindgeborenen (Joh 9,1–41).

Jesus sieht die Menschen und hört ihnen zu. So wie es von Gott im Alten Testament immer wieder gesagt wird (vgl. z. B. Ex 2,24). Bei den Patriarchen im Buch Genesis wird Gott sogar als Gott von „jemand", also als Gott von Menschen angesprochen. Auf diese Weise definiert sich Gott geradezu vom Menschen her.[66] Jesus stellt sich folgerichtig in diese Glaubensüberlieferung Israels hinein. Für ihn ist Gott der Gott von „jemand", sein Gott. Sein Gott, den er als seinen Vater weiß, ist gleichzeitig der Gott Abrahams, Isaaks, Jakobs und der Schöpfer des Himmels und der Erde. Im Neuen Testament ist die Begegnung mit Jesus „Anschauung" des Vaters; das Johannesevangelium beschreibt die Zugänglichkeit Gottes in Jesus durch dessen Ausspruch: „Wer mich gesehen hat, hat den Vater gesehen" (Joh 14,9), wobei diese Aussage gegenüber dem „Hellenisten" Philippus außerdem in seelsorglich kluger Weise das hellenistische Bedürfnis nach „Schauen" mitberücksichtigt. Wenn Gott im Neuen Testament als Vater Jesu Christi beschrieben wird, so heißt das nichts anderes, als dass er nur in Beziehung fassbar ist und wird, und dies wiederum bedeutet: Gott wird in erster Linie als Person erkennbar und erfahrbar. Der Gott der Bibel ist also nicht nur Bewusstsein, sondern auch Wort. Er ist nicht nur Erkenntnis, sondern auch Beziehung. Er ist nicht nur Grund, sondern auch tragende Kraft allen Seins.

2 „Der erste Weg der Seelsorge"

„Als Jesus all das hörte … und die vielen Menschen sah" (Mt 14, 13–14). Jesus knüpft mit seiner Seelsorge beim Menschen an. Er klagt nicht, die Menschen seien nicht religions- bzw. glaubensfähig, oder wie man heute gelegentlich hören kann, die Menschen seien nicht liturgiefähig. In diesem Zusammenhang verdient ein inzwischen berühmt gewordener Brief von Romano Guardini Erwähnung, den er 1964 anlässlich des 3. Liturgischen Kongresses im Dom zu Mainz an den früheren Leiter des Liturgischen Instituts in Trier, Johannes Wagner, schrieb. Der Kongress sollte die kirchenamtliche Rezeption der „Liturgischen Bewegung" durch das Zweite Vatikanische Konzil feiern und als Initialzündung für die Umsetzung der Liturgiereform dienen. Genau in diese euphorisch gestimmte Kongressatmosphäre hinein hat Guardini ein Grundproblem angesprochen, das damals in der Freude und Begeisterung über den Durchbruch, den die Liturgiekonstitution des Konzils ermöglicht hatte, gar nicht verstanden werden konnte. Er stellte die nüchterne und von Realitätssinn zeugende Frage, „ob man mit der Reform überhaupt das erreichen kann, was man anzielt, ob man nicht vielmehr, statt von Erneuerung zu reden, lieber überlegen soll, in welcher Weise die heiligen Geheimnisse zu feiern seien, damit der heutige Mensch mit seiner Wahrheit in ihnen stehen kann, dass er in seiner Suche nach Wahrheit Antwort finden kann". Für Guardini gibt es keine „Abgestandenen", keine grundsätzlich sich vom Kult verabschiedenden Menschen. Deshalb bohrte er weiter und stellte die Frage, wie man – wenn Liturgie wesentlich ist – diesen Menschen nahekommen könne. Guardini ging es weniger darum, ob der heutige Mensch liturgiefähig ist, sondern darum, ob die heutige Liturgie „menschenfähig" ist.[67]

a Der Mensch und seine Wahrheit

Mit Guardini hat auch die Seelsorge beim „Menschen mit seiner Wahrheit" anzusetzen. Was dies bedeutet, lässt sich in der Enzyklika von Johannes Paul II. „Redemptor hominis" (1979) – übrigens die erste Enzyklika seines Pontifikats – nachlesen. Dort heißt es in Nr. 14: „Der ganze Mensch in der vollen Wahrheit seiner Existenz, dessen, was er als Person ist, und seines gesellschaftlichen und sozialen Lebens – nämlich innerhalb seiner Familie, seiner Gesellschaft und in so unterschiedlichen Verhältnissen sowie innerhalb seiner Nation bzw. seines Volkes (und vielleicht nur innerhalb des besonderen Familienverbandes oder Stammes), innerhalb des gesamten Menschengeschlechts –, eben dieser Mensch ist gleichsam der erste Weg, den die Kirche bei der Erfüllung ihrer Aufgabe beschreiten muss, er ist der erste und vorzügliche Weg der Kirche, den Christus selbst erschlossen hat und der ständig durch das Geheimnis der Fleischwerdung und der Erlösung hindurchführt."

Der Mensch wird in diesem Text als der erste Weg bezeichnet, den die Kirche bei der Erfüllung ihrer Seelsorge zu beschreiten hat. Er wird als der vorzügliche Weg der Kirche dargestellt, den Christus selbst erschlossen hat und der ständig durch das Geheimnis der Fleischwerdung sowie der Erlösung hindurchführt. Wenn der Mensch der erste Weg der Kirche ist, so lässt sich wohl auch sagen, dass er der erste Weg *zur* Kirche, *zum* Glauben, *zum* Christsein ist. Joseph Ratzinger formuliert in seinem Kommentar zur Dogmatischen Konstitution „Dei Verbum", das Zweite Vatikanische Konzil habe zu einer Synthese von großer Bedeutung gefunden: „Der Text ... trägt natürlich die Spuren seiner mühsamen Geschichte, er ist ein Ausdruck vielfältiger Kompromisse. Aber der grundlegende Kompromiss, der ihn trägt, ist doch mehr als ein Kompromiss, er ist eine Synthese von großer Bedeutung: der Text verbindet die

Treue zur kirchlichen Überlieferung mit dem Ja zur kritischen Wissenschaft und eröffnet damit neu dem Glaubenden den Weg ins Heute."[68] Dem Weg des *Glaubens ins Heute* sollte demnach auch der Weg des Menschen *heute in den Glauben* entsprechen. Erst wenn es auch diesen gibt, läuft der andere Weg nicht ins Leere. Wie es in dem hier vorgestellten Dokument von Johannes Paul II. heißt, dass der Mensch der erste Weg *der* Kirche ist, so lässt sich auch sagen, dass der Mensch der erste Weg *zur* Kirche, zum Glauben, zum Christsein ist. Und gerade als solcher hat er auch der erste Weg der Seelsorge zu sein.[69]

Dem erwähnten Text aus der Enzyklika „Redemptor hominis" lässt sich ein zweiter anfügen, der den ersten noch weiterführt und präzisiert. In seiner Enzyklika „Centesimus annus" aus dem Jahr 1991, die, wie der Titel andeutet, auf die Enzyklika „Rerum Novarum" Leos XIII. im Jahr 1891 Bezug nimmt, heißt es: Das Ziel der Kirche „war die Sorge und Verantwortung für den ihr von Christus anvertrauten Menschen, für diesen Menschen, der, wie das Zweite Vatikanische Konzil betont, das einzige von Gott um seiner selbst willen gewollte Geschöpf ist und mit dem Gott seinen Plan hat, nämlich Teilhabe am ewigen Heil. Es handelt sich nicht um einen „abstrakten" Menschen, sondern um den „realen", „konkreten" und „geschichtlichen" Menschen. Es handelt sich um jeden einzelnen Menschen, denn jeder ist vom Geheimnis der Erlösung betroffen, mit jedem ist Christus für immer durch dieses Geheimnis verbunden. Daraus folgt, dass die Kirche den Menschen nicht verlassen darf und dass „dieser" Mensch der erste Weg ist, den sie bei der Erfüllung ihres Auftrags beschreiten muss ..., den Weg, der von Christus selbst vorgezeichnet ist und unabänderlich durch das Geheimnis der Menschwerdung und der Erlösung führt." (Nr. 53) Nach diesem Text ist nicht nur die Frage zu stellen, ob der Mensch die Kirche verlassen darf. Es stellt sich ebenso die Frage andersherum: Muss die Kirche nicht auch bei den einzelnen Menschen bleiben? Auch sie kann den Menschen und die Menschen verlassen.[70]

Wie Gott berührt

b Wahrheit und Zeit

Um nur ein Beispiel für einen großen Schritt der Kirche auf die Menschen zu in der jüngeren Geschichte zu erwähnen, seien die Kommuniondekrete von Papst Pius X. (1903–1914) genannt. Sie sollten die Kommunionhäufigkeit fördern und das Mindestalter für deren Empfang herabsetzen. Anfangs noch nicht voll in ihrer liturgischen Bedeutung erkannt, wurden gerade diese Dekrete zum Ausgangspunkt für die Wiedergewinnung der Vollgestalt der Messe als Opfer und Mahl. In seinem Lehrschreiben über die Kirchenmusik („Tra le sollecitudini" 1903) fiel auch zum ersten Mal das ersehnte Wort von der tätigen Gemeinschaft (actuosa communicatio) der Gläubigen. Dieses Wort griff übrigens der Benediktiner Lambert Beauduin (1873–1960) im Jahr 1909 auf dem Katholikentag in Mecheln („Mechelner Ereignis") auf, als er forderte: „Das Volk muss Anteil haben an der Liturgie." Die Breitenwirkung war ungewöhnlich, so dass man das Jahr 1909 mit gutem Grund als den eigentlichen Beginn der Liturgischen Bewegung des 20. Jahrhunderts bezeichnen kann. „Das Volk muss Anteil haben an der Liturgie" von 1909 ist vom gleichen Anliegen getragen wie die von Guardini in seinem Brief an den Liturgischen Kongress von Mainz 1964 aufgeworfene Forderung nach einer „menschenfähigen Liturgie".

Seit ihren ersten Anfängen stellt die Liturgie der Kirche eine „Versammlung" dar, autoritativ zusammengerufen: Ekklesia. Im Lauf ihrer langen Geschichte hat sich ihr Inhalt im Wesen nicht verändert: Man will Zeugnis dafür ablegen, wer der Gott ist, an den man glaubt, und man will Gott durch dieses Zeugnis die Ehre erweisen. Mit diesem Inhalt ist die Liturgie ebenfalls seit ihrem Ursprung öffentlich. Oder anders gesagt: Weil der Gott, um den es geht, „öffentlich" ist, kann auch die Liturgie kein Ort einer sich abkapselnden Kirche sein. Wenn dem so ist, dann braucht es jedoch auch Formen, die allgemein, von Glaubenden, sowie von Anders- oder Nicht-Glaubenden, in einem gleichen Sinn verstanden werden können. Übergreifende Ausdrucksformen, seien sie verbal oder nonverbal, die, bezogen auf das jeweilige kulturelle Umfeld, allgemein zugänglich sind und so jedenfalls „im Allgemeinen nicht vieler Erklärungen bedürfen". So heißt es auch wörtlich in der Konstitution des Zweiten Vatikanischen Konzils über die heilige Liturgie „Sacrosanctum Concilium", Nr. 34, also in einer normativ-kritischen Aussage über die Gestalt der Liturgie der Kirche selbst. Wie steht es mit dieser Norm, wenn heute viele herkömmliche Ausdrucksformen nur noch von Insidern gewusst werden und gewusst werden können?[71]

Zur Wahrheit des Menschen, von der Guardini in seinem Brief geschrieben hat, gehört offenbar auch *seine* Zeit. Dies künstlerisch ins Bild zu setzen, verstand wohl kaum jemand anderer so eindrucksvoll wie der Maler Caravaggio in seiner Darstellung „Die Berufung des Apostels Matthäus", die heute im Zentrum Roms in der Kirche San Luigi dei Francesi, zwischen der Piazza Pantheon und der Piazza Navona, zu bewundern ist. Sie zeigt zwei Gruppen von Personen: auf der rechten Seite Jesus und Petrus, wie sie in die Zollstube eintreten, auf der linken Seite den Zöllner Matthäus mit dem Kopf nach vorne unten auf den Tisch geneigt und Geld zählend, umgeben von einer Gruppe anderer Personen mit völlig unterschiedlichen Gesichtsausdrücken, offensichtlich auch unterschiedlichen Alters. Aufschlussreich ist, dass beide Personengruppen die Kleidung unterschiedlicher Epochen tragen: Jesus und Petrus sind gekleidet im Stil der Zeit, in der sie lebten und die wir aus vielen Darstellungen kennen. Matthäus und seine Gruppe um den großen Tisch sind bekleidet mit Gewändern aus der Zeit des Künstlers Caravaggio. Sie tragen die Kleider im Heute des Künstlers. Und noch eine zweite Beobachtung ist für unsere Seelsorge bedeutsam: Jesus tritt zur Begegnung mit Matthäus in die Stube und hält die rechte Hand wie wegweisend, wie segnend. Jesu Hand hat der Künstler nicht der Hand Gottes, sondern der Hand des Adam aus dem bekannten Gemälde von Michelangelo „Die Erschaffung des Menschen" in der Sixtinischen Kapelle nachgestaltet. Jesus segnet mit

Menschenhand, mit Händen von Menschen. Kann es je eine tiefere Beschreibung dessen geben, was Seelsorge ist? Jesus gibt den Menschen keine Handreichungen, er reicht den Menschen seine Hand. Eine Hand, die den Menschen segnen, ihn „erfüllen will mit Gutem" (Ps 104).

3 Seelsorge, wo die „Worte" fehlen?

Im allseits beobachtbaren Verlust von Sinn, in der „Produktion" der Sinnlosigkeit in unserer „verwalteten" Welt, sehen Soziologen heute eine große Bedrohung für den Menschen. Dieser Sinnverlust stellt sich, wie ebenfalls Soziologen nachgewiesen haben, insbesondere an den „Knotenpunkten" menschlichen Lebens ein.[72] Vor allem „Knotenpunkte", die mit der Besonderheit des leibhaftigen Daseins des Menschen vorgegeben sind, beinhalten eine hohe Erfahrungsqualität. So machen zum Beispiel die Geburt eines Kindes, der Tod eines nahestehenden Menschen, das Durchleiden einer schweren Krankheit oder die Entscheidung, mit einem geliebten Menschen fortan auf Dauer das Leben zu teilen, Endlichkeit und Begrenztheit menschlichen Lebens bewusst. Solche Situationen, in denen wir unsere Heils-Unheils-Befindlichkeit in besonderer Dichte erfahren, laden zum Innehalten und zum Nach-innen-Gehen ein. Sie laden zur Rückschau auf das ein, was bisher brüchig und schuldhaft war. Sie lassen nach vorn blicken, lassen fragen, was an Großem und zugleich Dunklem noch vor uns liegt. Werden diese Stationen leibgeistig vollzogen, dann erfährt sich der Mensch als ein Wesen, das sich selbst zu überschreiten, zu „transzendieren" vermag. Liegt heute in der Seelsorge an diesen Knotenpunkten des menschlichen Lebens nicht immer noch eine große Herausforderung? Ist unsere heutige Situation nicht ähnlich der Situation, in die hinein die Verfasser der Evangelien ihre Erzählung von der „Speisung der Vielen" schreiben?

a Seelsorge des Zuhanden-Seins

Gewiss, es kann einem die Sprache verschlagen, wenn man von Glück überwältigt ist, von Freude, von Liebe und Schönheit. Häufig gibt es jedoch auch in der Seelsorge Situationen, in denen eine „stumme" helfende Beziehung gefragt ist, in denen Seelsorgerinnen und Seelsorgern viel Entmutigung begegnet; in denen es zunächst einfach nur darum geht, diese Entmutigung zuzulassen, ihr Raum in der Klage zu geben und sie nicht mit dem Ziel ihrer möglichst frühzeitigen Behebung als Störenfried bei der Bewältigung menschlicher Lebensvorgänge zu betrachten. Ermutigung hat hier zunächst die Entmutigung ernstzunehmen, damit sie nicht zur billigen Vertröstung verkommt.

Die Grenzen des Wortes erfährt der Mensch, wenn er in eine Situation gerät, in der er um Worte ringt, das rechte Wort sucht, sich eingestehen muss, dass ihm die Worte fehlen, dass er sprachlos ist oder dass es ihm die Sprache verschlägt, dass er vielleicht durchaus noch viele Worte machen, aber sie nicht mehr finden kann. Es gibt Situationen, in denen man erkennen muss: Hier sind Worte fehl am Platz. Sie stören nur. Sie wirken peinlich oder werden zum Geschwätz. In einigen solchen Fällen können das Dabeisein, das Schweigen, der Blick der Teilnahme, die praktische Hilfe können beredter sein als alle Worte. Das Ausweinendürfen und -können ist nötig, damit man einen klaren Blick für die Situation bekommt und zu weiteren Schritten fähig wird. Dabei muss Ermutigung gar nicht viele Worte machen. Oft kann ein mitfühlendes Schweigen viel wirksamer Solidarität zum Ausdruck bringen. In der Seelsorge gibt es eine Grenze der Sprache, die wir „so wenig aufheben können wie die Grenze des Todes"[73]. Hier ist wortloses Mit-Leid, Dabei-Sein in Liebe, „Zuhanden-Sein, das mehr ist als Vorhanden-Sein" (Heidegger) angemessener. Gefragt ist das aktive Zuhören bzw. die „personale Geräumigkeit", wie es die heutige Sozialpsychologie bezeichnet. Die Klage Professor August Lindners in Robert Musils Roman „Der Mann ohne Eigenschaften" stimmt damit überein: „Wie wenig Menschen' sprach er zu sich selbst ‚haben eine wahrhaft mitfühlende Seele!' Er malte sich eine Seele aus, die sich ganz in den Mitmenschen hineinzuversetzen vermochte, seine verborgensten Schmerzen mitleiden und sich in seine tiefe Schwäche hinablassen könnte. ‚Welche Aussicht ist das!' rief er sich zu. ‚Welch eine wunderbare Nähe göttlichen Erbarmens, welcher Trost und welcher Feiertag!' Sodann fiel ihm aber ein, wie wenig Menschen es gebe, die ihrem Nebenmenschen auch nur aufmerksam zuzuhören vermöchten; denn er gehörte zu den Gutgesinnten, die vom Hundertsten ins Tausendste kommen, ohne einen Unterschied daran zu finden. ‚Wie wenig ernst gemeint sind zum Beispiel die gewöhnlichen Fragen nach unserem Wohlergehen' dachte er. ‚Man braucht bloß einmal ausführlich zu antworten, wie einem wirklich ums Herz ist, und sieht sich bald genug einem gelangweilten und geistesabwesenden Blick gegenüber!'"[74]

Vom Maler Max Ernst wird erzählt, dass er als Siebenjähriger auf die Frage nach seiner Lieblingsbeschäftigung geantwortet hat: „Sehen". Danach befragt, wie er schreiben gelernt habe, soll Antoine de Saint-Exupéry gesagt haben: „Man muss nicht schreiben, sondern sehen lernen. Schreiben ist erst die Folge." Mit Simone Weil könnte man noch hinzufügen: „Man muss lesen lernen." In ihren „Aufzeichnungen" spricht die Schriftstellerin öfter von der „Lesekunst". Dieser Begriff bezieht sich bei ihr nicht auf den rechten Umgang mit Büchern, sondern vor allem auf die Aufmerksamkeit für den eigenen Lebenstext, der gelesen werden will, damit man ihm gerecht werden kann. Für Weil hat das Verständnis des eigenen Textes auch Folgen für das Akzeptieren anderer Texte, nämlich: „ständig bereit sein, gelten zu lassen, dass ein anderer etwas anderes ist als das, was man liest." Auf diese Weise widerstehen wir der Neigung, unsere „Lektüre" für die objektiv richtige anzusehen. „Jedes Wesen schreit im stillen, um anders gelesen zu werden", schreibt Simone Weil. Jedes Richten geht von einer ihm bereits vorgegebenen Richtung aus.[75] „In gewissem Grad", erklärt der Schriftsteller Max

Frisch in einem seiner Tagebücher, „sind wir wirklich das Wesen, das die anderen in uns hinein sehen, Freunde wie Feinde. Und umgekehrt. Auch wir sind die Verfasser der anderen; wir sind auf eine heimliche und unentrinnbare Weise verantwortlich für das Gesicht, das sie uns zeigen ... Wir halten uns für den Spiegel und ahnen nur selten, wie sehr der andere seinerseits eben der Spiegel eines erstarrten Menschenbildes ist, unser Erzeugnis, unser Opfer."[76]

b Ein Spaziergang auf Sant'Onofrio

Wenn man in Rom von der bekannten Tiber-Brücke „Ponte Sisto" über Trastevere zum Gianicolo hinaufgeht und oben das Garibaldi-Denkmal hinter sich lässt, sieht man links die alte Klosteranlage von Sant'Onofrio. Eine faszinierende Lage, die ihre Schönheit vor allem in klaren Morgenstunden ganz entfalten kann. Wie eine Herausforderung liegt die italienische Hauptstadt diesem auf den ersten Blick unscheinbaren Kloster zu Füßen.

Johann Wolfgang Goethe macht in seiner „Italienischen Reise" unter dem Datum des 16. Februar 1787 den folgenden Eintrag: „Darauf suchten wir das Freie und kamen nach einem großen Spaziergang auf St. Onuphrio, wo Tasso in einem Winkel begraben liegt. Auf der Kloster-Bibliothek steht seine Büste. Das Gesicht ist von Wachs, und ich glaube gern, dass es über seinen Leichnam abgeformt sei. Nicht ganz scharf, und hie und da verdorben, deutet es doch im Ganzen mehr als irgendein anderes seiner Bildnisse auf einen talentvollen, zarten, feinen, in sich geschlossenen Mann."[77] Tritt man in das Innere der Kirche, so findet man ein Marmordenkmal, das den italienischen Renaissancedichter Torquato Tasso (1544–1595) sitzend und mit einem Exemplar des „Befreiten Jerusalem" in der linken Hand zeigt. Den Verteidiger des Glaubens unterstreichen ein Schild und Waffen, die im Sitzblock hervorragend platziert sind. Eine Marmortafel in unmittelbarer Nähe weist darauf hin, dass sich hier bis 1857 die sterblichen Überreste Tassos befunden haben, bevor Pius IX. das jetzige Standbild einweihte. Goethe

Wie Gott berührt

hat Tassos Kreuzzugsepos „Das befreite Jerusalem" bereits in seiner Jugend kennengelernt und später gewisse Figurenkonstellationen daraus in seinen Roman „Wilhelm Meister" – im ersten Teil „Wilhelm Meisters Lehrjahre" – übernommen. In seinem Schauspiel „Torquato Tasso" aus dem Jahr 1789 macht er ihn zum Titelhelden. Tassos leidvollem Leben verleiht Goethe in dieser Dichtung einen besonderen Ausdruck. Eine Strophe aus „Torquato Tasso" erweist sich als bedeutsam für die Seelsorge der „stummen" helfenden Beziehung: Wo nicht mehr das gesprochene Wort zählt, gewinnt das zur Materie mutierte Wort, die Träne, an Bedeutung.

Die Träne hat uns die Natur verliehen,
Den Schrei des Schmerzes, wenn der Mann zuletzt
Es nicht mehr trägt – Und mir noch über alles –
Sie ließ im Schmerz mir Melodie und Rede,
Die tiefste Fülle meiner Noth zu klagen:
Und wenn der Mensch in seiner Qual verstummt,
Gab mir ein Gott, zu sagen wie ich leide.[78]

Man muss mit dieser Strophe aus „Torquato Tasso" nicht Goethes spezielle Gottesvorstellung übernehmen, die von seiner Grundannahme der Einheit allen Seins herrührt, und nach der Natur (1. Zeile) und Gott (7. Zeile) gleichsam ineinander aufgehen. Gleichwohl wird man zustimmen, dass Goethe in diesen wenigen Zeilen etwas sehr Berührendes ausspricht: die Träne als Gabe, als Wort Gottes; die Träne als Ausdruck schöpferischer Phantasie. Gewiss, die Träne kann sowohl ein Ausdruck übergroßer Freude als auch von übergroßem Schmerz sein. In beiden Fällen ist sie Ausströmen und Mitteilen aus dem Innersten. In „Torquato Tasso" fungiert sie als Ventil der Seele, damit diese nicht von Traurigkeit ertränkt wird.

Über Tränen hat vor einiger Zeit auch eine amerikanische Zeitung folgende Begebenheit berichtet: In seiner Eigenschaft als Erforscher der nationalsozialistischen Vernichtungspolitik ist der verstorbene Paul Hilberg mit zahllosen Dokumenten von unsäglichem menschlichem Leid in Berührung gekommen. Ein guter Bekannter Hilbergs schildert ihn als einen sehr nüchternen, ja fast kalten Menschen. Einmal habe er Hilberg in einem Gespräch gefragt, ob er angesichts der Akten, die er durchgearbeitet hatte, jemals habe weinen müssen. Nach einigen Augenblicken des Nachdenkens gestand der Forscher: Er habe bei einer in einem behördlichen Dokument verzeichneten Episode, die sich 1941 oder 1942 zugetragen habe, einmal weinen müssen; ein Berliner Jude hatte Lebensmittelmarken erhalten, die ihn berechtigt haben, Kaffee zu kaufen. Dies ist ein Irrtum vom Amt gewesen, denn Juden waren vom Kaffeebezug ausgeschlossen. Der Lebensmittelhändler, der wusste, dass es sich um einen Juden handelte, verweigerte ihm die Ware. Nachdem der Mann daraufhin vor Gericht gezogen war, um seinen Kaffee einzuklagen, entschied der zuständige Richter, dass die Lebensmittelmarke echt sei und dem Juden nach den Buchstaben des Gesetzes zwar der Kaffee gehöre, aber eben nur nach den Buchstaben, denn der Geist des Gesetzes wolle es anders. Was aus dem Kläger geworden ist, weiß man nicht. Nachdem Hilberg dem Bekannten diese kleine Episode erzählt hatte, fragte sich dieser, warum Hilberg gerade beim Studium dieses Dokuments geweint habe; er hatte sicher viel grauenvollere Geschichten erforscht. Die Erklärung: Hilberg selbst habe sein Weinen mit der Erinnerung an den Kaffeeduft seiner Wiener Kindheit erklärt – er konnte sich plötzlich mit dem Berliner Juden identifizieren. Über diese Geschichte hinaus sagt diese Begebenheit für die Seelsorge: Wirkliche Berührungen sind nicht planbar, nicht einforderbar. Was uns berührt kann vom Rand der Aufmerksamkeit ausgehen. Auch in Beiläufigem und Nebensächlichem, in „zuletzt Genanntem" kann Gott deutlich werden; eine winzige Einzelheit vermag alles zu ändern.

4 „Sprich, damit ich dich sehen kann!"
(J. G. Hamann)

Was ist die Schöpfung? Ist sie nur ein „Gleichnis Gottes", wie neuere evangelische Theologen formulieren, oder doch mehr? Nach Gisbert Greshake ist sie viel mehr. „In ihr zeigt und gibt Gott sich selbst, insofern er nicht nur gleichnishaft erscheint, sondern in ihr sich ausdrückt und, durch den Leben schaffenden Geist in seiner Schöpfung gegenwärtig, durch eben diesen Geist das Andere der Schöpfung mit sich selbst ständig vereint ..."[79] Wie es Johann Georg Hamann, dessen theologische Werke in der Zeit der Aufklärung als Klassiker galten, treffend zum Ausdruck gebracht hat, ist sie eine Rede Gottes „an die Kreatur durch die Kreatur": „Der Mensch sagt zu Gott: ‚Sprich, damit ich dich sehen kann!' und Gott hat dem Menschen seinen Wunsch durch die Schöpfung beantwortet."[80]

a Offenbarung und Schöpfung
Die Natur ist als Schöpfung weder beliebig benutzbares Material, noch selber Gott. Sie ist aber von Gott erfüllt und Gleichnis Gottes. Sie ist ein Gott repräsentierendes Zeichen. Denn nur wo Differenz ist, kann ein Dialog geführt werden, kann Gott die Kreatur anreden – durch die Kreatur, wie es Johann Georg Hamann nennt. Gott ist der Urgrund aller seiner Geschöpfe, die von ihm herkommen und von ihm umfangen bleiben: „Denn in ihm leben wir, bewegen wir uns und sind wir, wie auch einige von euren Dichtern gesagt haben" (Apg 17,28). Im Anschluss an Augustinus und die christliche Tradition zusammenfassend hat Thomas von Aquin geurteilt, dass wir mit Recht sagen, alle Dinge seien in Gott – sofern sie nämlich von ihm gehalten werden, ohne dass umgekehrt er von ihnen gehalten wird. Alles ist unablässig vom Schöpfer unterfangen, getragen und umfangen. Es gibt kein „Außerhalb Gottes".[81] Für dieses Entdecken Gottes in allen Dingen kann exemplarisch Franz von Assisi vor uns stehen, von dem Thomas von Celano sagt: „Auf dem

Wege der Zeichen, die den Dingen eingeprägt sind, folgte er, Franziskus, überall dem geliebten Herrn nach und machte alles zu einer Leiter, um auf ihr zu seinem Thron zu gelangen." Das Gleiche, ausgedrückt mit den Worten des modernen Autors Ernesto Cardenal: „Überall finden wir die Initialen Gottes, und alle erschaffenen Wesen sind Liebesbriefe Gottes an uns."[82]

Wie bei der Erzählung von der „Speisung der Vielen" spielen vor allem in den Gleichnissen Jesu das Ambiente, die „faktische Welt" (Heidegger) und damit die basalen Bedingungen eine besondere Rolle. Es wird dazu aufgefordert, das Naturgeschehen zu erkunden, zum Beispiel dem Verhalten der Vögel am Himmel zuzusehen, oder die Lilien auf dem Feld zu betrachten. Dies führt ganz in die Nähe jener Aufforderungen, moralische Eigenschaften nachzuahmen. Doch mit dem empfohlenen Verhalten – sich nicht um Nahrung oder um Kleidung zu sorgen – ahmt man weder die Gestalt der natürlichen Lebewesen noch deren Tätigkeiten nach, sondern einzig ihre absolute Abhängigkeit von der Güte Gottes. Die gleiche Einstellung zur Natur lässt sich auch an anderen Beispielen aufzeigen, nur von einem umgekehrten Standpunkt aus. Jesus fordert dazu auf, die Feinde zu lieben und dabei Gott nachzuahmen, der auf die Guten wie die Bösen gleichermaßen seine Sonne scheinen und seinen Regen fallen lässt (Mt 5,45). Nicht die Sonne, welche sowohl vor als auch nach dem Neuen Testament das Bild schlechthin für das Gute ist, soll nachgeahmt werden, sondern Gott. Es gibt also nach dem Zeugnis der Bibel etwas, das über die Welt hinausgeht, das sogar deren Maß und deren Ursache ist. „Himmel und Erde vergehen, aber meine Worte werden nicht vergehen." (Mt 24,35 / Mk 13,31 / Lk 21,33) Rémi Brague zieht aus dem beschriebenen Befund den Schluss: Die Menschlichkeit des Menschen überschreitet seine Weltlichkeit.[83]

Christliche Schöpfungsfrömmigkeit darf also das jüdische Credo nicht aufgeben, dass keine innerweltliche Größe verabsolutiert werden darf. Nichts Geschaffenes darf den Anspruch erheben, zu sein und verehrt zu werden wie Gott. Aus diesem Grund wäre auch eine Divinisierung der Schöpfung der falsche Weg.

Der jüdische Philosoph Franz Rosenzweig hat mit seinem 1921 erschienen Buch „Stern der Erlösung" den Weg für eine neue Schöpfungstheologie gewiesen. Nach ihm ist die Schöpfung nicht eine Frage der Physik als der weltlichen Wissenschaft oder der Philosophie, sie ist auch nicht Gegenstand geoffenbarten Glaubens. Vielmehr ist sie die Basis für die Entdeckung des Glaubens. Rosenzweig setzt Offenbarung und Schöpfung auf sehr originelle Weise zueinander in Beziehung. Für ihn dient die Offenbarung der Erneuerung der Schöpfung. Sie stellt das Natürliche wieder her. In Rosenzweigs Umfeld bildete sich ein Freundeskreis, der von 1926–1930 eine Zeitschrift mit dem bezeichnenden Titel „Die Kreatur" herausgab. Im Vorwort zu dieser Zeitschrift heißt es: „Diese Zeitschrift will von der Welt – von allen Wesen, von allen Dingen, von allen Begebenheiten dieser gegenwärtigen Welt – so reden, dass ihre Geschöpflichkeit erkennbar wird. Wenn sie stets der Kreatur eingedenk bleibt, muss ihr jede Kreatur denkwürdig werden, der sie sich zuwendet. Steht sie im Vertrauen zum Wirkenden, so darf sie der Wirklichkeit vertrauen."[84]

b Was wir von Gott so nicht erwarten

Jesus hat nach den Evangelien in Bildern und Geschichten, in Gleichnissen gepredigt. Im Markusevangelium heißt es über seine Verkündigung: „Er redete nur in Gleichnissen zu ihnen" (Mk 4,34). Auch die Bibel spricht nicht theoretisch in Lehrbuchsätzen und moralischen Appellen von Gott, sondern in Bildern, Gleichnissen und Erzählungen. Erst die metaphorische Sprache vermag die Tiefendimension des Lebens aufzuschließen. Carlo M. Martini nennt die Gleichnisse „eine der schönsten Früchte des Geheimnisses der Menschwerdung." Sie sind menschliche, weltliche Rede; sie sagen nicht alles gleich und sagen nicht gleich alles. Die Gleichnisse konfrontieren auf eigene Art. Sie sind scharf, aber lassen doch dem Hörer Raum, sie anzunehmen, sie auszulegen. Ein Gleichnis hat eine eigentümliche Kraft. Gleichnisse wollen den Menschen von innen her umwandeln. Zwar zählen sie zum „Urgestein" der biblischen Botschaft, aber sie sind nicht isoliert zu sehen. Sie sind eingebunden in die Evangelien, nicht ortlos bzw. zeitlos. Für ihre Auslegung ist ihr Kontext wichtig. Sie sind in sich geschlossene Texteinheiten, aber wie ein Bild im Rahmen. Sie wollen den Hörerinnen und Hörern etwas Neues erschließen; sie fordern die menschliche Phantasie heraus; sie wollen „evangelisieren". Ihr Ziel: „Die Frohbotschaft Christi in alle Bereiche der Menschen zu tragen und sie durch deren Einfluss von innen her umzuwandeln und die Menschheit selbst zu erneuern: ‚Siehe, ich mache alles neu!' (Offb 21,5)"[85]

Die Gleichnisse bieten keine Beschreibung Gottes, sondern sie eröffnen einen Frageraum. Sie geben eine Fragerichtung vor, machen neugierig auf Gott und regen zum Weiterfragen an: Wie ist Gott? Wie wurde er erfahren? Wer kann Gott für mich sein? Dies muss keineswegs bedeuten, alles in Frage zu stellen und in seiner Gültigkeit aufzulösen; es meint vielmehr den Grundvollzug des Kennenlernenwollens. Gott wird in den Gleichnissen versinnbildlicht, aber nicht abgebildet. Er wird genannt, aber nicht begrifflich festgelegt. Ein weiteres Merkmal der Gleichnisse Jesu: Sie besitzen etwas Überraschendes, etwas, das wir so nicht von Gott erwarten. Sie sind „spannend", ja irritierend, und dennoch verheißungsvoll; sie nehmen auch Unverträgliches zusammen, und gerade dies lässt dem Hörer keine Ruhe. Beim Hörer erzeugt das Gleichnis jene spannungsvolle Gelassenheit, gepaart mit Aufmerksamkeit und Empfänglichkeit. Gleichnisse sagen etwas auf andere Art. Sie zeigen nicht etwas wie es ist, sondern bewirken, dass sich etwas zeigt.

In den Gleichnissen Jesu will sich die Wirklichkeit des Reiches Gottes zeigen. Seine Predigt ist natürlicherweise an den geistigen Rahmen Israels gebunden. Doch zugleich sprengt sie auch den Horizont der jüdischen Synagoge. Durch Jesus und seine Verkündigung sind auch wir an das Alte Testament gebunden, welches dadurch ein wichtiger Bestandteil christlicher Glaubensgeschichte geworden ist. Wie bereits aufgezeigt, liegen die alttestamentlichen Anfänge der Verkündigung im Bereich der Tora, der Kult- und Lebensordnung Israels. Neben die priesterliche Verkündigung im Gottesdienst tritt dann zunehmend jene der von Gott selbst berufenen und erweckten Propheten. Dabei kommt das charismatische Element deutlich zum Tragen. In der Kontinuität des Glaubens Israels stehend, bringt der Prophet das wahre Israel, wie es sich im Glauben der Väter Ausdruck verleiht, zur Geltung und hält den Glauben Israels gegen alle Erstarrungen offen auf die Zukunft hin. Ein dritter Typus ist die dankende Erzählung des hart bedrängten Gerechten von Gottes Heilstat inmitten der Gemeinde der Heiligen.

Diese Formen der alttestamentlichen Verkündigung bleiben eine Erfahrung für alle späteren Generationen, denn schließlich bindet uns Jesus und seine Verkündigung an diese Wurzel. Ausgerichtet auf das Gottesreich beinhaltet Jesu Verkündigung die Vorerfüllung der alttestamentlichen Ankündigung, die Verheißung der Enderfüllung und die Mitteilung, dass er selbst Mittler und Bringer von all dem ist. Die neutestamentliche Wende äußert sich wiederum in der Zeit der Apostel und ihrer Nachfolger darin, wie die Kirche dem Verkündigungsgeschehen zugeordnet wird. In ihrer Doppelgestalt als schon gegründete und erst zu gründende ist sie nun der Ort der Verkündigung. Es gilt, die Menschen ständig zur Ekklesia zusammenzurufen, einmal als Verkündigung nach innen an die schon Versammelten und zum anderen als Ruf über die Grenzen hinaus, der die Außenstehenden in die Ekklesia zu führen sucht. Einmal muss es um den inneren Vollzug des Glaubens gehen. Zugleich bedarf es der ständigen Überschreitung der geschlossenen Gemeinschaft und des Ausrufens des Glaubens in die Welt hinein, um diejenigen Menschen anzusprechen, die ihm noch fremd sind oder fremd geworden sind.[86]

Ein großer Teil der biblischen Texte sind Erzählungen. Diese tragen in ihrer heutigen Form noch die „Fingerabdrücke" derer, die sie von Generation zu Generation mündlich weitergegeben haben, bevor sie aufgeschrieben wurden. Erzählen und Erzählung werden nicht nur deshalb theologisch bevorzugt, weil sie bei den Adressaten gut ankommen. Es ist vielmehr so, dass der wichtigste Teil der Botschaft eben nicht aus allgemeinen Wahrheiten besteht, sondern aus „unerhörten Begebenheiten", die von sich aus dazu drängen, weitererzählt zu werden.

Erzählen ist schon eine Weise von Bezeugen. Man wählt aus, man pointiert, man steht dahinter. Was Begriffe und Argumente den Zuhörern nicht vermitteln können, schaffen die Betroffenheit des Erzählers und das von ihm gezeichnete Bild. Dabei ist es wichtig, dass sein „Standort" deutlich wird. Man verlangt von ihm keine vereinnahmenden oder peinlichen Bekenntnisse. Der Erzähler biblischer Texte erzählt nicht seine eigene Erfahrung. Er muss sich mit der Wahrheit der Erzählung identifizieren, nicht aber mit ihrem Ablauf. Beim Erzählen ist die Blickgemeinschaft zwischen Erzähler und Hörer wesentliche Voraussetzung. Dennoch legt der Erzähler ein Stück von sich selbst in die Erzählung hinein. Im gegenseitigen Sich-Ansehen blickt man gemeinsam auf das Erzählte. Dadurch wird mehr erreicht als sachliche Richtigkeit. Ein Erzähler kann eine Geschichte nicht „unmittelbar" weitergeben, als sei er der damals Betroffene gewesen. Er sollte so offen erzählen, dass die Zuhörerinnen und Zuhörer gleichsam in den Erzählvorgang hineinschlüpfen können. Ausgangspunkt einer Erzählung muss die Geschichte selber sein, nicht deren lehrhaftes Konzentrat, das durch Erzählen nachträglich wieder „veranschaulicht" wird. Das Ergebnis, d. h. die Schlussfolgerung aus dem Gehörten, darf nicht am Anfang stehen. Vielleicht nicht einmal am Schluss. Satzhafte, verobjektivierte Aussagen stören die Annäherung der Erfahrungshorizonte. Im Zusammenhang mit dem erwähnten Gedicht von Rainer Maria Rilke, das von der Sehnsucht und ihrem Gewand handelt, bemerkte ein Student einmal, die Gleichnisse seien gleichsam Zipfel des Gewandes Gottes, an denen wir ihn zu „fassen" (und damit vielleicht zu „begreifen") bekämen. Die Gleichnisse unterrichten in göttlichen Dingen, die man in Zeiten glaubte, als die Dichtkunst noch verborgene Theologie sein durfte.

5 Damit die Augen aufgehen

a Der Stoff für Geschichten

Im Markusevangelium wird von Jesus gesagt, dass er nur in Gleichnissen gesprochen habe. Warum ist Erzählen theologisch wichtig? Gott hat sich primär in menschlicher Geschichte gezeigt, in einmaligen Ereignissen, und diese sind der Stoff für Geschichten. Zu den erzählten Heilsgeschichten gehört, dass der Erzähler selbst von ihnen angetan und betroffen ist, dass er sie durch sein Erzählen vergegenwärtigt. Das ist aber nur möglich, wenn die Erzählung auch eine „unerhörte Begebenheit" oder wenigstens etwas, das den Erzähler begeistert oder erschüttert hat und jetzt noch bewegt, wiedergibt. Zudem muss die Zuhörerin bzw. der Zuhörer disponiert sein; sie bzw. er muss bereit sein, sich einzulassen, weil zu spüren ist: Hier wird meine Sache verhandelt. Je mehr in der einmaligen Begebenheit eine typische menschliche Situation angerührt wird, desto leichter kann man dieselbe Geschichte immer wieder hören. Beschränkt sich ihr Inhalt dagegen nur auf den Neuigkeitswert, ist es mit dem einmaligen Erzählen bald getan. Auch je stimmiger eine Erzählung in ihrer Form ist, desto leichter lässt sie sich wiederholen, und um so eher ist man bereit, sie immer wieder zu hören. Deshalb ist die Form der Erzählung sehr wichtig. Gehalt und Gestalt bedingen einander. Der Zeitabstand wird in der Erzählung überbrückt. Vergangenes wird Gegenwart und dadurch wirksam. Ein Wunder, das man erzählt, wird von neuem mächtig.

Das Judentum ist zwar eine Schrift-Religion. doch die in der Schrift enthaltenen Rettungstaten Jahwes wollen weitererzählt werden. Dadurch wurde der jüdische Glaube nicht nur vorbereitet, sondern er wurde am Beispiel der Heils- bzw. Glaubensgestalten sichtbar gemacht, so z. B. an Abraham, Mose, David, Jeremia.

Der rettende „Ich-bin-da" verleiblicht sich in Jesus. In wichtigen Texten unseres Glaubens hat die erzählende Sprechweise Vorrang vor allen anderen, weil der Kern der christlichen Botschaft nicht Lehre ist, sondern Geschehensmitteilung: Gott hat sich in den geschichtlichen Ereignissen am Schilfmeer oder auf Golgota selbst mitgeteilt als rettender und liebender Gott. Selbst ein so essentieller Text wie das Credo ist in seinem Kern rühmende, bekennende Erzählung. Wenn es im Credo heißt: „Gelitten unter Pontius Pilatus, gekreuzigt, gestorben und begraben", so ist dies Erzählung in knappster Form im innersten Kern des Glaubensbekenntnisses. Genauso verhält es sich mit den Konsekrationsworten im Hochgebet der Messe; sie stellen so etwas wie eine „geballte Erzählung" dar. Offenbar gehört das Erzählen wesentlich zum christlichen Glauben. Dessen Grund ist das Christusgeheimnis. Es kann nur in einer lyrisch-hymnischen oder episch-erzählerischen Sprache richtig für die Gläubigen erschlossen werden. Man denke in diesem Zusammenhang an die Liturgie, die liturgische Sprache, z. B. an die Doxologie und die Präfation. Eine Begründung, warum das Erzählen wesentlich zum christlichen Glauben gehört, ergibt sich damit vom Christusgeheimnis selbst her. Es ist menschliches Leiden, in dem göttliches Heil verborgen ist. Angesichts des menschlichen Leides kann ich nicht argumentieren und nicht diskutieren, hier helfen auch keine Diskurse und Spekulationen weiter. Hier bleiben nur Verstummen, Meditieren, Einfühlen, verhaltenes Reden und das Preisen des roten Fadens.

Außerdem ist das Christusmysterium die Einheit von Leben, Tod und Auferstehung Jesu. Passion und Auferstehung sind nicht zwei verschiedene geschichtliche Prozesse. Durch seinen Tod am Kreuz ist Jesus zum Messias und Gottessohn erhöht worden. Seine Erhöhung am Kreuz ist die Erhöhung zum Erlöser aller Menschen. Man denke zum Beispiel an das Wort Jesu in Joh 12,32 f.: „… wenn ich über die Erde erhöht bin, werde ich alle zu mir ziehen. Das sagte er, um anzudeuten, auf welche Weise er sterben werde." Oberflächlich betrachtet ist dies die Hinrichtung, die brutale Zerstörung, die Vernichtung eines Menschen. Tiefer gesehen geht es um die Reifung zu einer neuen, todesjenseitigen Lebenswirklichkeit. Der Gekreuzigte ist bereits der Auferstandene; der Hauptmann preist ihn am Kreuz schon als „Gottessohn". Umgekehrt ist der Auferstandene stets der Gekreuzigte. So erscheint er nach Lk 24,39: „Seht meine Hände und Füße an: Ich bin es selbst." Nur die brutale Kreuzigung, den Vorgang des Sterbens, kann ich als Faktum dokumentieren. Den darin enthaltenen Vorgang der Auferstehung als Gewinnung neuen Lebens kann ich in dieser Form nicht filmen und schon gar nicht „knipsen", „erfassen" und „begreifen". Es gibt lediglich zwei Möglichkeiten, ihn als Ganzes zu versprachlichen: Wenn ich darin das göttliche Heil erkennen kann, kann ich es in einem unmittelbaren, persönlichen Ausdruck bekennend preisen. Oder ich kann das äußere Geschehen so erzählen (= wörtlich „aus-zählen"), dass einem Hörer die Augen für das darin enthaltene Heil aufgehen.[87]

b Sich über das Leben unterhalten

Die erzählende Rede ist jedoch nicht nur theologisch adäquat. Auch in der Philosophie weiß man, dass sich manche Sachverhalte in narrativer Weise verständlicher vermitteln lassen. So wurde zum Beispiel Ludwig Wittgenstein am 17. Dezember 1930 von Friedrich Waismann gefragt, ob es einen Zusammenhang zwischen der Existenz der Welt und der Ethik gebe.[88] Wittgenstein hat diese Frage mit Hilfe eines theologischen Bildes beantwortet. Er erklärte, Gott Vater habe die Welt erschaffen und der Sohn bzw. das Wort, das aus Gott hervorgehe, sei die Ethik.[89] Von hier aus leuchtet die Bedeutung der historisch-kritischen Arbeit erst richtig ein, nämlich: das Erzählmaterial sichten, ordnen, Glaubwürdigkeit befragen, Kontext und Absicht klären, Entstehung, Strukturen sowie Regeln erfassen. „Partizipieren" an der Jesus-Inspiration geschieht nicht nur im Sakrament im engeren Sinn. Seine ersten Orte sind das Fest und die Feier. Der andere Ort ist so etwas wie ein „Vor-Raum", der um der Wahrheit der Menschen willen heute neben dem ersten Ort sehr wichtig ist. Hierbei ist an neue vorsakramentale bzw. nicht ausdrücklich sakramentale Feiern zu denken. Es kommt einem zum Beispiel der Marktplatz von Athen in den Sinn, wo sich die verschiedenen philosophischen Schulen getroffen und ihre Weltsichten ausgetauscht haben. Im offenen, erzählerischen Wort hat man hier erstmals von jenem „Mann" gehört, der als vom Tod Auferweckter zum Maßstab des gelingenden menschlichen Lebens geworden ist (Apg 17,31). Von hier aus kann der heutige Mensch eingeladen werden, in die Gemeinde derer zu kommen, die an diesen Menschen glauben. Man spricht bei dieser erzählenden Rede auch vom sogenannten „alltäglichen Erzählen", das vom Sitzen und Sprechen im „Rat der Alten" bis zum Sitzen, Reden und Erzählen am Stammtisch in der Kneipe (oder eben auf dem Marktplatz von Athen) reicht. Kennzeichnend für diese Form des Erzählens ist, dass in ihm nicht etwas schon Fertiges vorgetragen, ausgeteilt und vom Hörer „konsumiert" wird. Vielmehr erwachsen aus dem gegenwärtig geschehenden, lebendigen mündlichen Austausch neue Einsichten, neue Perspektiven oder auch nur das Wohlbefinden der Menschen und das Gemeinschaftsgefühl derer, die zusammensitzen. Es handelt sich also um ein Sprachgeschehen, in dem Sprache vor Ort und im Zusammenwirken möglichst aller Beteiligten jetzt, im Augenblick – „im Nu", wie Martin Buber sagen würde – genuin entsteht, wo „ein Wort das andere gibt."[90]

Die älteste auf uns gekommene Predigt nach dem Neuen Testament stammt übrigens aus dem 2. Jahrhundert: Es ist der sogenannte 2. Klemensbrief. Bei diesem Brief handelt es sich um eine gottesdienstliche Ansprache, die in zwei Abschnitte gegliedert ist: Sie spricht zum einen über Jesus, der Retter der Verlorenen, zum anderen erfolgt eine ausgedehnte Paränese. Man spürt den bewussten Verzicht auf alle Rhetorik; die sehr einfach gehaltene Predigt beruft sich auf die Heilige Schrift und versucht eine Anwendung der Heilsgeschichte auf das Leben im Alltag. Derartige Predigten werden seitdem „homiliai" genannt: einfache Ansprachen. „Homilein" bedeutet nach seinem ursprünglichen Wortsinn soviel wie „sich ungezwungen mit jemandem über das Leben unterhalten". Als „sermo humilis" hat man in der antiken Rhetorik ganz allgemein den Unterschied zwischen der Alltagssprache und dem „genus grande", zum Beispiel der Sprachebene des Erhabenen und Religiösen, bezeichnet. Rolf Zerfaß macht darauf aufmerksam, dass der Begriff „humilis" im christlichen Gebrauch seine Bedeutung im Lauf der Geschichte immer wieder änderte. Grundsätzlich hielt man im Hinblick auf die Selbsterniedrigung Gottes in seiner Menschwerdung eine demütige und ästhetisch einfache Sprechweise in der Verkündigung für angemessen. In der Zeit des Barock und Rokoko war man für eine künstlerische Ausgestaltung der Homilie und eine sinnenfrohe Verkündigung durchaus offen. Als ästhetische Leitkategorie der Verkündigung hat der „sermo humilis" auch im katholischen Bereich wieder an Bedeutung gewonnen, zum Beispiel bei Johann M. Sailer, in den lateinamerikanischen Befreiungstheologien oder unter den Bedingungen der Postmoderne.[91]

Alltägliches Erzählen, auszählen, sich „ausreden". In der Erzählung der „Speisung der Vielen" wird gesagt, dass die Apostel Jesus alles berichteten, was sie getan und gelehrt haben (Mk 6,30). Während meiner früheren Tätigkeit als Seelsorger von Seelsorgern hat mich ein Dekan zu einem pastoraltheologischen Vortrag bei einer Pastoralkonferenz eingeladen. Außer den Priestern waren alle hauptamtlichen Laienmitarbeiterinnen und -mitarbeiter versammelt. Das Thema meines Vortrages sollte sich mit dem Wesen und der Aufgabe der Seelsorge heute beschäftigen. Um meine Gedanken zu veranschaulichen, habe ich das bekannte Wandfresko in dem kleinen Kirchlein von Naturns in Südtirol, das den Apostel Paulus auf einer Schaukel zeigt, als Ausgangspunkt gewählt. Unter den Teilnehmern der Konferenz war auch ein junger Ordensgeistlicher, dessen Gemeinschaft in diesem Dekanat eine Niederlassung besitzt und mit der Seelsorge in einer Pfarrei beauftragt ist. Später wurde er an eine Stelle außerhalb der Diözese versetzt, sodass wir uns längere Zeit nicht mehr sahen. Erst nach mehreren Jahren traf ich ihn anlässlich eines Einkehrtages wieder. Während ich mich sofort an ihn erinnern konnte, tat er sich sichtlich schwerer, mich wiederzuerkennen. Im Verlauf des anschließenden Gesprächs erzählte er mir, dass er einige Zeit zuvor einen schweren Autounfall gehabt hatte, von dem er auch große Gedächtnislücken davongetragen hatte. Dies sagte er mir offenbar zu seiner Entschuldigung, weil er sich nicht mehr an unsere Begegnung bei der damaligen Pastoralkonferenz erinnern konnte. Während er sprach, merkte ich, wie sehr ihn dieses Unglück und seine Folgen immer noch innerlich belasteten. In meinem Wunsch, dem jungen Geistlichen beizustehen, griff ich nach einem „Strohhalm", der sich mir in dieser Lage bot, und sagte zu ihm, dass ich vielleicht eine Möglichkeit wüsste, wie diese Lücke in seinem Gedächtnis geschlossen werden könne. Dabei sah ich ihn ruhig an und sagte: „Paulus auf der Schaukel!" Als ich das ausgesprochen hatte, leuchteten die Augen des jungen Mannes auf, ja, er strahlte über sein ganzes Gesicht und fügte an: „Ja, wirklich, jetzt ist alles wieder da!" Er wiederholte mir nicht nur bis in Einzelheiten den Inhalt des Vortrags, sondern gab auch in einer lebhaften Schilderung die Umstände und die Stimmung der damaligen Pastoralkonferenz wieder.

Bilder und Gleichnisse besitzen eine große Kraft, und besonders die Bilder rücken heute immer mehr ins Blickfeld. Man hat gelernt, dass Glauben nicht nur vom Hören kommt wie es Paulus in seinem Brief an seine Gemeinde in Rom feststellt (Röm 10,17), sondern auch vom Sehen. Wie hieß es schon in unserer Erzählung von der „Speisung der Vielen" immer wieder: „Als Jesus all das hörte … und als er die vielen Menschen sah …" Und zu einer Seelsorge, die hört und sieht, gehört auch das Erzählen.[92]

6 *„Denn für Gott ist nichts unmöglich"*

Lukas schaut, als er sein Evangelium verfasst, bereits auf ein halbes Jahrhundert Kirchengeschichte zurück. Die überwältigende Erfahrung der Frühzeit wird nun reflektiert, und zwar vor dem Hintergrund der überkommenen biblischen Überlieferung, die auch für die Christen gültig bleibt. So stellt Lukas die Geburt der jungen Kirche ganz in die alttestamentliche „ruach"-Tradition. Wie bereits festgestellt, lässt sich „ruach" übersetzen mit den Worten Hauch, Atem, Lebenskraft, Schöpferkraft, sowie im prophetischen Zusammenhang mit (göttlicher) Inspiration, Intuition, Phantasie. Die lukanische Kernbotschaft lässt sich folgendermaßen überschreiben: Das Reich Gottes ereignet sich mitten in der Geschichte, und der große Gesamtzusammenhang, den Lukas mit seiner Apostelgeschichte und seinem Evangelium aufzeigen will, lässt sich mit den Worten des bekannten Buchtitels von Gerhard Lohfink wiedergeben: „Die Taten Gottes gehen weiter".

Lohfink macht in diesem Buch darauf aufmerksam, dass die christlichen Gemeinden heutzutage weithin geschichtslos geworden sind. Sie restaurieren zwar ihre alten Kirchenbauten und feiern ihre Jubiläen, aber das Bewusstsein, dass sie vor Gott eine Geschichte haben, ist ihnen weithin verlorengegangen. Oft sind sie nicht mehr als Verwaltungseinheiten. Heute rechnet man gar nicht mehr damit, dass Gott noch handelt und dass die christliche Gemeinde selbst ein Ort ist, wo das Handeln Gottes an der Welt erzählt, gedeutet, gefeiert und eben dadurch erfahren werden will. Deshalb können diese Gemeinden heute auch im Grunde keine Heimat bieten – trotz des vielen guten Willens und der vielfältigen Anstrengungen, die man unternimmt. Noch nie hat man sich in der Kirche so abgemüht wie heute. Doch die entwickelten Strategien und Aktivitäten schaffen es nicht, dem Menschen Heimat zu geben: Weil er Heimat eben nur dort hat, wo er sich eingebunden fühlt in eine Geschichte, in die er sich ganz hineingegeben hat und die sein Leben umfängt und deutet.[93]

Auf Schritt und Tritt begegnet man in Lukasevangelium und Apostelgeschichte dem Bemühen angesichts der Unbegreiflichkeit des Wirkens Gottes zu erschließen, dass dessen Taten weitergehen. Gottes Unbegreiflichkeit tritt vor allem am Anfang des menschlichen Lebens in Erscheinung. Lukas knüpft mit der Erzählung von der Geburt Jesu bei einer menschlichen Grunderfahrung an. Jedem Anfang wohnt ein Zauber inne, der von Erwartung und Sorge gleichermaßen geprägt ist. Das Ereignis „Geburt" kommt Lukas aus zwei Gründen entgegen: Sein Anliegen ist das Werden, die Geburt der jungen Kirche. Und das Zurückgreifen auf das Bildwort „Wind" („ruach") im Koheletabschnitt, das er auf Gott bezieht.

Der Zusammenhang der „ruach" mit Geburt und Wiedergeburt im Johannesevangelium sei an dieser Stelle kurz erwähnt. In der Erzählung des Pfingstwunders, das wie die Erzählung von der „Speisung der Vielen" eingereiht werden darf in die Linie der sogenannten Überbietungswunder, geschieht die Ausgießung des Geistes, und dieses Ereignis wird mit Recht als die Geburt der Kirche bezeichnet: An diesem Tag erblickt sie als Gemeinschaft das Licht der Welt. Lukas erzählt in Apg 2,1–13, wie die Tatkraft Gottes auf die versammelten Frauen und Männer herabkommt. Er beschreibt das Ereignis als ein Brausen, das alle erfasst und mitreißt, und – was ganz wichtig ist – bei allen ein umfassendes neues Verstehen bewirkt. Jede und jeder hört jetzt den anderen in seiner eigenen Sprache reden. Es wird nicht gesagt, dass die Verschiedenheit aufgehoben wird, denn die verschiedenen Sprachen bleiben ja bestehen. Alle Umstehenden, denen dieses tiefere Verstehen fehlt, vermögen auch nicht die Wirkung der göttlichen Phantasie an jenem Pfingsttag wahrzunehmen. Wen wundert es also, dass sie spotten: Sie sind Phantasten! „Sie sind vom süßen Wein betrunken." (Apg 2,13) Sodann nimmt Petrus das Heft in die Hand und beginnt, dieses Geschehen theologisch zu deuten.

Lukas legt ihm dabei Worte des Propheten Joel (Joel 3,1–5) in den Mund, die auf eine alttestamentliche Verheißung aus dem vierten Jahrhundert vor Christus zurückgehen. Auch in dieser Erzählung bleibt Lukas wieder seiner fundamentalen Absicht treu. Durch den verwendeten Joeltext will er seinen Zeitgenossinnen und Zeitgenossen zeigen: Was für den Propheten in der Endzeit angekündigt wurde, das passiert schon hier und heute in diesem Pfingstereignis. Was vor vierhundert Jahren in diesem Text dem Propheten verheißen worden ist, erfüllt sich schon jetzt in dieser Kirche: „Da trat Petrus auf, zusammen mit den Elf; er erhob seine Stimme und begann zu reden: Ihr Juden und alle Bewohner von Jerusalem! Dies sollt ihr wissen, achtet auf meine Worte! Diese Männer sind nicht betrunken, wie ihr meint; es ist ja erst die dritte Stunde am Morgen; sondern jetzt geschieht, was durch den Propheten Joel gesagt worden ist: In den letzten Tagen wird es geschehen, so spricht Gott: Ich werde von meinem Geist ausgießen über alles Fleisch. Eure Söhne und eure Töchter werden Propheten sein, eure jungen Männer werden Visionen haben, und eure Alten werden Träume haben. Auch über meine Knechte und Mägde werde ich von meinem Geist ausgießen in jenen Tagen, und sie werden Propheten sein." (Apg 2,14–18)

Diese Predigt Petri darf übrigens nicht nur als die erste Predigt in der Apostelgeschichte angesehen werden. Sie war die erste Predigt in der gerade entstandenen Kirche überhaupt, die überliefert ist; eine Rede, die programmatische Bedeutung hat. Es werden keine abstrakten Aussagen über den Geist gemacht, sondern die Wirkungen der Tat Gottes werden geschildert – darauf kommt es Lukas ja an. Es wird gesagt, dass die Söhne und Töchter prophetisch reden werden. Die Geschlechtsunterschiede werden beim Prophezeien keine Bedeutung haben. Es wird verheißen, dass junge und alte Männer in der visionären und prophetischen Tätigkeit gleichgestellt sein werden, und es wird vorausgesagt, dass die Standesunterschiede bei der Geistausgießung, beim Empfang der „ruach", des göttlichen Lebenshauchs, der göttlichen Phantasie, keine Rolle spielen.

Gott ist die Quelle und Energie allen Lebens. In allen ihren Erzählungen versucht die Bibel nichts anderes als in den Menschen den Glauben daran aufzubauen, dass für „Gott nichts unmöglich ist" (Lk 1,37). Auch in den schlimmsten Situationen darf man darauf hoffen, dass Gott die Rettung längst beschlossen hat, auch wenn sie noch nicht eingetreten ist. Dies gilt für alle Katastrophen des Lebens einschließlich der Katastrophe des Todes. Bei der „Hoffnung wider alle Hoffnung", von der Paulus in seinem Brief an die Römer (8,24) spricht, geht es um eben jene Glaubenshaltung, die sich ganz auf die Verheißungen Gottes gründet. Diese sagen uns, wer wir sind und woher die Energie des Lebens und des Weiterlebens kommt.[94]

7 Der Leib – das Haus der Seele

a Ihr braucht nicht wegzugehen

Eine der äußersten Erfahrungsformen des Berührtwerdens durch Gott kann in der „Stigmatisation" gesehen werden. Im Zusammenhang mit Franz von Assisi auf dem Berg La Verna lässt sich deren seelsorgliche Bedeutung bewusst machen. Die spirituelle Erfahrung „aus dem Himmel" ereignet sich erst gegen Ende seines Lebens und ist wie eine christologische Bestätigung seiner „Anthropologie": Franziskus erlebt, was er selber zeitlebens war und tat im Umgang mit den Menschen. Seine Erfahrung verweist auf seine eigene Verwundbarkeit, die Ambivalenz von Schmerz und Freude, von Mitleiden und Liebe. Sie ist für Franziskus keine Überrumpelung, sondern eine Folge seines Lebens und seines Glaubens selbst. Er hat die Wunden des Herrn nur übernehmen können, weil sie seine eigenen sind; sie stehen mit seinem irdischen Leben in Verbindung, „sind eine göttliche Bestätigung seines menschlichen Selbstvollzugs."[95] Sie sind ein Zeichen, „dass an dem betreffenden Geschehen Gott deutlich wird."[96] Nicht von ungefähr hat man solche Zeichen in der geistlichen Tradition, insbesondere in der Theologie des hl. Bonaventura, mit dem Leben Jesu selbst in Zusammenhang gebracht. Die Stigmatisierung des Franziskus will uns als Seelsorgerinnen und Seelsorger zuerst ermutigen, zu unseren eigenen Wunden zu stehen, auch in unserem Beruf: „Ihr braucht nicht wegzugehen!" Wo ich gezeichnet bin, da bin ich in den Augen Gottes ausgezeichnet. Ich brauche nicht vor mir davonzulaufen. Darüber hinaus will die Stigmatisierung des Franziskus uns in unserer Seelsorge ermutigen, sich mit jeder Form der Stigmatisation zu solidarisieren.

Wie diese Solidarität praktisch aussehen kann, vermag die folgende, in zahlreichen Quellen überlieferte Geschichte zu veranschaulichen: In der Entstehungszeit des Ordens hielt sich Franziskus einmal zusammen mit anderen Brüdern bei Rivotorto auf. Um Mitternacht, als alle schon ruhten, schrie ein Bruder plötzlich: „Ich sterbe, ich sterbe." Die übrigen Brüder erwachten, und Franziskus erhob sich und sagte: „Steht auf, Brüder, und zündet ein Licht an." Dann fragte der Heilige: „Wer hat gerufen: Ich sterbe?" Jener sagte: „Ich." Franziskus wandte sich dem Bruder zu und sagte: „Was hast du, Bruder? Woran stirbst du?" Und jener antwortete: „Ich sterbe vor Hunger." Daraufhin ließ Franziskus sofort den Tisch decken und forderte seine Brüder auf: „Lasst uns Brot holen und Speck und Wein, um gemeinsam mit dem Bruder zu essen." Und damit sich jener Bruder nicht zu schämen brauchte, wenn er allein essen würde, begannen alle, mit ihm zu essen.[97]

Diese kleine Geschichte erzählt von jemandem, der sich in einer bedürftigen Situation befindet und diese hinausschreit. Andere hören ihn und stehen auf. Sie bewegen sich und verlassen ihre Zellen, sie gehen der Not des Bedürftigen nach und kommen ihm entgegen. Sie sind gerührt und lassen sich berühren; sie nehmen sich Zeit füreinander; indem sie beieinander am gedeckten Tisch sitzen, hören sie auf, Eigenbrötler zu sein. Sie werden „Kum-pane". So finden sie „Geschmack" aneinander, Geschmack an Gott, dem Schöpfer allen Lebens. Hören, sehen, sich berühren lassen – eine „Speisung der Vielen", ganz nach dem „Geschmack" des Matthäusevangeliums. Sicher hat Matthäus seine Erzählung von der „Speisung der Vielen" vor dem

Hintergrund seiner Gemeindeerfahrung geschrieben. Er weiß, die Menschen hungern nach jemandem, der Mitleid mit ihnen hat, der das Kranke in ihnen heilt, der ihren leiblichen Hunger stillt. Für Matthäus erweist sich die Souveränität Jesu vor allem darin, dass er seine Macht ganz konkret gegenüber Krankheiten und Hunger zeigt. Die Situation, in die er hinein spricht, ist offenbar eine materielle Mangelsituation – in Mt 14,14 heißt es ausdrücklich: „… hatte er Mitleid mit ihnen und heilte die Kranken, die bei ihnen waren".

b   Am Rand sieht man klarer

Im 20. Kapitel des Johannesevangeliums ruft Jesus am ersten Tag der Woche seinen hinter verschlossenen Türen versammelten Jüngern zu: „Friede sei mit euch!" (Joh 20,19) Nach diesen Worten „zeigte er ihnen seine Hände und seine Seite. Da freuten sich die Jünger, dass sie den Herrn sahen. Jesus sagte noch einmal zu ihnen: Friede sei mit euch! Wie mich der Vater gesandt hat, so sende ich euch. Nachdem er das gesagt hatte, hauchte er sie an und sprach zu ihnen: Empfangt den heiligen Geist! …Thomas, … einer der Zwölf, war nicht bei ihnen, als Jesus kam. Die anderen Jünger sagten zu ihm: Wir haben den Herrn gesehen. Er entgegnete ihnen. Wenn ich nicht die Male der Nägel an seinen Händen sehe und wenn ich meinen Finger nicht in die Male der Nägel und meine Hand nicht in seine Seite lege, glaube ich nicht. Acht Tage darauf waren seine Jünger wieder versammelt, und Thomas war dabei. Die Türen waren verschlossen. Da kam Jesus, trat in ihre Mitte und sagte: Friede sei mit euch! Darauf sagte er zu Thomas: Streck deinen Finger aus – hier sind meine Hände! Streck deine Hand aus und lege sie in meine Seite und sei nicht ungläubig, sondern gläubig! Thomas antwortete ihm: Mein Herr und mein Gott! Jesus sagte zu ihm: Weil du mich gesehen hast, glaubst du. Selig sind, die nicht sehen und doch glauben." (Joh 20,20–29)

Dieser Evangeliumstext zeigt, dass Hören und Sehen allein nicht für den Glauben genügen. Denn käme der Glaube, wie es bei Paulus heißt, wirklich schon allein vom Hören, hätte er bei Thomas kommen müssen, nachdem ihm die andern Jünger über ihre Begegnung mit dem Herrn berichtet hatten. Thomas will mehr als nur gesagt bekommen, mehr als nur hören. Er will berühren, anfassen, berührt werden und angefasst werden. Dort wo die Wunde und der Tod sind, will Thomas Leben spüren, pulsierend warm und so stark, dass es auch durch seine lange Leitung kommt. Nach Glenn W. Most, der als Altphilologe und Kunsthistoriker in Pisa und Chicago lehrt, klafft jedoch, genau besehen, gegen Ende des zitierten Abschnitts des Johannesevangeliums eine Lücke zwischen der Aufforderung des Auferstandenen, Thomas solle die Hand in seine Seite legen, und Thomas' Ausruf „Mein Herr und mein Gott!" Für Most folgt dieser Ausruf viel zu unmittelbar, als dass dazwischen der Vorgang der Berührung angesiedelt werden könnte. Zum anderen läuft die Komposition des Textes ganz auf die Erwiderung Jesu zu: „Weil du mich gesehen hast, glaubst du. Selig sind, die nicht sehen und doch glauben." Doch auch wenn der Text tatsächlich nicht ausdrücklich festhält, dass Thomas durch den Tastsinn zum Glauben gekommen ist, betont doch das Evangelium selbst – wie auch Most einräumt – das Motiv der Berührung so stark, dass kaum ein Leser die Möglichkeit, dass der Jünger Jesus nicht berührt haben könnte, in Erwägung zieht. Besonders aufschlussreich sind die kunsthistorischen Ausführungen der Studie, und faszinierend sind jene Seiten, die von der Darstellung der Thomas-Berührung in Caravaggios Gemälde handeln. Wie Most schreibt, wird hier nicht Thomas als Zweifler gezeigt, sondern die Jünger, die zusehen, wie sich Thomas' Finger in der klaffenden Wunde Jesu verliert.[98]

In der Seelsorge geht es in der Tat um etwas Geistiges. Aber nicht nur. Es geht auch um etwas, das Blaise Pascal in dem folgenden Satz zusammenfasste: „Eine einzige Liebesgeste ist mehr wert als das ganze physische Universum." Was Pascal in Worte gekleidet hat, setzte Franz von Assisi in die Tat um, als er der Legende nach außerhalb der Stadtmauern einen Aussätzigen umarmte.

Die mittelalterliche Stadt war im Allgemeinen konzentrisch angelegt. Im Zentrum wohnten die Reichen und die Mächtigen, also die majores. Je weiter man sich vom Zentrum entfernte, desto mehr wurde man Teil der kleinen Leute, der minores. Am Rand wohnten schließlich die Bettler. Ganz außerhalb, ohne jede Beziehung zum damaligen Sozialgefüge, lebten die Aussätzigen. Einen von ihnen zu umarmen bedeutete, ihn aus der Isolation zu befreien und ins gemeinsame Haus des Lebens zurückzuholen.

Von Franz von Assisi wird auch noch eine andere „Umarmung" erzählt: In der Nähe der umbrischen Stadt Gubbio soll ein reißender Wolf sein Unwesen treiben und man weiß nicht, wie man ihn bezwingen kann. Franziskus spricht das gefährliche Tier an, berührt, umarmt und zähmt es und macht es ebenfalls zu einem Mitbewohner. Auch Jesus hat Menschen berührt und sie auf diese Weise geheilt und ins Leben zurückgeführt. Den Erzählungen des Neuen Testaments ist sogar zu entnehmen, dass viele Menschen Jesus oder wenigstens „den Saum seines Gewandes" berühren wollten. Zur Kunst der Seelsorge gehört also nicht nur, dass sie hört und sieht, sondern auch, dass sie in rechter Weise spürt und berührt.

In der Erzählung von der Geburt Jesu (Lk 2,9) findet sich der Hinweis, dass der Engel des Herrn zu den Hirten trat und dass diese der „Glanz" des Herrn umstrahlte. So jedenfalls gibt die deutsche Einheitsübersetzung das Wort „doxa" des griechischen Urtextes wieder. Eine interessante Abweichung stellt man in der lateinischen Übersetzung, der Vulgata, fest. Sie übersetzt „doxa" mit „claritas": „Und es umstrahlte die Hirten die Klarheit des Herrn." Auch Martin Luther hat die Gotteserfahrung der Hirten auf dem Feld nicht mit „Glanz" bzw. „Herrlichkeit" übersetzt, sondern mit „Klarheit". Dass Luther sich damit der Vulgata anschloss, lässt sich im Blick auf die hier betroffene Personengruppe noch tiefer deuten. Zur Zeit Jesu zählten die Hirten ähnlich wie die Aussätzigen nicht zu den geachteten Volksgruppen. Von den Letztgenannten wird im Evangelium gesagt, dass sie eine besondere Gabe besaßen, die Göttlichkeit der Person Jesu zu erkennen. So zum Beispiel bekennt einer von ihnen in Mk 1,24: „Ich weiß, wer du bist: Du bist der Heilige Gottes." Die Aussätzigen verfügten aufgrund ihrer Randexistenz und ihrer Außenseiterrolle über eine theoretische Kompetenz der Gotteserkenntnis – am Rand sieht man klarer. Die Hirten, in jener Zeit ebenfalls am Rand der Gesellschaft angesiedelt, werden zu den ersten Zeugen der Menschwerdung Gottes. Nach dem Lukasevangelium besitzen sie eine praktische Kompetenz in Bezug auf die „Verortung" Gottes im menschlichen Leben, ein Gespür dafür, wo Gott sich von Menschen finden lassen, wo er sich ihnen zeigen und offenbaren will, wo er angebetet werden will. Im Lukasevangelium ist dieser Ort auf einem Feld, vor der Stadt, in Windeln gewickelt und in einer Krippe liegend, während die Hirten Nachtwache halten.

Der russisch-amerikanische Schriftsteller Joseph Brodsky hat 1989 ein kleines Gedicht geschrieben, das Ralph Dutlis ins Deutsche übersetzt hat: „Im Streichholzlicht". Dieser Text enthält eine Ermutigung zur Wahrnehmung bei wenig Licht; der Dichter begründet seine Anregung, man sehe so das Wesentliche manchmal schärfer. Mit dem Wort „Klarheit" hängt das Wort „Klärung" zusammen. Letzteres kann ins Fundamentalistische verkehrt werden: Es werden die „Kinder des Lichts" von den „Kindern der Finsternis" geschieden, wobei sich diejenigen, die so sprechen, meist auf der besseren Seite wähnen. Solches Reden ist gefährlich für eine menschliche Kultur und eine menschliche Seelsorge. Beide brauchen eine besondere Sensibilität für die Schatten und die Schattierungen, für das fragile Menschliche. Deshalb die ersten Besucher die Hirten, deshalb das Neugeborene in einer Notunterkunft, deshalb die Erzählung von der Gefährdung des Kindes durch Herodes, deshalb die Magier von weit her, aus anderen Kulturen. Wenn das Göttliche wirklich so menschlich in die Welt gekommen ist, dann bedeutet die Vielfalt seiner Gesichter keine Gefährdung, sondern Gewinn und menschlichen Reichtum.

Nach Christian Scharfetter bezieht sich Spiritualität auf die ganzheitliche Wurzel, aus der heraus Menschen denken, fühlen und handeln.[99] Spirituelles Wissen ist Lebenswissen; dieses setzt sich jedoch nicht allein aus Kognition, Motivation und Intention zusammen. Es wird zunächst in den Sinnen bewusst, die den Menschen zum Handeln bringen. Sinnerfahrung und Sinnlichkeit schließen sich nicht aus. „Sense" setzt „Sensuality" voraus. Abraham H. Maslow stellte 1964 fest, spirituelle Werte hätten im Organismus ihre Basis und gehörten unabdingbar zu einem gut funktionierenden Organismus, ja definierten sogar dessen Wesen.[100] Peter Campbell und Edwin McMahon knüpften 1992 an diese Gedanken an. Für sie ist spirituelle Suche gleichzusetzen mit der Suche nach einem ganzheitlichen Lebensprinzip, die sich bewusst von der dualistischen Entmaterialisierung mit ihren leibfeindlichen Folgen lösen will. Weil der Leib das Haus der Seele ist, „gibt es auch keine unkörperliche Spiritualität, sondern nur eine Bio-Spiritualität"[101]. Der in dieser Sicht von Spiritualität enthaltene Leibbezug jedes Seelsorgenden wird in der Kirche oftmals tabuisiert; dabei ist gerade Eros jene Kraft, die in Spannung versetzt, Kreativität bewirkt, Energie freisetzt. Wo immer Eros und Glaube verschwistert bleiben dürfen, wird das Leben lebenswert. Kirche kann jedenfalls immer nur dort entstehen, wo der Mensch zu seiner Wahrheit findet, und diese Wahrheit heißt, dass er mit seiner ganzen Natur vor Gott steht. Mit seinem bereits erwähnten Bekenntnis „Durch die Gnade Gottes bin ich, was ich bin" (1 Kor 15,10) hat Paulus zweifellos das Apostelamt vor Augen. Doch die Theologie hat das Apostelwort schon immer auch auf die ganze Natur des Menschen bezogen. So betrachtete zum Beispiel der hl. Bonaventura die menschliche Natur gewissermaßen von Gott aus und bekannte: Alles, was Gott gemacht hat, ist Gabe Gottes – „hoc totum quod fecit, fuit gratia"[102]. Deshalb führt echte Spiritualität zum Evangelium, zur Freude, und auch zur Freude an sich selbst. Nicht daran, wie einer von Gott redet, erkenne ich, ob seine Seele durch das Feuer der göttlichen Liebe gegangen

ist, sondern daran, wie er von irdischen Dingen spricht. Spiritualität ist nicht nur eine Angelegenheit des Verstandes und des Willens,
sondern auch des Leibes.[103]

III Schweigen
„Sie fuhren also mit dem Boot in eine einsame Gegend, um allein zu sein"
(Mk 6,32)

1 Wo das Schweigen beginnt

a Schweigen → Antwort

Allen Evangeliumserzählungen von der „Speisung der Vielen" ist gemein, dass sich Jesus von seinem öffentlichen pastoralen Wirken immer wieder in die Stille, in das Schweigen mit seinen Jüngern zurückziehen will. Häufig kontrastieren in diesen Texten die angestrengte Rastlosigkeit (Lk 9,6) und die endliche Rast (Lk 9,10). Es ist von einem einsamen Ort bzw. einer einsamen Gegend die Rede. Eine besondere Variation dieser Idee findet sich im Johannesevangelium, wo Jesus sich auf einen Berg zurückzieht; hier sucht „er allein", wie es ausdrücklich heißt, die Nähe zu Gott und begibt bewusst sich in diese, weil ihn die Menschen bedrängen und nicht verstehen. Bei Matthäus findet man das Motiv, den Jüngern etwas Ruhe zu gönnen, nicht. Nach deren Rückkehr von der Aussendung erscheint es nur bei Markus sinnvoll (Mk 6,30f.). Gleichwohl wird auch die Geschichte bei Matthäus mit den Worten eröffnet: „Als Jesus all das hörte, fuhr er mit dem Boot in eine einsame Gegend, um allein zu sein" (Mt 14,13). Auch wenn der Ort im Evangelium geographisch reichlich unbestimmt bleibt, ist es theologisch wichtig, dass es sich um einen Ort handelte, der vom üblichen Betrieb und Rummel abgelegen war. Wunder werden offenbar im Abseits vorbereitet.

Es mag überraschen, dass in einem Großteil der biblischen und auch theologischen Lexika kaum etwas über das Schweigen zu finden ist. Gleichwohl ist letzteres eine unabdingbare Voraussetzung für das Hören. Vielleicht ist es aber nicht einmal Verlegenheit, sondern die Sache selbst, die einen trifft. Ein evangelisches Bibellexikon macht dies deutlich, wenn es mit biblischem Recht zum Stichwort Schweigen den Verweis macht: → Antwort. In dieser Sinngebung betet die Kirche zum Weihnachtsfest den Vers aus dem Buch der Weisheit: „Als tiefes Schweigen das All umfing und die Nacht bis zur Mitte gelangt war, da sprang dein allmächtiges Wort vom Himmel, vom königlichen Thron herab …" (Weish 18,14f.). Gen 1,5 und die anschließenden Passagen betonen: „Es wurde Abend und es wurde Morgen." Ganz abgesehen davon, dass es sich hierbei um ein Grundgesetz des menschlichen Lebens handelt – die Nacht geht dem Tag voraus – handelt es sich um eine Grundstruktur der großen kirchlichen Feste: Was wir feiern, hat seinen Ursprung und seinen Anfang in der Nacht: in der stillen, heiligen Nacht von Weihnachten und in der wahrhaft seligen Nacht von Ostern. Aus diesen zum Morgen hin geöffneten Nächten lebt die Kirche. Die Nächte sind dunkel, aber die Vögel des Himmels spüren den heraufziehenden Morgen und beginnen zu singen. Allein dieser Naturvorgang, der sich jede Nacht zur Morgendämmerung ereignet, ist schon imstande, uns Menschen zu berühren. Der Dichter Paul Gerhardt geht jedoch noch weiter: „Die Morgenröte war noch nicht mit ihrem Licht vorhanden; und siehe, da war schon das Licht, das ewig leucht, erstanden. Die Sonne war noch nicht erwacht, da wachte und ging auf voll Macht die unerschaffne Sonne."[104]

Hier ist das göttliche Schweigen durch das Wort, durch Jesus Christus gedeutet. Es hat im Wort Jesu Gestalt gewonnen, und diese Gestalt wird im Brief an Titus einfachhin beschrieben mit dem Satz: „Als aber die Güte und Menschenliebe Gottes, unseres Retters, erschien" (Tit 3,4). Stille wird hier als Voraussetzung der Geburt des menschgewordenen Wortes bezeichnet. Damit wird verständlich, warum das genannte Lexikon zum Stichwort „Schweigen" auf das andere Stichwort „Antwort" verweist: Für die Heilige Schrift liegt das Schweigen Gottes auf dem Weg zum Wort, und das Schweigen des Menschen ist vom Warten auf das Wort her zu verstehen. Gottes Schweigen hat seinen endgültigen Sinn gefunden in der Antwort Jesu Christi, wie es im Johannesprolog heißt: „Und das Wort wurde Fleisch."[105] Im ersten großen christlichen Text über das Schweigen wird dies deutlich gesagt: „Besser ist Schweigen und Sein als Reden und Nicht-Sein. Gut ist das Lehren, wenn man tut, was man sagt. So ist nur einer Lehrer, der da sprach, und es geschah; und was er schweigend tat, ist des Vaters würdig. Wer Jesu Wort wirklich besitzt, kann auch seine Stille vernehmen, auf dass er vollkommen sei und durch sein Wort wirke und durch sein Schweigen erkannt werde. Erst der Bezug auf Jesus und sein Wort gibt dem Schweigen Sinn und Wirkung. Schweigen ist nicht Selbstfindung, sondern Sich-bestimmen-lassen von Jesus. Schweigen ist Gnade." Diese Worte des bereits erwähnten Märtyrerbischofs Ignatius treffen ins Herz der christlichen Erfahrung: Schweigen, weil man bewahrt ist im Wort Jesu. Schweigen, weil alle Leere und Weite, alle Stille und Ruhe hineingestellt sind in den Raum Gottes, wie er durch Gottes Offenbarwerden in Jesus geöffnet ist. In ihm ist Gottes Schweigen zum Wort geworden, und in ihm erhält menschliches Schweigen die Eindeutigkeit der Erfüllung.

b Ansatz zur Biographie Jesu

In allen Evangeliumserzählungen sind Aussagen zu finden, dass sich Jesus von seinem öffentlichen seelsorglichen Wirken immer wieder in die Stille, in das Schweigen, in das Gebet, in das ungestörte und intime Gespräch mit seinem Vater und mit seinen Jüngern zurückziehen will. Auch Mose hatte allein den Gottesberg bestiegen, „und die Wolke bedeckte den Berg" wie es in Ex 24,15 heißt. Das „Alleinsein" des johanneischen Christus bedeutet für ihn stets auch das Zusammensein mit seinem Vater (Joh 8,16.29; 16,32). Nach Markus ist der Aufbruch in die Einsamkeit mit der Absicht Jesu verbunden, den Jüngern etwas Ruhe und Erholung zu verschaffen (Mk 6,30f.). Dieser menschliche Zug, der tatsächlich so etwas wie einen Ansatz zur Biographie Jesu darstellt, darf nicht hintergründig gedeutet, sondern will in seiner grundlegenden menschlichen Bedeutung ernstgenommen werden. Er macht darauf aufmerksam, dass die Kunst des Ausruhens ebenso erlernt und geübt sein will wie die Kunst des Tätigseins. Wie gut unser Leben gelingt, hängt auch davon ab, wie geübt wir in unserem Lebensalltag im Umgang mit dem Wechsel von Tätigsein und Ausruhen sind. Typisch seelsorgerisch ist Markus, wenn er sich bemüht, für das Handeln Jesu eine plausible Erklärung zu liefern: So viele Menschen bedrängten sie, dass sie nicht einmal Zeit zum Essen fanden. Doch die Abfahrt Jesu und der Jünger im Boot wird von vielen beobachtet, und das Zusammenströmen der Volksmengen, die noch vor dem Boot am Zielort ankommen, schafft die Voraussetzung für das Mahl der Vielen. Wie die große Volksmenge das segelnde Boot überrunden und ihm zuvorkommen konnte, kann vielleicht auch der bereits gebrachte geographische Hinweis erklären. Jedenfalls ist es theologisch nicht uninteressant, dass das Volk Jesus auf dem Landweg zuvorkommt, während dies den Jüngern mit dem Boot nicht gelingt (Mk 6,45ff.).

Die Erfindung des Wortes „Einsamkeit" in der mittelalterlichen Mystik war das Ergebnis einer Positiverfahrung; es war kein Wort für das Solitäre und Isolierte, sondern die deutsche Übersetzung von „unio" im Sinne der „Unio mystica", der mystischen Vereinigung des Menschen mit Gott. Einsamkeit wurde als intensivste Form ihres „Eins-seins" mit Gott gesehen. Dieser ursprüngliche Wortsinn, obwohl er im Pietismus des 18. Jahrhunderts noch nachklang, ist heute nicht mehr gegeben. In dem bereits zitierten Text aus Nietzsches „Fröhlicher Wissenschaft" wird die Lage des heutigen Menschen mit den Worten beschrieben: „Man schämt sich jetzt schon der Ruhe; das lange Nachsinnen macht beinahe Gewissensbisse. Man denkt mit der Uhr in der Hand, … man lebt wie einer, der fortwährend etwas versäumen könnte." Voraussetzung für die Kunst des Alleinseins ist natürlich, dass überhaupt Zeit für dieses Alleinsein zur Verfügung steht. Und es kommt darauf an, womit dieses kostbare Gefäß des Zeit-Raumes gefüllt wird. Wenn Seelsorgerinnen und Seelsorger wirklich leben und, wie es bei Johannes heißt, „in Fülle" (Joh 10,10) und nicht nur „dahinleben" wollen, brauchen sie unbedingt Zeit-räume, in denen sich wichtige Lebensprozesse, einschließlich des Wachsens in der Spiritualität, vollziehen können. Womit sollen sie dieses kostbare Gefäß des Zeit-Raumes füllen, das sie oft mit viel Mühe und Disziplin erkämpfen mussten? Jean Jacques Rousseau schildert in den Träumereien eines einsamen Spaziergängers, wie er durch das Alleinsein erst die Köstlichkeiten seines Inneren entdeckt hat. Aber dieses Innere ist ihm zufolge nicht nur süß, sondern auch bitter, nicht nur hell, sondern auch dunkel.[106] Der stille Zeit-Raum ist ein Ort des Handelns Gottes. Unter seinen Augen begegne ich in der Stille mir selbst und den anderen. Diese Stille ist der Ort, wo Gott sein Angesicht über mir leuchten lassen will. In der Stille wird leben, lieben und glauben gelernt. Das ist die alte Weisheit der „re-collectio", der „Sammlung" aus der „Zerstreuung", der „recreatio", des von Gott neu Erschaffenwerdens: die Wiedergewinnung der schöpferischen Kräfte, der „Regeneration", der Revitalisierung der zeugenden und bezeugenden Potenzen. Kontemplation, die nicht gleichzusetzen ist mit jeder beliebigen Art von Meditation, ist kein Vorrecht kontemplativer Ordensgemeinschaften, sondern ein glau-bensvitaler Lebensgrundvollzug.

2 Laetare und Gaudete

Im Zusammenhang von der Feier des Sonntags spricht das neue kirchliche Gesetzbuch von 1983 von der Notwendigkeit des menschlichen Ausruhens. Auch wenn die Teilnahme an der Messfei-er, die „Feier des Paschamysteriums", wie es wörtlich heißt, in can. 1247 weiterhin im Mittelpunkt steht, haben die Verfasser des neuen Codex es offenbar für notwendig erachtet, in Bezug zum „zweiten" Teil des Sonntagsgebots, welcher die Enthaltung von körperlicher Tätigkeit behandelt, eine Veränderung und Ergänzung vorzunehmen gegenüber dem CIC von 1917. So heißt es heute: „Am Sonntag und an den anderen gebotenen Feiertagen sind die Gläubigen zur Teilnahme an der Messfeier verpflichtet; sie haben sich darüber hinaus jener Werke und Tätigkeiten zu enthalten, die den Gottesdienst, die dem Sonntag eigene Freude oder die Geist und Körper geschuldete Erholung hindern."[107]

Zunächst lässt sich zu der vom Kirchenrecht konstatierten „dem Sonntag eigenen Freude" sagen, was ebenso bezüglich der geforderten „Teilnahme" an der Messe festgestellt werden kann: „Freude" kann im strengen rechtlichen Sinn vom Gesetz nicht eingefordert werden, da es sich hierbei um eine innere, personale Haltung handelt. Vielmehr ist, wie auch bei der „Teilnahme", von einem Gebot (im äußeren Sinn) nur bedingt zu sprechen, eher von einer inneren Verpflichtung. Dabei ist der Weg von der „lex de audiendo Sacro" (can. 1249 CIC/1917) zum „Praeceptum de Missa participanda" (can. 1248 § 1 CIC/1983) gar nicht so problemlos gewesen. Vor der Promulgation des neuen kirchlichen Gesetzbuches von 1983 soll es seitens deutschsprachiger Theologen immer wieder Interventionen bei der entsprechenden Kommission in Rom gegeben haben, „audire" (Messe hören) gegen „participare" (an der Messe teilnehmen) auszutauschen, wobei Rom diese Vorstöße wiederholt zurückgewiesen haben soll – mit der Begründung: Beim Codex handelt es sich um ein Gesetzbuch, und als solches kann es nur zu äußerlich nachprüfbarem Verhalten verpflichten – so wie es mit dem lateinischen Ausdruck „audire" geschieht, welcher die physische Anwesenheit zum Ausdruck bringt. Das Wort „participare" beschreibe eine innere, personale Haltung, die ein Rechtsbuch der Sache nach nicht einfordern könne. Um so erleichterter war man beim Erscheinen des neuen CIC, als dann die „Väter" der Kommission doch – auch wegen der einzigartigen Bedeutung der Sache, um die es hier geht – über ihren „Schatten" gesprungen waren. So erklärt nunmehr tatsächlich can. 1247 (vgl. auch can. 1248), dass die Gläubigen an Sonntagen und gebotenen Feiertagen verpflichtet sind, an der Messe „teilzunehmen" (participare).

Im CIC/1983 wird die „dem Sonntag eigene Freude" näherhin als die „dem Herrentag eigene Freude" („laetitia diei Domini propria") bezeichnet, nicht als „laetitia diei dominicae propria." Es ist also an die Freude, die mit Jesus zu tun hat, gedacht, insofern er sich durch seine Auferstehung als Herr über Leben und Tod für die gesamte Schöpfung erwiesen hat. Deshalb dürften die Verfasser des Codex an dieser Stelle im Lateinischen bewusst das Wort „laetitia" und nicht das Wort „gaudium" verwendet haben. Vom sprachlichen Befund her lässt sich grob vereinfacht sagen, dass „laetitia" im Lateinischen die jenseitige Freude bezeichnet, während „gaudium" die diesseitige Freude zum Ausdruck bringt. Man denke in diesem Zusammenhang zum Beispiel an die Pastoralkonstitution des Zweiten Vatikanischen Konzils, die sich nach den einleitenden Worten „Gaudium et spes" nennt. Oder es sei an zwei bestimmte Sonntage vor Ostern und Weihnachten, den Hauptfesten des Kirchenjahres, erinnert: „Laetare" und „Gaudete".

Die Veränderung am bisherigen Text des Gesetzbuches von 1917 einschließlich der damit verbundenen sprachlichen Eigentümlichkeiten zeigen: Man hat erkannt, dass in Bezug auf das menschliche Bedürfnis und die Notwendigkeit des Ausruhens eine Veränderung im Bewusstsein der Menschen stattgefunden hat. Seitens der Verfasser hat man das Bedürfnis und die Notwendigkeit des Ausruhens sehr wohl wahrgenommen. Sie sprachen von der „Geist und Körper geschuldeten Erholung". Auch die Einfügung des Zusatzes von der „dem Sonntag eigenen Freude" zeigt, dass die Verfasser mehr als nur eine Vorschrift im Auge hatten. Im Hintergrund darf unter anderem die Liturgiekonstitution des Zweiten Vatikanischen Konzils (Art. 106) vermutet werden. Darin wird als Ziel der christlichen Sonntagsfeier ausdrücklich angegeben, dass der Sonntag für die Menschen ein Tag der Freude und der Muße werden soll. Letztere werden hier ebenfalls als Qualitätsmerkmale gelungenen Lebens genannt. Man darf daher davon ausgehen, dass das kirchliche Gesetzbuch von 1983 im „Sonntagsgebot" mit dem

Zusatz „der dem Sonntag eigenen Freude" auch der heute beobachtbaren Hektik und Unruhe im Alltag begegnen wollte.

Im Austausch des männlichen „dies dominicus" aus dem früheren Codex zum weiblichen „dies dominica" im neuen klingt dieser Gesichtspunkt an. Das ist mehr als nur eine Frage der Grammatik, denn die männliche Form bedeutet lediglich den Termin, während die weibliche die Ereignisse im Laufe des Tages, also die Feier des Sonntags insgesamt in den Blick nimmt. Sie beinhaltet also eine Qualifikation des Tages. Man vergleiche dazu im Italienischen: giorno – giornata und im Französischen: jour – journée. Die weibliche Form bezeichnet den ganzen Tag, den ganzen Sonntag, und nicht nur die für den Gottesdienst reservierte Zeit. Wenn der Codex von 1983 nicht mehr von Arbeit und von Geschäften spricht, sondern von „Werken und Tätigkeiten, die den Gottesdienst, die dem Sonntag eigene Freude oder die Geist und Körper geschuldete Erholung hindern", so mag er vor Augen gehabt haben, dass die Sonntäglichkeit heute kein eingezäuntes Refugium mehr darstellt, welches sich sauber von der Arbeits-Alltäglichkeit trennen lässt. Zahlreiche Entwicklungen der letzten Jahre zeigen, dass den Geschäften durch Internet und Kreditkarte immer weniger räumliche und zeitliche Grenzen gesetzt sind. Dass die größeren technischen Möglichkeiten zugleich zu einer größeren Beschleunigung in allen Lebensbereichen geführt haben, darf in diesem Zusammenhang ebenfalls nicht unerwähnt bleiben.

Obgleich der Codex Iuris Canonici als Gesetzbuch der lateinischen Kirche sich naturgemäß nur an deren Angehörige wendet und deren kirchliches Leben regeln will, so ist doch zu sehen, dass auch diese Menschen heute in einer Kultur leben, die sich nicht mehr ausdrücklich christlich definieren will. In dieser Kultur wird der Sonntag nicht mehr allein mit der Auferstehungsfreude („laetitia") in Verbindung gebracht; er ist der Tag der Freizeit-Gesellschaft, der Tag zur Realisierung von Konsumträumen, der Tag der Selbstbestimmung, der Tag des Leidens an der Einsamkeit, der Tag der Dienstleistungsgesellschaft als (einstweilen noch) Zeitraum etwas besser vergüteter Sonderdienste. Was jedoch im neuen Codex vor dem Hintergrund der gewandelten gesellschaftlichen Lage fehlt, ist eine ausdrückliche Würdigung der irdischen, der diesseitigen, der „vorletzten" (Bonhoeffer) Freude des Menschen, des „gaudium". Sie äußert sich im Ausruhen und Entspannen, im „Sich wieder holen" (Handke), im „Relaxen" (auch der Codex selbst spricht von „relaxare"). Es fehlt eine ausdrückliche Würdigung der Freizeit, der Pause, der „Auszeit" als bedeutsamer Faktor zum Gelingen der Balance zwischen Geben und Empfangen, zur menschlichen Gelassenheit.

Dieses Denken lässt sich ebenfalls im „Katechismus der Katholischen Kirche" erkennen, der verschiedene Ansätze zur inhaltlichen Füllung der menschlichen Freizeit vorstellt: „Christen, die über freie Zeit verfügen, sollen an ihre Brüder und Schwestern denken, die die gleichen Bedürfnisse und Rechte haben, sich jedoch aus Gründen der Armut und der Not nicht ausruhen können. Der Sonntag wird in der christlichen Frömmigkeitstradition für gewöhnlich guten Werken und demütigem Dienst an Kranken, Behinderten und alten Menschen gewidmet. Die Christen sollen den Sonntag auch dadurch heiligen, dass sie ihren Angehörigen und Freunden die Zeit und Aufmerksamkeit schenken, die sie ihnen an den übrigen Tagen der Woche zu wenig widmen können. Der Sonntag ist ein Tag der Besinnung, der Stille, der Bildung und des Betrachtens, die das Wachstum des christlichen inneren Lebens fördern." Maurus D. Runge kommentiert den Text wie folgt: „All dies sind sicherlich lobenswerte Tätigkeiten, und doch ist es höchst aufschlussreich, wenn sowohl Kirchenrecht als auch Katechismus mit keinem Wort ein Eigenrecht von Freizeit und Entspannung, von ‚Muße' erwähnen. Hier finden wir den modernen Trend widergespiegelt, alles zu verzwecken, sogar die Freizeit. Freizeit um ihrer selbst willen, weil sie dem Menschen an Leib und Seele gut tut, wird zwar erwähnt, dann aber sofort der Pflicht zum Gottesdienstbesuch untergeordnet oder mit frommen Inhalten gefüllt ... Schließlich ist ja auch der, über den Theologen nachdenken, und den Seelsorgerinnen und Seelsorger verkündigen, keiner, der in einer bloßen Zweckrationalität aufgeht, kein ‚Lückenbüßer-Gott‘, sondern ein Gott, der all unsere Zwecke unendlich übersteigt und nur als ein zweck-freier, spielerischer Gott erfahrbar wird."[108]

3 Die Weisheit „schafft" es spielend

Im Buch der Sprichwörter (8,23–31) heißt es:

In frühester Zeit wurde ich gebildet,
am Anfang, beim Ursprung der Erde.
Als die Urmeere noch nicht waren, wurde ich geboren,
als es die Quellen noch nicht gab, die wasserreichen.
Ehe die Berge eingesenkt wurden,
vor den Hügeln wurde ich geboren.
Noch hatte er die Erde nicht gemacht und die Fluren
und alle Schollen des Festlands.
Als er den Himmel baute, war ich dabei,
als er den Erdkreis abmaß über den Wassern,
als er droben die Wolken befestigte
und Quellen strömen ließ aus dem Urmeer,
als er dem Meer seine Satzung gab
und die Wasser nicht seinen Befehl übertreten durften,
als er die Fundamente der Erde abmaß,
da war ich als geliebtes Kind bei ihm.
Ich war seine Freude Tag für Tag
und spielte vor ihm allezeit.
Ich spielte auf seinem Erdenrund,
und meine Freude war es, bei den Menschen zu sein.

Nach diesem Text spielt die Weisheit vor Gott. Sie spielt vor Gott, nicht für ihn. Der geschichtliche Hintergrund ist das rituelle Spiel der beiden ägyptischen Gottheiten Ma'at und Hathor, die den Schöpfer motivieren und locken wollen, vom Schöpfungswerk nicht abzulassen. Mit diesen Versen wird die Schöpfung um die Dimension des Spiels bereichert und erweitert – so wie ja auch ein chinesisches Sprichwort sagt: „Im Spiel liegt die Welt verborgen". Das Spiel kann einen gewissen Abstand zur Wirklichkeit verleihen und diese gleichzeitig verändern. Es macht Mut, mit offenen Fragen zu leben und sich eine gewisse Freiheit gegenüber Fixiertheit zu bewahren.

Von dieser Weisheit sagt das in den ersten Jahrzehnten des 2. vorchristlichen Jahrhunderts entstandene Buch Sirach, dass sie in Jerusalem ihren Wohnsitz aufgeschlagen hat: „Über die Fluten des Meeres und über alles Land, über alle Völker und Nationen hatte ich Macht. Bei ihnen allen suchte ich einen Ort der Ruhe, ein Volk, in dessen Land ich wohnen könnte. Da gab der Schöpfer des Alls mir Befehl; er, der mich schuf, wusste für mein Zelt eine Ruhestätte. Er sprach: In Jakob sollst du wohnen, in Israel sollst du deinen Erbbesitz haben. Vor der Zeit, am Anfang, hat er mich erschaffen, und bis in Ewigkeit vergehe ich nicht. Ich tat vor ihm Dienst im heiligen Zelt und wurde dann auf dem Zion eingesetzt. In der Stadt, die er ebenso liebt wie mich, fand ich Ruhe, Jerusalem wurde mein Machtbereich" (Sir 24,6–11). Das Buch Baruch aus dem 1. Jahrhundert v. Chr. setzt Tora und Weisheit in eins: „Das ist unser Gott; kein anderer gilt neben ihm. Er hat den Weg der Weisheit ganz erkundet und hat sie Jakob, seinem Diener, verliehen, Israel, seinem Liebling. Dann erschien sie auf der Erde und hielt sich unter den Menschen auf. Sie ist das Buch der Gebote Gottes, das Gesetz, das ewig besteht. Alle, die an ihr festhalten, finden das Leben; doch alle, die sie verlassen, verfallen dem Tod" (Bar 3,36–4,1).

Im Kolosserbrief des Neuen Testamens wird dieser Gedankengang wieder aufgenommen. An die Stelle der Weisheit tritt jedoch

Christus als Mittler der Schöpfung: „Er ist das Ebenbild des unsichtbaren Gottes, der Erstgeborene der ganzen Schöpfung. Denn in ihm wurde alles erschaffen im Himmel und auf Erden, das Sichtbare und das Unsichtbare, Throne und Herrschaften, Mächte und Gewalten; alles ist durch ihn und auf ihn hin geschaffen. Er ist vor aller Schöpfung, in ihm hat alles Bestand" (Kol 1,15–17). Im Johannesevangelium wird die Mittlerfunktion des göttlichen Schöpfungswortes, des Logos, ebenso auf Christus bezogen: „Im Anfang war das Wort, und das Wort war bei Gott, und das Wort war Gott" (Joh 1,1). Offenkundig steht das Neue Testament ganz in der jüdisch-alttestamentlichen Denktradition und der jüdisch-hellenistischen Philosophie. Auf diese Weise hat schon das jüdische Schöpfungsdenken wichtige Bausteine der Christologie bereitgestellt.

Wenn das kirchliche Gesetzbuch von 1983 mit seiner Wandlung vom männlichen „dies dominicus" zur weiblichen „dies dominica" unterstreichen will, dass Gott am *ganzen* Sonntag die Ehre gegeben werden soll – durch Teilnahme an der Eucharistiefeier und durch Ausruhen – so findet diese Sicht jedenfalls eine tiefe biblische Begründung im sogenannten „ersten Tag" (Gen 1,3–5), wonach sich die Welt aus den Schöpfungshänden Gottes immer wieder neu empfängt. Diese Bedeutung des Sonntags kann man heute gar nicht hoch genug einschätzen. Nun stehen Schöpfung und Erlösung nicht unverbunden nebeneinander; die Auferstehung ist ja nicht die Zurücknahme der Schöpfung, sondern deren endgültige Besiegelung. Das Bekenntnis zum auferstandenen Herrn Jesus Christus ist nicht zu trennen vom Bekenntnis zu Gott als Schöpfer des Himmels und der Erde. Der zweite Artikel des Glaubensbekenntnisses ist nicht vom ersten zu lösen.

Die Schriftstellerin Erika Pluhar stellt im folgenden Text „Wider die Versteinerung des Menschseins" die in unserer Spiritualitätsgeschichte stets geförderte Haltung des Nur-geben-müssens von Seelsorgerinnen und Seelsorgern in den größeren Zusammenhang von Sehnsucht und Würde des Menschen:

Meine Vision gilt der Menschenwürde.
Gilt dem Anhaltendürfen. Dem Erfolglos-sein-Dürfen.
Einem Hohelied der Muße und Bedürfnislosigkeit.
Einer neuen Sicht im Hinblick auf unser Angesehensein.
Einer neuen Beurteilung von Lebensqualität.
Ich versuche diese Lebenseinstellung wachzurufen.
Ein Bewusstsein dafür zu wecken,
dass wir Menschen ansehnlich sein könnten,
auch wenn uns keiner ansieht – oder es uns keiner ansieht.
Es geht nur mit einer anderen Einstellung zum Menschsein.
Nicht Erfolg oder ‚Du hast es geschafft!' macht
   Menschenwürde aus.
Immer wieder entdecken, dass das Leben ein Geschenk ist,
das es anzunehmen gilt. Nicht zu ver-leben.
Dass wir selbst uns Leben schenken können,
statt es zu ver-schenken.[109]

In der biblischen Schöpfungserzählung wird der Sabbat als der Tag beschrieben, an dem der Mensch anbetend teilhat an der Freiheit, am Frieden und an der Ruhe Gottes. Von diesem Gedanken her hat sich unter anderem die mosaische Sozialgesetzgebung entwickelt, die ihren Ausdruck im sogenannten „Sabbatjahr" findet, welches sozusagen der ganzen Schöpfung die Möglichkeit der „Erholung" bietet. Alle 7 mal 7 Jahre müssen die Schulden erlassen werden. Jeder kann wieder ganz von vorne anfangen. Dies zeigt, dass alles in der Welt sich immer wieder von neuem von Gott als Geschenk erfährt. Weil Gott nach sechs Arbeitstagen eine Pause gemacht und geruht hat, deshalb soll auch in Israel am „siebten Tag" jegliches Produzieren unterbrochen werden. Allen Lebewesen, die in diesen Arbeitsprozess eingespannt sind, soll diese Anordnung zugute kommen. In Bezug auf den Menschen begründet das Ausruhenkönnen damit auch die Würde der menschlichen Schaffenskraft. „Werken" ohne Pause ist Fron, ist Sklaverei in Ägypten; dies gilt auch für fromme Werke. Das „Loslassen" der Schöpfung im Sinne einer kontemplativen Pause unterstreicht die grundlegende Ausrichtung des Menschen auf Gott.

Ein kleiner Hinweis, den das zweite Chronikbuch gibt, kann dies veranschaulichen: „Das Land bekam seine Sabbate ersetzt, es lag brach während der ganzen Zeit der Verwüstung, bis siebzig Jahre voll waren." (2 Chr 36,21) Dieser unscheinbare Satz enthält eine theologische Kurzbegründung des Babylonischen Exils: Sowohl während der Verbannung als auch danach machten sich die Israeliten Gedanken, warum Gott seinem Volk, ja auch sich selbst so etwas antun konnte. Dass er sogar auf sein Land, auf seinen Tempel, auf seine Verehrung verzichtete. Das Buch Chronik ist der Auffassung, dass alle Erklärungsversuche mit den von den Propheten angekündigten Sündenstrafen nicht befriedigen können. Der Grund für eine solche Strafe, mit der Gott gleichsam sich selber straft, muss noch viel tiefer liegen, muss mit dem Wesen Gottes selbst zusammenhängen. Das heißt nichts anderes als dass sich der Mensch der Ruhe Gottes, der Muße von ihm her, des Lebens im „Empfang" verweigert hat und so in die Knechtschaft des Machens und der Unfreiheit geraten ist. Der alte Spruch, nach dem Geben seliger ist als Nehmen, ist in der Sicht heutiger Sozialwissenschaft und Theologie fragwürdig. Martin Buber hat ihn auf seine Weise mit einer kleinen chassidischen Geschichte widerlegt: „Rabbi Jizak sprach: Die Losung des Lebens ist: ‚Gib und nimm'. Jeder Mensch soll ein Spender und ein Empfänger sein. Wer nicht beides in einem ist, der ist ein unfruchtbarer Baum."[110]

4 Ein problematisches Kirchenlied?

a „zu ruhig und zu wenig aktiv"
Eine nicht nur am Zweck-Denken orientierte Sicht des Ausruhens findet sich in dem bekannten Kirchenliedtext „O Jesu, all mein Leben bist du".[111] Dieses Lied wurde nicht in das neue „Katholische Gesangbuch" für die deutschsprachige Schweiz (1998) aufgenommen. In einem Gespräch sagte mir ein Mitglied der damaligen Kommission, dass man es als sehr problematisch empfunden habe, weil es „zu ruhig und zu wenig aktiv sei". Wie aus der Geschichte dieses Kirchenlieds hervorgeht, handelt es sich um einen sehr lyrischen Text, der von einer großen Stille und Ausgewogenheit geprägt ist.

> O Jesu, all mein Leben bist du,
> ohne dich nur Tod.
> Meine Freude bist du, ohne dich nur Leid.
> Meine Ruhe bist du, ohne dich nur Streit, o Jesu.

Der Liedtext, ursprünglich aus dem Schulgesangbuch von Fulda aus dem Jahr 1883, entsprang der spätpietistischen Mystik. Die ausschließlich gebrauchte Ich-Form der Sprechweise lässt den Text als Ausdruck subjektiver Frömmigkeit erscheinen. Beachtet man jedoch die von der Bibel gespeisten Formulierungen wie überhaupt die auf einfache Gefühlsäußerungen verzichtende, sich im rein Begrifflichen bewegende Diktion des Liedes, so kann man darin ein gutes Stück objektive, kirchlich geprägte Frömmigkeit erkennen. Es fällt auf, dass der Text es nicht mit der Verheißung des Lebens in Christus bewenden lässt, sondern dieses Leben noch näher beschreibt, indem er Freude und Ruhe als zwei positive Qualitätsmerkmale dieses Lebens nennt. Die Bibel kennt sowohl die eschatologische „Ruhe" der Erlösten wie das Ausruhen von körperlicher Anstrengung. In jedem Fall handelt dieses kleine Lied vom Leben. Es spricht nicht vom Leben allgemein, sondern vom alltäglichen Leben, von meinem Leben. Es spricht nicht von einem Teil des

Lebens – vom ewigen oder vom irdischen Leben –, es sagt: „all mein Leben"! Es sieht also das Leben als Ganzes, und setzt dieses ganze Leben mit Jesus, mit Gott in eins. Im Liedtext spricht der Beter von „all seinem Leben". Das bedeutet, er steht als Christ mit seinem Leben auch ganz in seiner Zeit, und sein Lied ist ein Ausdruck eben dieser, seiner Zeit. Wenn es, wie im erwähnten kleinen Vierzeiler von Nelly Sachs gesagt wird, darauf ankommt, „Augenblicks – Schöpfungsgeschichte" zu schreiben, also den jeweiligen Augenblick mit seinen vielfältigen Bedingungsfaktoren im Licht des Glaubens zu sehen, zu deuten, zu bewerten, zu erschließen, dann braucht es Zeit, und zwar viel Zeit.

Viele Seelsorgerinnen und Seelsorger erleben heute den Umgang mit dieser Zeit als problematisch, weil sie im Vergleich mit Gottesdiensten, mit der Wahrnehmung von Verwaltungsaufgaben keine so offiziell nachprüfbare und kontrollierbare Zeit ist. In jüngerer Zeit wurde wiederholt der Ruf nach einer „Wiederentdeckung der Langsamkeit" laut. Diese Forderung würde für die Lebenskultur unserer christlichen Gemeinden bedeuten, dass es um mehr Qualität in unserer Seelsorge gehen muss. Dass es nicht immer vieler Umstände bedarf, dass es ruhig etwas weniger sein kann, und dass man sich darauf beschränkt, nur dieses wenige zu finden, es aufzufinden – darauf kommt es an.

b Zu Atem kommen

Zu nichts anderem will der biblische „siebte Tag" ermutigen. In ihm findet sich der im christlichen Sonntag vollendete Sabbat. Er spricht nicht nur von der Vollendung der Schöpfung, sondern auch von der göttlichen, schöpferischen Gutheißung der ganzen Welt. Es ist der siebte Tag, an dem das unerhörte Wort gesprochen wird, alle Dinge seien „sehr gut". Eine radikalere, noch tiefer an die Wurzel gehende Begründung der seinshaften Gutheit alles Wirklichen kann man sich überhaupt nicht ausdenken als die, dass Gott selber, indem er die Dinge ins Sein ruft, ausnahmslos alle von ihnen bejaht und liebt. Im Buch Genesis heißt es, dass Gott unmittelbar vor dem siebten Schöpfungstag alles ansah, was er gemacht hatte (Gen 1,31). In diesem Moment des Angesehenwerdens durch Gott gründet das Leben. Gott hat die Welt in sechs Tagen erschaffen, am siebten Tag aber ruht er: Dies besagt, dass Gott den Rhythmus von Arbeit und Ruhe in seine Schöpfung hineingelegt hat. Letzter Sinn seiner Schöpfung waren nicht die Arbeit und der Kampf ums Leben bzw. Überleben, sondern die Möglichkeit, „zu Atem zu kommen" und zu atmen. Dabei sollten alle Lebewesen im Lebenshaus der Schöpfung aufatmen können. Nicht nur der Mensch.

Spiritualität stellt in dieser Sicht eine Schöpfung dar, die gar nicht „erarbeitet" werden kann. Die Schöpfungserzählungen der verschiedenen Kulturen wollen zeigen, dass die Welt zum Kult, zur Anbetung und zur Ehre Gottes erschaffen ist. Die Einheit der Kulturen in dieser grundlegenden Frage des menschlichen Lebens ist etwas sehr Kostbares. Man kann dabei von einer ursprünglichen Weisheit der Menschheit sprechen. Dementsprechend darf man den Satz des hl. Benedikt verstehen: „Dem Gottesdienst darf nichts anderes vorgezogen werden" (Benediktusregel, Kap. 43,3). In der Konstitution „Sacrosanctum Concilium" drückt das Zweite Vatikanische Konzil den Sinn der Liturgie sowie den Sinn des ganzen Sonntags aus, wenn es von der Verherrlichung Gottes und der Heiligung des Menschen spricht (vgl. SC 7). Der Sonntag weist auf die Berufung des Menschen hin, Gott die Ehre zu geben. Setzte auch der christliche Sonntag zunächst ganz woanders an als der Sabbat, so war doch die wöchentliche Versammlung der Christen von Anfang an ihr inneres wie äußeres Erkennungszeichen. Selbstverständlich war der Sonntag kein öffentlicher Feiertag. Er war ein Werktag wie jeder andere auch. So dachte die Kirche im 4. und 5. Jahrhundert auch nicht daran, die gewonnene Freiheit und Unterstützung durch den Staat dazu zu nützen, um von ihm eine Verordnung der Arbeitsruhe zu verlangen. Man wünschte lediglich eine günstigere und würdigere Zeit für den Gottesdienst und wählte die „dritte

Stunde", also 9 Uhr; durch Synodalbestimmungen schrieb man diese Zeit auch für die Sonntagsmesse vor. Die Kirchenväter warnen geradezu davor, jüdische Auffassungen vom Sabbat als einem Tag der Arbeitsruhe auf den Sonntag zu übertragen. So lobt z. B. Hieronymus während seines Aufenthaltes in Bethlehem Nonnen in seiner Nähe, die nach dem sonntäglichen Gottesdienst für sich und andere Kleider nähten. Augustinus will das 3. Gebot des Dekalogs vollends im übertragenen Sinn verstanden wissen: Der Christ soll nach dem Sabbat des Herzens streben. Er soll so leben, dass er die ewige Sabbatruhe in Gott findet. Noch in der Regel des hl. Benedikt heißt es: Am Sonntag sollen alle, die keine Arbeit haben, eine Lesung halten. Wer nicht lesen kann, dem soll eine Arbeit aufgetragen werden. Erst vom Hochmittelalter an gibt es das sonntägliche Doppelgebot von Messbesuch und Arbeitsruhe.[112]

Die christliche Sonntagsruhe wendet sich gegen das verbreitete Herstellungshandeln der Neuzeit, indem sie ihm jenes Ausdruckshandeln entgegensetzt, welches die Arbeitszeit selber von innen her durch die Erfahrung verwandelt, dass mitten in der Geschichte das Alte vergangen und etwas Neues geworden ist (1 Kor 5,17). Vor der neuen Schöpfung in Christus wird die bloße Arbeitswelt zur alten Schöpfung. Auf die praktische Verwandlung dieser Nur-Arbeitswelt in eine neue Welt zielt der Rhythmus des Sonntags und des liturgischen Jahres. Was den christlichen Sonntag und den jüdischen Sabbat verbindet, ist der kulturelle sowie soziale Sinn einer freien Zeit für den Menschen und eines verantwortungsbewussten Umgangs mit der Schöpfung. Dies lässt sich wohl am eindrucksvollsten am Beispiel des bereits erwähnten vierten Kapitels der Regel des Mönchsvaters Benedikt darlegen, welches mit „Instrumente der guten Werke" überschrieben ist. Zum Schluss der Aufzählung weist Benedikt noch auf das Instrument hin: „Alle Menschen ehren." Mit Blick auf die Schöpfung in heutiger theologischer Sicht möchte man die Aufforderung Benedikts noch ausweiten zu „Alle Geschöpfe und alles Geschaffene ehren." Bemerkenswert ist auch, dass entsprechend der Einleitung des Liebesgebots alle vorhergehenden Instrumente am Ende im folgenden zusammengefasst werden: „Und an Gottes Barmherzigkeit nie verzweifeln.“[113]

Der wöchentliche freie Tag will Menschen *und* Tiere vor Ausbeutung schützen: „Alles, was atmet, lobe den Herrn!“ Er setzt der Eigendynamik des wirtschaftlichen Wachstums eine Grenze. Außerdem ermöglicht ein gemeinsamer, von allen am gleichen Tag eingehaltener Ruhetag den Aufbau der Gemeinschaft. Erst wenn alle die gleichen „Feste“, d. h. wörtlich die „festgelegten“ Tage, einhalten, werden Begegnung und Verbundenheit der Menschen möglich. Nur so entsteht eine gemeinsame Kultur, und erst dann kann das gemeinsame Lob des Schöpfergottes Menschen in einer Religion verbinden. Das Gebot eines wöchentlichen freien Tages in der Bibel ist ein Aufruf zum Maßhalten sowie zur Ehrfurcht vor der Würde und dem unersetzbaren Eigenwert eines jeden Geschöpfs. Es bejaht die eigenen Rhythmen aufgrund der eigenen Geschöpflichkeit und Körperlichkeit, verweist aber auch auf die Notwendigkeit vereinbarter Rhythmen in einer Gesellschaft. Der kulturelle und soziale Sinn des Sonntags, der heute in unserer Gesellschaft immer mehr infragegestellt wird, wurzelt geschichtlich gesehen in der Auseinandersetzung Israels mit den Schöpfungsmythen, die es damals in allen umliegenden Kulturen gab, und die Israel zwangen, im Exil über sie nachzudenken. Auf diese Weise hat Israel zu einem vertieften Verständnis von Gott als Schöpfer und von der Schöpfung durchgefunden.

Anschaulich lässt sich dies in einem Vergleich des Schöpfungsberichts in Gen 1 mit einem anderen Schöpfungstext im Alten Testament belegen: „Israel aber wird vom Herrn gerettet, wird für immer gerettet. Über euch komme keine Schande und Schmach mehr für immer und ewig. Denn so spricht der Herr, der den Himmel erschuf, er ist der Gott, der die Erde geformt und gemacht hat – er ist es, der sie erhält, er hat sie nicht als Wüste geschaffen, er hat sie zum Wohnen gemacht: Ich bin der Herr, und sonst niemand. Ich habe nicht im Verborgenen geredet, irgendwo in einem finsteren Land. Ich habe nicht zum Geschlecht Jakobs gesagt: Sucht mich im leeren Raum! Ich bin der Herr, der die Wahrheit spricht und der verkündet, was recht ist." (Jes 45,17–19) In Vers 7 desselben Kapitels wird aber auch gesagt: „Ich erschaffe das Licht und das Dunkel, ich bewirke das Heil und erschaffe das Unheil. Ich bin der Herr, der das alles vollbringt." Damit schreibt der Verfasser dieses Textes Gott auch die Erschaffung der Finsternis und des Unheils zu, was in der sogenannten Priesterschrift offenkundig revidiert worden ist. Der theologisch sonst überaus tiefe Text aus dem zweiten Teil des Buches Jesaja hebt über die bloße Erschaffung der Welt durch Gott auch dessen Entschlossenheit zur Erhaltung ihrer Beständigkeit hervor. Nach diesem Text ist die Schöpfung das Ergebnis einer unwiderruflichen Entscheidung und Verpflichtung Gottes. Der Gott der Schöpfung erweist sich als ebenso treu wie der des Bundes. Sein Wort ist deshalb ebenso beständig wie seine Schöpfung.[114]

Justin der Märtyrer begründet im 2. Jahrhundert n. Chr. den christlichen Sonntag nicht nur heilsgeschichtlich, sondern auch schöpfungstheologisch: „Am Sonntag aber halten wir alle gemeinsam die Zusammenkunft, weil er der erste Tag ist, an welchem Gott durch Umwandlung der Finsternis und des Urstoffes die Welt schuf und weil Jesus Christus, unser Erlöser, an diesem Tage von den Toten auferstanden ist."[115] Das Schöpfungsgedächtnis wird also als ein wesentlicher Grund für die christliche Sonntagsfeier genannt. Papst Johannes Paul II. hat in seinem Apostolischen Schreiben „Dies Domini" über „die Heiligung des Sonntags" ebenfalls die schöpfungstheologische Dimension zum Ausgangspunkt genommen. In der heilsgeschichtlichen Begründung des dritten Gebotes sieht der Papst zwar den inneren Grund für die Wahl des Auferstehungstages als des christlichen Urfeiertags. Doch ist die schöpfungstheologische Dimension damit keineswegs überholt, sondern vom Sabbat auf den Sonntag übergegangen, der als der „achte Tag" die symbolische Vorwegnahme der endzeitlichen Ruhe Gottes darstellt.

Es ist weiterhin legitim, in Anlehnung an Justin auch das Schöpfungsgedächtnis an der symbolischen Bedeutung des Sonntags als des ersten Tages der Woche festzumachen. Nicht nur vom siebten Tag und damit vom Ende her, sondern auch vom Anfang kann die Schöpfungstat Gottes in den Blick genommen werden.

In den ersten drei Jahrhunderten des Christentums hat man wohl unmittelbar erlebt: Wer sich zum Gottesdienst versammelt, der gehört zur Gemeinde, will weiter zu ihr gehören und als Christ leben. Durch die Teilnahme am Herrenmahl bekennt er sich als Christ; er kann nicht Christ sein ohne Eucharistiefeier. Gewiss waren die Verhältnisse nicht überall ideal. Aus der Überzeugung heraus, dass die sonntägliche Eucharistiefeier wesentlich zum Christsein gehört, bestimmte deshalb die Synode von Elvira im Jahre 305: „Wenn einer in einer Stadt wohnt und an drei Sonntagen nicht zur Kirche gekommen ist, dann soll er auf kurze Zeit ausgeschlossen werden, damit er als Zurechtgewiesener erscheine."[116] Dieser Kanon wurde von vielen anderen späteren Synoden wiederholt und erhielt im Mittelalter allgemeine Geltung als Rechtsvorschrift. Der Gottesdienst war die wichtigste Veranstaltung des Sonntags. Doch es war nicht allein die Eucharistiefeier, die den Tag auszeichnete: Sie fand ihre Fortsetzung im anschließenden Mahl, in einem bunten Markttreiben und fröhlichem Beisammensein. Ein Sonntag war ein Tag der Freude, und zwar nicht nur im Sinne von „laetitia" (jenseitig), sondern genauso von „gaudium" (irdisch). Fasten war verboten, das Tragen besserer Kleider empfohlen oder vorgeschrieben.

Bis ins Mittelalter ist die Feier des Sonntags nicht eine Pflicht des einzelnen, sondern Sache der Gemeinde als solcher. Daher feiert man auch in jeder Gemeinde nur einen Gottesdienst. Es gibt nur eine einzige „Gemeindeversammlung", an der alle teilnehmen. Eine ungarische Synodalbestimmung im Jahr 1092 besagt, dass von Bauernhöfen, die sehr weit entfernt lagen, nur eine Person stellvertretend für die Übrigen anwesend sein musste. Sie vertrat gleichsam den ganzen Hof, das ganze „Haus". Auch wenn sich mehrere

Wie Gott berührt

Priester in einer Gemeinde aufhielten, durfte stets nur ein Gottesdienst gehalten werden. Wollten die übrigen Priester dennoch eine
eigene Messe feiern, war diese für die Gläubigen nicht zugänglich.
Diese waren verpflichtet, die Sonntagsmesse in ihrer eigenen Gemeinde mitzufeiern. Eine Bestimmung der Synode von Nantes
(1127) verlangte sogar, dass der Pfarrer am Beginn der Messe zu fragen hatte, ob jemand aus einer anderen Pfarrei zugegen sei. Wenn
ja, musste er den Betreffenden zum Verlassen der Kirche auffordern.

Mit dem Auftreten der Seelsorgsorden (seit dem 13. Jahrhundert) bauten die Orden immer größere Kirchen und erwirkten sich
Privilegien, dort auch Sonntagsmessen abhalten zu dürfen. Die Pfarrer waren damit nicht einverstanden, und viele Synoden protestier-
ten gegen das Vorgehen der Klöster, etwa 1279 die Synode von Bu-
dapest und 1349 die Synode von Prag. Dennoch gelang es den Orden
immer wieder, durch päpstliche Privilegien Sonderregelungen zu erreichen. In der Bulle „Intelleximus" aus dem Jahre 1517 bestimmte
schließlich Leo X., dass die Gläubigen nicht mehr verpflichtet waren,
die Sonntagsmesse in ihrer Pfarrkirche mitzufeiern, sondern dass sie
dies auch in einer Kirche der Mendikanten tun können.

Damit war eine weitreichende Entscheidung gefallen. Nicht
mehr die Gemeinde als solche muss sich versammeln, sondern der
einzelne Gläubige sollte an einer Eucharistiefeier teilnehmen. Eine
„Privatisierung" der Kirche und ihrer Sakramente begann und
schritt immer weiter fort. Jedoch wurden von jetzt an auch in der
Seelsorge mehr neue Werte in den Vordergrund gestellt: die Werte
des persönlichen Vollzugs, das Ernstnehmen des Einzelnen.[117]

c   „… eine gewisse Freudlosigkeit"
Zum Wichtigsten in der Seelsorge gehört die Spur der Freude. Freu-
de will sich mitteilen. Nach dem Lukasevangelium hüpfte das Kind
im Leib der schwangeren Elisabeth vor Freude im Augenblick der
Begegnung mit Maria: „… als ich deinen Gruß hörte, hüpfte das
Kind vor Freude in meinem Leib." (Lk 1,44) Sie ist der menschliche

Boden, die Furche, in die Gott seine Freude gießt. Und diese Freude sollte man im Gesicht sowie im Verhalten der Seelsorgerinnen und Seelsorger erkennen. Von Franz von Assisi und seinen Gefährten wird die folgende Geschichte erzählt: „Eines Tages schlug er einem jungen Mönch vor, gemeinsam in die Stadt zu gehen und den Leuten zu predigen. Also machten sie sich auf den Weg nach Assisi, wo sie durch die Straßen und über den Marktplatz gingen. Dabei unterhielten sie sich über geistliche Erfahrungen und Erkenntnisse. Als sie wieder auf dem Weg nach Hause waren, rief der junge Mönch erschrocken aus: ‚Wir haben ja vergessen, den Leuten zu predigen!' Franz von Assisi aber entgegnete lächelnd: ‚Wir haben die ganze Zeit nichts anderes getan. Wir wurden beobachtet und Teile unseres Gesprächs wurden mitgehört. Unsere Gesichter und unser Verhalten wurden gesehen. So haben wir gepredigt.' Dann fügte er hinzu: ‚Merke dir, es hat keinen Sinn zu gehen, um zu predigen, wenn wir nicht beim Gehen predigen.'"

Im Zusammenhang mit der Verdächtigung der Ruhe kommt Nietzsche in seiner „Fröhlichen Wissenschaft" auf eine zweite Verdächtigung zu sprechen: die der Freude. Und ich denke, dass beide durchaus in einem originären Zusammenhang stehen: „O über diese Genügsamkeit der Freude bei unseren Gebildeten … Der Intellect ist bei den Allermeisten eine schwerfällige, finstere und knarrende Maschine, welche übel in Gang zu bringen ist: sie nennen es ‚die Sache ernst nehmen', wenn sie mit dieser Maschine arbeiten und gut denken wollen – oh wie lästig muss ihnen das Gut-Denken sein! Der Mensch verliert offenbar jedesmal, wie es scheint die gute Laune, wenn sie gut denkt; sie wird ‚ernst'! Und, wo Lachen und Fröhlichkeit ist, da taugt das Denken nichts': so lautet das Vorurtheil gegen alle ‚fröhliche Wissenschaft'. Wohlan! Zeigen wir, dass es ein Vorurtheil ist!" Nach den Worten Jesu soll unsere Freude in Verbundenheit mit seiner Freude vollkommen werden (Joh 15,11; 17,13).

Die Freude fällt nicht vom Himmel, sondern wächst stets an einem ganz konkreten Lebensbaum. Es lohnt sich, den eigenen Lebenslauf einmal unter diesem Blickwinkel anzuschauen, wo er vom Erleben und Empfinden tiefer, heller Freude geprägt ist. Solche Augenblicke sollte man nicht in Vergessenheit geraten und in der Zerstreuung untergehen lassen. Man kann über diese Lebensmomente wie über Punkte eine Linie ziehen und sich davon eine Richtung weisen lassen, in der man weitersuchen und weitergehen sollte, um immer mehr den roten Faden seines Lebens zu finden. Eine mittelalterliche Miniatur zeigt die „Anima", die ausgesetzt auf den Bergen des Herzens hockt und weint. Über die therapeutische Kraft der Trauer in der Seelsorge wurde bereits gesprochen. Jedoch sollte darüber nicht die befreiende Kraft des Lachens vergessen werden, wie Milan Kundera bekennt: „Aber es wird Zeit, dass ich schließe. Ich bin dabei zu vergessen, dass Gott lacht, wenn er mich denken sieht."[118]

Der Pastoraltheologe Josef Sellmaier zeichnet in seinem 1939 erschienenen Buch „Der Priester in der Welt" ein Bild vom Seelsorger in der ersten Hälfte des vorigen Jahrhunderts. Es ist 1939 erschienen. Aus der Auflage von zehn- bis zwölftausend kann man schließen, dass es bei den Seelsorgern in jener Zeit eine breite Beachtung erfahren haben muss. Auf einer Skihütte in den bayerischen Alpen führen ein Sportlehrer, ein Priester und ein angehender Theologe ein Gespräch. Ihre Themen sind Sport, Gesundheit, Heiligkeit. Sie treffen sich auf einer Skihütte in den Bayerischen Alpen. Nachdem der Priester über seine Müdigkeit in den Knochen von der Bergwanderung klagt, wendet der Sportlehrer ein: „Sie haben eben zu wenig Übung ... ja, ich weiß sogar, dass man es in meiner Heimat einem Geistlichen übelnahm, wenn er schwimmen ging. Da ist es nicht zu verwundern, wenn man den Geistlichen schon von ferne an seiner vernachlässigten Haltung, an seinem nichttrainierten Körper, an einem gewissen Gang erkennt, wenn so viele, von einer zu einseitigen Beanspruchung verbraucht, sich vor der Zeit die Nerven ruinieren. Sollte es nicht mit der Vernachlässigung einer vernünftigen Betätigung der leiblichen Bewegungskräfte zusammenhängen, wenn manche Theologen zur Melancholie neigen, wenn man bei manchen Geistlichen eine merkwürdige dumpfe Stimmung der Unlust, einen Mangel an Initiative zu spüren glaubt? Und eigentlich wird von ihnen doch eine unerhörte Beherrschung des Körpers, ein letztes Geformtsein der Haltung verlangt, wenn sie als Liturge würdig am Altare stehen sollten." Darauf antwortet ihm der Priester: „Wenn die Welt wüsste, nicht nur wie lange, sondern auch wie schwer unser Arbeitstag ist, wie müde wir jeden Abend sind, wie kurz unsere Schlafenszeit ist. Wie viele fremde Lasten uns fast täglich aufgebürdet werden, welche Kräfte die Sorge um die Seelen fordert. Ihr habt den Sonntag, der eure Werktage leichter und erträglicher macht, aber gerade der Sonntag verlangt doppelte Kraft von uns und der Montag ist kein Ruhetag. Selbst wenn ich die Zeit fände, so brauchte ich eine übergroße Energie, um den übermüdeten Körper zu sportlicher Betätigung aufzuraffen. Allein bringt man es kaum fertig. Leichter geht es, wenn man sich mit Freunden zusammentut. Freilich man muss es doch wirklich tun. Ich war neulich erst wieder ganz erschrocken, als mir jemand sagte, man merke uns nicht nur so oft die Müdigkeit, sondern sogar eine gewisse Freudlosigkeit an. Wenn das so ist, diese lässt sich auch durch Sport nicht überwinden. Da fehlt es an Tieferem, da steckt eine tiefere Not." Nun schaltet sich der Theologe ins Gespräch ein: „Wäre diese Freudlosigkeit notwendig mit dem geistlichen Berufe verbunden, dann könnte ich nicht Priester werden. Und wenn mir solche Priester begegnen, so bange ich etwas: Wirst du vielleicht auch etwa so werden? Aber nun glaube ich, selbst wenn diese Gefahr in besonderer Weise mit dem geistlichen Beruf gegeben wäre, so kann und muss sie doch überwunden werden. Ich habe einmal gelesen, dass der hl. Thomas von Aquin als ein Mittel gegen die Traurigkeit das Baden empfohlen hat." Der Sportlehrer gibt nicht nach und besteht weiter darauf, dass Erholung für den Priester etwas Wichtiges ist. Dabei verweist er auf den besonderen Wert des Wanderns, bei dem man mit der Natur in ein engeres Verhältnis tritt und mit den Menschen in natürliche Berührung kommt, dass das Auge geöffnet wird für das Schöne in Kunst, Kultur und Natur. Er erzählt von zwei jungen Kaplänen, welche die ganze Donau bis Wien im Faltboot gefahren seien und voll des Lobes über diesen Sport gewesen seien. An dieser Stelle fällt ihm jedoch der Theologe ins Wort: „Aber unser Bischof verpflichtet uns, nie den schwarzen Rock abzulegen." Darauf erwidert ihm der Sportlehrer: „Diese Verordnung stammt gewiss aus dem vorigen Jahrhundert, wo man auch Verbote gegen das Radfahren erlassen hatte". Der Theologe: „Leider nicht, sie ist ziemlich neuen Datums. Aber eine Nachbardiözese hat auf ihrer Synode wenigstens für das Radfahren den kurzen Rock erlaubt." Schließlich fasst der Priester das ganze Gespräch zusammen und stellt fest: „Der Priester soll als solcher ohne Scheu sich zu erkennen geben. Aber was sich schickte für den Kardinal des römischen Hofes oder den Abbé des 18. Jahrhunderts, mag heute nicht mehr möglich sein. Jede Zeit muss sich ihre Formen selber suchen und gestalten, selber Formen schaffen, die dem Zeitempfinden entsprechen und nicht widersprechen."[119]

„Da fehlt es an Tieferem, da steckt eine tiefere Not", bemerkt der Priester angesichts einzelner Verhaltensauffälligkeiten, die sich bei Seelsorgern zeigen.[120] Ohne dass dabei zu einer ausdrücklichen Therapie geraten werden muss, gibt es für Seelsorgerinnen und Seelsorger übrigens durchaus eine Möglichkeit der Selbsthilfe, indem man einmal mehr auf die eigene Sprache achtgibt oder sie zusammen mit anderen, die einem wohlgesonnen sind, im Gespräch einer kritschen Überprüfung unterzieht. In der von ihm begründeten Rational-Emotiven Therapie geht der amerikanische Psychologe Albert Ellis davon aus, dass die Kognition in unserem Leben eine große Rolle spielt. Seine zugrundeliegende These lautet: Die Kognition „internalisiert" sich insbesondere in „Sätzen". Also muss man über eine Änderung der „Sätze" eine Veränderung des emotionalen Erlebnismusters bewirken können. Der Psychologe René F. W. Diekstra erzählt ein Beispiel aus seiner Praxis, das nicht nur für die Praxis der seelsorglichen Begleitung hilfreich sein kann; es kann auch dazu anregen, einmal mehr die eigene Sprache zu betrachten. Was für einen Grundtenor hat meine Sprache im Allgemeinen? Was für einen Grundtenor hat sie im Besonderen während meiner seelsorglichen Tätigkeit? Ist dieser Grundton eher positiv oder eher negativ?

„Als ich einem meiner Patienten einmal erklärte, was rationales Denken sei und wie es ihm eventuell helfen würde, sagte er: ‚Ach, wenn ich es nur glauben könnte, dass mir das helfen würde.' Ich reagierte unmittelbar folgendermaßen. ‚Moment mal, wiederholen Sie eben, was Sie da gerade gesagt haben.' Er tat es, und ich fragte ihn: ‚Sagen Sie mal, der Gedanke ‚wenn ich es nur glauben könnte, dass mir das helfen würde', ist das ein deprimierender Gedanke oder ein aufmunternder?' Er antwortete: ‚Ein deprimierender natürlich.' ‚Also, was fingen Sie gerade an, als Sie das sagten, was haben Sie mit dem Gedanken gemacht? Ja, genau, sich selbst deprimiert.' Worauf er mit den Worten reagierte: ‚Ja, Ihnen fällt es leicht zu sagen, verändern Sie eben ihre Gedanken und Sie sind ihre Depression los.' ‚Was machen Sie jetzt wieder, wenn Sie sagen ‚Ihnen fällt es leicht zu sagen' und eigentlich meinen, dass es entsetzlich schwierig ist, die Depression loszuwerden, deprimieren Sie sich selber oder nicht?' Er lachte süßsauer und antwortete: ‚Ja, das sehe ich, dass ich es mir wieder schwerer mache, natürlich. Sie sagen also, dass das meine eigene Schuld ist, dass ich depressiv bin?' Wiederum entgegnete ich: ‚Was machen Sie wieder, wenn Sie sagen, es ist also gänzlich meine Schuld?' Nun lachte er offener, erkennend, und sagte: ‚Verdammt, ja. Das mach' ich eigentlich ständig.'"[121]

5 „Er hat den Segen, die Stille"

a Du selbst bist dieser Brunnen

In seiner sogenannten „Brunnenvision" sah sich der hl. Bruder
Klaus, während er in seiner Zelle betete, plötzlich auf einem Dorf-
platz stehen. Dort waren viele Leute, die mit großer Anstrengung
ihre Arbeit verrichteten. Es fiel ihm auf, dass diese Menschen ganz
erschöpft wirkten. Am Ende des Platzes stand in einem Brunnenhaus ein Brunnen, aus dem Honig, Wein und Öl sprudelten.
Doch niemand ging dorthin, um sich zu stärken. Da trat Bruder
Klaus in das Haus an die dreifach strömende Quelle heran und
stärkte sich. Als er wieder ins Freie hinaustrat, sah er, wie den Menschen, die sich immer noch abmühten, sogar noch ein Wächter den
Zugang durch eine Schranke versperrte, die er nur gegen eine hohe
Bezahlung öffnen wollte. Also trat kaum einer zum Brunnen hin.
Auf einmal fand sich der Heilige wieder in seiner Zelle, doch er
hörte eben noch eine Stimme, die zu ihm sagte: „Du selbst bist dieser Brunnen."

Brunnen beziehen ihr Wasser aus einer unsichtbaren Quelle;
der Brunnen ist ein Symbol für das Geheimnis Gottes, aus dem alles
Leben von unten, tief aus dem Erdboden quillt. Honig, Wein und
Öl sind Sinnbilder für den Geschmack am Leben, für eine Festlichkeit des Daseins, die alle Alltäglichkeit übersteigt und Heilung der
vielfältigen Verwundungen des Lebens schenkt. Der Brunnen spru-
delt. Aber was hält die Menschen davon ab, zu kommen und zu
trinken? Warum finden sie den Weg nicht? Und dürfen Menschen
der Güte Gottes Grenzen setzen, wenn jene, wie die sogenannten
„Überbietungswunder" in den Evangelien zeigen, nicht begrenzt
und nicht bedingt ist? Darf der Zugang ins Brunnenhaus, zur Quelle, erschwert, ja sogar versperrt werden? Nachdem Bruder Klaus
sich am Brunnen gestärkt hatte, sagte eine Stimme zu ihm: „Du
selbst bist dieser Brunnen." Wirken Seelsorgerinnen und Seelsorger
heute nicht auch erschöpft wie die Menschen auf dem Brunnen-

platz? Seelsorge gebietet, dass man sich vom „Geschäft" der Arbeit immer wieder zurückzieht, um sich am Brunnen, in der Stille und Abgeschiedenheit zu stärken, um von der dreifach strömenden Quelle Honig, Öl und Wein zu kosten.

Menschen brauchen Ruhe, Muße und Erholung, um zu sich selbst zu kommen. Sowohl der Zwang von Personen und Systemen als auch der selbst auferlegte Zwang, ununterbrochen etwas tun zu müssen – und seien es auch „fromme" Werke –, sind unter seiner Würde. Die Botschaft für die Seelsorge ist so banal wie schonungslos nüchtern: Ja, es muss gearbeitet werden. Aber muss in der Seelsorge geschuftet werden? Nein, es muss anders gearbeitet werden, und es *darf* seelsorgliche Arbeit theologisch neu gesehen werden – als schöpferische, kreative Tätigkeit, mit Verstand und Phantasie. Henri J. M. Nouwen hat in seinem Tagebuch „Ich hörte auf die Stille. Sieben Monate im Trappistenkloster" treffend auf diese Schwierigkeit angespielt. Er erzählt von einem geistlichen Lehrer, der in seinem Vortrag den folgenden Vergleich anstellte: Wenn jemand ganz begeistert von den bunten Glasfenstern ist, die Marc Chagall für die Synagoge der Universitätsklinik (Hadassah-Klink) in Jerusalem geschaffen hat, dann besteht die einzige Möglichkeit, seine Freunde von ihrer Schönheit zu überzeugen, darin, diese in die Synagoge hineinzuführen. Dieser Vergleich, schreibt Nouwen, habe ihn sehr beeindruckt und ihm geholfen, seine Aufgabe als theologischer Lehrer neu zu sehen: Ich muss die herrlichen Fenster nicht selbst schaffen; vielmehr soll ich in meinen Vorlesungen die Studierenden in die Synagoge hineinführen, wo sie die herrlichen Farben bestaunen können, wenn das Sonnenlicht hindurch scheint.[122]

Nach dem ersten Schöpfungsbericht hat Gott die Welt in *sieben* Tagen erschaffen. Bekanntlich widmet die chassidische Tradition der theologischen Bedeutung der einzelnen Begriffe, Buchstaben und Zahlen in heiligen Texten besondere Aufmerksamkeit. So spricht das Buch Deuteronomium zum Beispiel von einem Land „mit Weizen und Gerste, mit Weinstock, Feigenbaum und Granatbaum, mit Ölbaum und Honig", einem Land, „in dem du nicht armselig dein Brot essen musst, in dem es dir an nichts fehlt, … wenn du dort isst und satt wirst und den Herrn, deinen Gott, für das prächtige Land, das er dir gegeben hat, preist, dann nimm dich in acht und vergiss den Herrn, deinen Gott, nicht …" (Dtn 8,8ff.). Kommentare zu unserer Erzählung von der „Speisung der Vielen" bringen diese ausdrücklich in Verbindung mit dem erwähnten Text. An sechster Stelle dieser Aufzählung steht der Ölbaum, und so auch selbstredend mit dessen Frucht, die Olive, und deren Produkt, das Öl, von dem Bruder Klaus in seiner Brunnenvision spricht.

Der sechste Tag in der Woche ist der Freitag, der Tag des Leidens und Sterbens Jesu. Und so lässt sich nach dem bereits erwähnten Grundsatz im Zusammenhang des Hörens auf die „ganze" Schrift durchaus eine geistliche Verbindungslinie zwischen dem Alten und dem Neuen Testament ziehen. Im südlichen Europa und im vorderen Orient ist der Ölbaum sozusagen der Baum aller Bäume. Man sagt von ihm: „Er hat den Segen, die Stille."[123] Der Sonntag, der erste Tag, ist nach dieser Aufzählung im Buch Deuteronomium mit dem Weizen verbunden. Dieser besitzt unter den „Früchten der Erde" einen ganz besonderen Rang. Gott erschafft das Leben aus dem Erdboden bzw. er lässt es aus dem Erdboden wachsen. Am Ende verschiedener Phasen der Bearbeitung des Weizens durch den Menschen (im Gebet zur Gabenbereitung in der Eucharistiefeier wird das Brot ausdrücklich als „Frucht der Erde und der menschlichen Arbeit" bezeichnet) erscheint am Ende das Brot; es ist ein alter religiöser Brauch im Judentum, beim Segensgebet über das Brot die folgende Bitte zu sprechen: „Er bringe das Brot aus der Erde hervor." So sagt es also etwas aus, dass Betlehem im Hebräischen bedeutet: „Haus des Brotes". Wo Jesus geboren wird, da wächst Brot. Schöpfung und Erlösung ergänzen und durchdringen sich in der Eucharistie. So wie dem Weizen kommt auch den anderen Früchten dieser Aufzählung in der chassidischen Tradition eine besondere Bedeutung zu.

b Wo das Schweigen endet

Öl birgt eine aufschlussreiche Symbolik in sich. Es strömt zusammen mit Honig und Wein aus der nie versiegenden Quelle in der Vision vom Brunnenhaus auf dem Marktplatz. In der hebräischen Sprache leiten sich das Wort für Öl und das Wort der Zahl acht aus den Worten „schemen" bzw. „schmona" ab, welche dieselbe Wortwurzel haben: schmn. So existiert in der Schrift ein Zusammenhang zwischen dem „achten Tag" bzw. dem „Jüngsten Tag" und dem „Öl".[124] Der „achte Tag" braucht das Öl für die Salbung; dieses Salben bezieht sich auf den *ganzen* Körper. Öl gegen den Hunger, mit Öl werden Speisen zubereitet. Im mediterranen Raum ist das Öl seit je her ein elementares und unverzichtbares Lebensmittel. Gemeinsam mit dem Weizen sieht man in ihm eine besondere Gabe Gottes. Mit Öl beruhigt der Mensch seine Wunden und pflegt seine Haut. Wie Dante in seiner „Göttlichen Komödie" feststellt, umfasst das Jüngste Gericht keineswegs nur die geistige Seite des Menschen, sondern ebenso die körperliche. Dass der Mensch am „achten Tag" am ganzen Körper gesalbt werden soll, bedeutet, dass alles an ihm und in ihm offenbar werden wird. Alles, was bis dahin unmöglich und unglaublich war, erscheint jetzt, mit den Worten Dantes ausgedrückt, „im reinen Licht Gottes". All unsere Sehnsüchte, Träume und Wünsche, all unsere Phantasien, alles wird vom Messias, dem „Gesalbten" (griechisch „Christos") geheilt und erlöst. Wenn heute Bischöfe und Priester bei ihrer Weihe mit Öl gesalbt werden, dann soll darin die lebensspendende Verbindung mit dem göttlichen Ursprung veranschaulicht werden. So wie in Gen 2,7 Gott dem Menschen seinen Lebensatem eingehaucht und ihm dadurch Anteil an seiner Phantasie gegeben hat. Übrigens feiert der Schöpfungsbericht nicht die Erschaffung des Menschen, sondern den Sabbat als Höhepunkt und Abschluss des Schöpfungswerks – das Sechstagewerk ist vor dem Hintergrund der hebräischen, auf den Sabbat zulaufenden Woche zu sehen. In der Ruhe, in der Unterbrechung des Schaffens kommen die Schöpfung sowie der Mensch zu sich selbst und zur Vollendung. Dadurch, dass

Wie Gott berührt

sich die biblische Schöpfung in einem zeitlich genau festgelegten Rahmen ereignet, hebt sie sich ab von den mythologischen Darstellungen der vorderorientalischen Umwelt.

Vor einigen Jahren hatte ich einen pastoraltheologischen Fortbildungstag für die Mitglieder einer Ordensprovinz zu halten. Im Programm waren zwei Vorträge am Vormittag und ein Vortrag mit anschließender Diskussion am Nachmittag vorgesehen. Nach dem Mittagessen sagte der Provinzial zu mir, dass die Teilnehmer am Schluss gerne noch Eucharistie feiern würden, und fragte, ob ich bereit wäre, den Vorsitz zu übernehmen. Natürlich sagte ich zu. Während mir die Vorträge keine Mühe bereiteten – sie waren bis ins Detail vorbereitet – fiel es mir unmittelbar vor dem Gottesdienst schwer, einen geeigneten Gedanken für ein geistliches Eröffnungswort zu finden, das in den Bußakt der Eucharistie überleiten konnte. Mit dem Messgewand bekleidet stand ich in der Sakristei und sah unruhig auf die alte dunkelbraune Holzstanduhr. Buchstäblich in letzter Minute erinnerte ich mich, dass ich zwei Wochen zuvor mit Freunden ein jüdisches Gotteshaus besucht und wie mich dort die Inschrift auf dem Vorhang des Toraschreins beeindruckt hatte: „Wisse, vor wem du stehst!" Ich hatte keine Zeit mehr zu überlegen, ob dieser Gedanke wirklich passend sei oder nicht – ich hatte einfach keinen anderen und leitete also mit diesem Wort die Messe ein. Als ich mich nach dem Gottesdienst zu meinem Auto begab und mich zur Heimfahrt anschickte, sah ich noch einen Pater auf meinen Wagen zukommen, der freundlich winkte und signalisierte, dass er mir noch etwas sagen wollte. Er erzählte, dass er vor einem Jahr von seinen Oberen eine Sabbatzeit bekommen habe, um über seine Berufung und seinen Beruf nachzudenken. Nun sei er fünfzig Jahre alt und arbeite seit zwanzig Jahren als Leiter eines Behindertenzentrums. Dann erkärte er: „Die Gedanken in Ihren Vorträgen haben mich angesprochen. Aber was mich am meisten berührt hat, ist der letzte Gedanke bei der Eröffnung der Messe gewesen: ‚Wisse, vor wem du stehst.' Es war genau das Wort, das ich seit einem Jahr gesucht habe."

IV Sprechen

„Und er lehrte sie lange" (Mk 6,34)

Während alle Evangeliumserzählungen von der „Speisung der Vielen" das Erbarmen Jesu betonen, wird letzteres im Markusevangelium sehr stark auf seine Lehre, auf sein Sprechen ausgerichtet. Jesus soll hier als der „neue Mose" präsentiert werden, als der eschatologische Prophet, in dem Gottes Hirtensorge für Israel präsent wird. Jesus erscheint als der endzeitliche Hirt, der die Schafe auf „grüne Weide" (Ps 23,2) zu führen vermag. Die „Schafe" versinnbildlichen Israel. Dass Jesus das Volk lehrt, will sagen, dass die Lehrer Israels versagt haben, und dass der Hirte als Lehrer gekommen ist, der durch seine Lehre auf die Pfade der Gerechtigkeit führt. Durch das Speisungswunder wird Jesus als der wahre Lehrer, der wahre Hirte, der eschatologische Prophet bestätigt. Damit fügt sich das Hirtenbild ganz in das Speisungswunder ein, weil Hirtensorge vorzüglich Nahrungssorge ist. Das Lebensmittel auf diesem Pfad wird im Brot der Lehre gesehen. Auch die Stichworte „Essen" (Mk 6,31.36.37.42.44; 7,2.3.4.5.28; 8,1.2.8) und „Sattwerden" (Mk 6,42; 7,27; 8,4.8) weisen in dieselbe Richtung.

Matthäusevangelium erweist sich Jesu Souveränität vor allem darin, dass er seine Macht ganz konkret gegenüber Krankheiten und Hunger zeigt. Die Situation, in die er hinein spricht, ist eine konkrete materielle Mangelsituation. Gegenüber dem Ausgang vom äußeren Mangel bei Matthäus knüpft Markus bei der inneren, geistigen und geistlichen Mangelsituation der Menschen an. Jesus wird als der eschatologische Prophet und Hirte gezeigt, der sein Volk mit dem Brot seiner Lehre speist. Anstelle der Heilung der Kranken bei Matthäus 14,14 geht es Markus an dieser Stelle um die Belehrung der Volksscharen (Mk 6,34). Die markinische Verkündigungsdevise lässt sich in dem Satz zusammenfassen, dass der

Mensch eben nicht nur vom Brot (allein) lebt. Brot und Fisch sind „das fassbar und schmeckbar gewordene Wort des Erbarmens" und nicht nur soziale Hilfe.

1 Sprechen und Handeln

a Die gewaltige Wahrheit: „Du lebst"

Der ehemalige Salzburger Dogmatiker Gottfried Bachl erzählt: „Vor einiger Zeit musste ich während einer Pflichtveranstaltung eine geistliche Ansprache hören. Da ich mich gegen den Schlaf zu wehren hatte, beschloss ich, die Sätze zu unterscheiden und zu zählen. Wie viele Ist-Sätze, wie viele Soll-Sätze, wie viele Frage-Sätze brachte der Redner? Das Zuhören wurde dadurch recht unterhaltsam, und das Ergebnis gab mir zu denken. Die Rede dauerte etwa fünfzehn Minuten. Floskeln, Füllworte, überflüssige Ziersequenzen abgerechnet, gab es 43 direkte oder indirekte Soll- und Befehlssätze, fünf rhetorische, also nicht wirkliche Frage-Sätze, und gar keinen Ist-Satz. Auf dem Heimweg überfiel mich die Möglichkeit, ich könnte auch so untersucht werden. Ich kam ins Räsonieren mit mir selber. Wie redest du öffentlich zu anderen? Was käme bei dir heraus? Eben hast du den Konjunktiv verwendet, einen Satz der Möglichkeit, der Bedingung. Den hast du bei deiner Zählung gar nicht in Erwägung gezogen: wäre, hätte, könnte, möchte, wollte … Warum kommt es zu diesem Primat der Imperative? Warum strotzt die Sprache bei Leuten, die ihre Demut nicht verheimlichen, von Befehlen? Was macht die moralischen Kommandos so beliebt, sicher bei denen, die gerade am Reden sind, vielleicht auch bei den Zuhörern? Warum wählt sich das Wort Gott, wenn es ertönen soll, so oft die befehlende Satzform? Ich versuchte mir eine Antwort zu geben. Du weißt, sagte ich, von dir selbst, wie gern dein Wille auf andere eindringt, nicht mehr hörend, nur noch bestimmend. *Dein* Wille *ist*, der andere *soll*. Befehle sind Einbahnsätze. Es ist dir nicht unbekannt, dass deine Wissbegier nur zu bald aufgibt, wenn sie auf das Harte stößt, das nur *ist*, aber dir keine Bestätigung, keinen Sinn, kein Glück liefert. Wie oft hat die Ratlosigkeit anderer Menschen, die sich an dich wandten, deine Unfähigkeit geoffenbart, ihnen gangbare Wege zu zeigen. Du siehst nicht, was *ist*, daher konntest du ihnen nur Befehle verordnen, durch die sie kopfloser wurden, als sie schon waren. Merkst du, was die Herrschaft der Imperative bewirkt? Ständig heißt es ,lebe *so* und *so*', selten sagt einer die gewaltige Wahrheit ,*du lebst.*' Im grellen Licht der überall errichteten Gebote verdämmert das Leben, wird gespenstisch, das Getöse der absoluten Forderung vernichtet den Willen, etwas zu tun. Die Rede, die nur anschafft, aber nichts zeigt, verpufft. Du wirst aufatmen, wenn Jesus vor dich tritt und sagt: ,*Ich bin das Licht der Welt.*' Er nennt sich nicht Befehl, und in seinem Namen darfst du die Dinge wie die Menschen erst lange benennen, ehe du ihnen befiehlst."[125]

Die Verwiesenheit des Menschen über sich hinaus im Spiegel von Wort und Sprache zeigt sich darin, dass es den Missbrauch der Sprache durch den Menschen gibt. Beim Militär ist der Imperativ die gängige Kommunikationsform; dort spricht man auch bezeichnenderweise von der Division. Dagegen nennt die Bibel das, was der horchenden Erfahrung des Menschen entspringt, nicht „Division" sondern „Vision". Die biblische Vision wurzelt in einer Audition. Zu Hören ist uns Menschen so selbstverständlich, dass wir es gar nicht bemerken, wenn wir hören. Wir Menschen hören also nicht nur, wenn wir etwas sehen, sondern wir sind ringsum horchende Wesen; wir sitzen sozusagen zwischen unseren Ohren. Nach unserer Evangeliumserzählung von der „Speisung der Vielen" sind Hören, Sehen und Schweigen die Voraussetzungen für ein indikativisches Sprechen in der Seelsorge. Laut Duden bezeichnet der Indikativ die Sprechweise der Wirklichkeitsform. Mit der Übernahme dieses Begriffes in den theologischen Bereich bezeichnet er dementsprechend die im Glauben aussagbare Wirklichkeit Gottes im Leben der Menschen.[126]

Wie Gott berührt

Wie bereits festgestellt, beginnt die Speisungserzählung im Matthäusevangelium mit der lapidaren Feststellung: „Als Jesus all das hörte ..." (Mt 14,13). Markus und Lukas setzen dagegen die Zuhörbereitschaft Jesu voraus, als sie von den berichtenden Aposteln (Mk 6,30; Lk 9,10) vor Beginn der Wundertat Jesu sprechen, und das Johannesevangelium vermerkt ausdrücklich: „Als Jesus aufblickte und sah, dass so viele Menschen zu ihm kamen ..." (Joh 6,5). Der Blick auf Jesus in den Evangelien zeigt, dass er sich in seiner Seelsorge vornehmlich von der Situation suchender, bedrängter, benachteiligter und leidender Menschen bestimmen und leiten lässt. Die Fähigkeit zu sprechen steht in einem inneren Zusammenhang mit der Fähigkeit zu hören. Beide entwickeln sich in bestimmten Lebenssituationen, in denen einmal die Erfahrung gemacht worden ist, dass Gott anwesend, da ist. Daher bewähren sich beide Vermögen auch besonders in kritischen Lebenssituationen anderer Menschen als die Fähigkeit, aufzumuntern und aufzurichten.[127] Deshalb darf Seelsorge bei der Ermutigung ansetzen und muss nicht zuerst fordern.

b Nicht zuerst fordern

Im Markusevangelium spricht Jesus am Anfang seines Wirkens: „Die Zeit ist erfüllt, das Reich Gottes ist nahe. Kehrt um und glaubt an das Evangelium!" (Mk 1,15) Damit ist klar zum Ausdruck gebracht: Das Evangelium Jesu fordert den Menschen. Es geht um Umkehr und Glaube. Aber zuerst sagt Jesus den Menschen, was Gott für sie tut. Sein Reich ist der Inbegriff des Heils. Und dieses Reich ist nahe. In Jesus. In seiner Person. Er ist bereits getauft und der Geist ist schon auf ihn herabgekommen. Gott ist in ihm schon ganz da. Er spricht nicht unter Vorbehalt. Er spricht nicht nur von einer Möglichkeit, sondern von der Wirklichkeit. Deshalb gilt also: „Die Zeit ist erfüllt ..." Sehen wir uns das zentrale Wort Jesu vom Reich Gottes bei Matthäus genauer an, so stellen wir fest, dass es hier in den großen seelsorglichen Gesamtzusammenhang von der „falschen und der rechten Sorge" (Mt 6,19–34) eingebettet ist. Jesus erweist sich bei seiner Predigt zunächst einmal als ein Mensch mit großer Phantasie. Er geht vom konkreten Leben seiner Zuhörerinnen und Zuhörer aus und versucht, dieses im Licht der Schrift gleichnishaft zu deuten. Erst zum Schluss, in Mt 6,34, kommt er auf das Reich Gottes zu sprechen: „Sorgt euch also nicht …! Suchet vielmehr zuerst das Reich Gottes und seine Gerechtigkeit; alles andere wird euch dazugegeben." Seine Predigt über das Reich Gottes beginnt also nicht mit einer Forderung, sondern mit einem Wort der Entlastung und Ermutigung – vor der Aufforderung „Sucht vielmehr …" steht „Sorgt euch also nicht …". Der Appell „Sucht vielmehr das Reich Gottes" ist eingerahmt von einer Verheißung: „Euer himmlischer Vater weiß, dass ihr das alles braucht", und „dann wird euch alles andere dazugegeben."

In diesem Zusammenhang lohnt sich ein Blick in die evangelische Predigtliteratur der 60er Jahre. Diese ist mit einigen Namen verbunden, die im katholischen Seelsorgebereich im Allgemeinen nicht sehr bekannt sind. Sie haben sich vor allem mit dem Gefühl, mit der Notwendigkeit beschäftigt, andere in der Predigt berühren zu können. Im Folgenden beziehe ich mich auf drei Autoren: Otto Haendler (Die Predigt. Tiefenpsychologische Grundlagen und Grundfragen, Berlin 1960), Eckhard Altmann (Die Predigt als Kontaktgeschehen, Stuttgart 1963) und Ernst Lerle (Arbeiten mit Gedankenimpulsen, Berlin 1965).

Otto Haendler hat versucht, die analytische Psychologie von Carl G. Jung für die Predigtlehre zu rezipieren. In eine andere Fragerichtung bewegt sich Eckhard Altmann. Er versteht die Predigt als Kontaktgeschehen und betont vor allem das soziale Feld, in dem sich die Predigt ereignet. Er untersucht den Bezugsrahmen und die Rolle des Predigers. Zwar bezieht er sich dabei auf Otto Haendlers Arbeit, weitet sie aber aus auf das Soziale. Eine große Verbreitung hat schließlich das Buch von Ernst Lerle in seiner Zeit gefunden. Lerle arbeitet empirisch. Er schickte an ca. 140 Prediger etwa 1230 Gedankenimpulse, entnommen aus der damaligen Predigtlehreliteratur, und wertete die zurückgeschickten Antworten einzeln aus. Zugleich wurde der Wortlaut der gehaltenen Predigt am gleichen Sonntag auch mit Höreraussagen verglichen, die man durch sorgfältige Explorationsgespräche gewann. Danach folgte die endgültige Auswertung des Materials.

Der Arbeit Lerles lag folgendes Forschungsanliegen zugrunde:
1. Welche Gedankenimpulse werden von Predigern wie verwendet?
2. Welche Teile einer Predigt werden beim Hörer am besten bzw. wie behalten?

Bei der Auswertung ergaben sich sog. Zentrierungskerne. Es waren dies der Inhalt, die Gliederung, das Gefühl sowie die Forderungen.

Als aufschlussreich erweist sich nun die Wirkung der Predigt in Bezug auf diese Zentrierungskerne: Langfristig und kurzfristig. Was wird vordergründig aufgenommen? Was hat eine längere Wirkung? Hier das Ergebnis der Untersuchung von Ernst Lerle:

Kurzfristig	Langfristig
Forderungen 34 %	Gefühl 35 %
Gliederung 27 %	Begriffl. Inhalt 26 %
Begriffl. Inhalt 23 %	Forderungen 26 %
Gefühl 16 %	Gliederung 0 %

Gemäß dieser Gegenüberstellung erweist sich das emotionale Feld als die langfristigste und nachhaltigste Faktorengruppe. Von den Bestandteilen des begrifflichen Inhalts bilden einzig die prägnanten Gestalten dauerhafte Zentrierungskerne. Forderungen dagegen werden der Studie zufolge kurzfristig besser als langfristig behalten.

Dieses Ergebnis kann zusätzlich Mut machen, eine Predigt nicht mehr ausschließlich unter dem Gesichtspunkt des gedanklichen Inhalts aufzubauen: Die emotionale Komponente soll bzw. darf gleichzeitig berücksichtigt werden. Nicht nur der Gedankenablauf, sondern genauso die Art und Weise, wie ich meinen Inhalt vortrage, ist wichtig. Von daher ist es also eine Vorbedingung für den Prediger, sich auch Einsicht in emotionale Abläufe der Predigt anzueignen. Es geht folglich um die Persönlichkeit des Predigers als Ausdrucksmittel des zu interpretierenden Textes; die Persönlichkeit der Seelsorgerin und des Seelsorgers hat selbst Anteil an der Aussage des Textes. Ich bin selbst ein wichtiges Element meiner Predigtbotschaft, ich bin selbst ein wichtiger Baustein meiner Seelsorge. Das zentrale Handlungsmuster Jesu war Erbarmen, das sich in Vergebung und Ermutigung ausdrückte. Er predigte einen Gott, der „Hoffnung und Zukunft" (Jer 29,11) schenkt. Wie das aussieht, konnte man an Jesus selbst mit eigenen Augen sehen und in seiner Nachfolge in die Tat umsetzen, mitten im Alltag des Lebens – im kritischen Gegenüber zu allen, die sich in jener Zeit als Sachwalter Gottes und seiner Pläne verstanden.

Der Glaube, dass man alles „erarbeiten" könne, verdrängt den Glauben an das Nicht-Machbare, welches im religiösen Leben und in der Seelsorge jedoch gerade das Entscheidende ist. Die Frucht lässt sich nicht machen. Damit sie wachsen kann, braucht es einen Boden, der nicht verkrampft, sondern locker, der nicht trocken oder gar ausgetrocknet ist. Einen Boden, der tief genug ist. Oder, um es mit Simone Weil zu sagen: Es braucht eine innere Leere, in die sich vielleicht Gott einschleichen möchte. Verglichen mit unserer aktivistischen Seelsorge muss einem Jesus wie ein Tagedieb vorkommen, der sich viele Wochen Zeit zum Beten genommen hat, der Zeit für Gespräche mit Einzelnen „vergeudete", sich einladen ließ und mit den Menschen Feste feierte. An ihm ist nichts Totalitäres im Sinne des Alles-Haben- und des Alles-Erreichen-Müssens festzustellen. In seinem bereits erwähnten Roman „Der Mann ohne Eigenschaften" weist Robert Musil darauf hin, dass das industrialisierte Bewusstsein nur noch wenige Wochen im Jahr die Möglichkeit habe, sich von den Denkzwängen des Alltags zu befreien. Musil bezeichnet dies als „Ferialstimmung", die lange Zeit des großen Sommerurlaubs, in der Gedanken herrschsüchtig und raumgreifend werden, die bisher, zwischen Konferenz und Termin, zurückgedrängt blieben und sich nun, zwischen Liegestuhl und Strandgang, heranschleichen. Unbedarfte Floskeln des Alltags gewinnen plötzlich weitere Dimensionen, Geschmacksfragen werden zu Grundsatzfragen.[128] Aus dem bekannten theologischen Grundsatz, dass Gott mit seiner Gnade dem Tun des Menschen zuvorkommt, kann jene zunächst scheinbar passive Haltung erwachsen, die einfach die Hände ausstreckt und auf die Gnade wartet. Als wenn jemand Gott eine Schale hinhält und darauf vertraut, dass er sie füllt und sie zu den anderen hin überfließen lassen kann.

c *„Mit der Autorität der Feuerzunge"*

Angesichts der anwesenden Menschenmenge sagt Jesus zu den Jüngern: „Gebt ihr ihnen zu essen!" Er ermutigt die Jünger, die hungernden Menschen nicht wegzuschicken, sondern ihren Hunger zu stillen. Welche Worte machen Menschen satt? Hierbei spielen nicht nur die sachlichen Aspekte der Worte eine Rolle, sondern auch ihre emotionalen Aspekte. Es geht um die Einbeziehung der Emotionalität des Seelsorgers und der Seelsorgerin in das pastorale Geschehen, um eine Sprache, die nicht kalt ist, sondern wärmt. Henri J. M. Nouwen hat einmal geäußert, viele Zeitgenossinnen und Zeitgenossen seien heute ausgebrannt, weil sie ständig die Tür ihres Ofens geöffnet hätten. Wer ausgebrannt sei, könne zwar durchaus kluge Worte sprechen. Doch sie klängen wie aus einem leeren Kanister. Peter Handke äußert in seinen Aufzeichnungen „Die Geschichte des Bleistifts" den Wunsch nach einer anderen Sprache, die mit der Autorität von Feuerzungen spricht: „Wenn die Prediger doch Sprache hätten (Sprache: Autorität). Ich will die andere Sprache! Erst durch das Leiden an der Form gewinnt die Seele Geist. Dieser gibt jener die Autorität: Die Feuerzunge."[129]

In seinem Roman „Wunschloses Unglück" setzt sich Handke mit dem Wirklichkeitsverlust der kirchlich-religiösen Sprache auseinander. Er verweist darauf, dass deren Gesetze, Riten und Formeln dem Einzelnen nicht zu einer authentischen Sprache verholfen haben. Wörtlich schreibt er: „Es gab nichts von einem selber zu erzählen; auch in der Kirche bei der Osterbeichte, wo wenigstens einmal im Jahr etwas von einem selbst zu Wort kommen konnte, wurden nur die Stichworte aus dem Katechismus hingemurmelt, in denen das Ich einem wahrhaftig fremder als ein Stück vom Mond erschien. Das persönliche Schicksal, wenn es sich überhaupt jemals als etwas Eigenes entwickelt hatte, wurde bis auf Traumreste entpersönlicht und ausgezehrt in den Riten der Religion, des Brauchtums und der guten Sitten, so dass von den Individuen kaum etwas übrig blieb; ‚Individuum‘ war auch nur bekannt als Schimpfwort … Die Fragen waren alle zu Floskeln geworden, und die Antworten darauf waren so stereotyp, dass man dazu keine Menschen mehr brauchte, Gegenstände genügten." Zum Begräbnis seiner verstorbenen Mutter bemerkt er: „Das Begräbnisritual entpersönlichte sie endgültig und erleichterte alle. Im dichten Schneetreiben gingen wir hinter den sterblichen Überresten her. In den religiösen Formeln brauchte nur ihr Name eingesetzt zu werden. ‚Unsere Mitschwester …‘"[130]

Handke bezieht sich immer wieder bewusst auf die religiöse Sprache, so etwa, wenn er vom Besuch einer Kirche schreibt: „In der Kirche nahm ich die Sonnenbrille und den Strohhut ab. Es war später Nachmittag, der Rosenkranz wurde gerade gebetet … Die Religion war mir seit langem zuwider, und trotzdem spürte ich auf einmal eine Sehnsucht, mich auf etwas beziehen zu können." In seinem „Kurzen Brief zum langen Abschied" hält er fest: „Es war unerträglich, einzeln und mit sich allein zu sein. Es musste eine Beziehung zu jemand anderem geben, die nicht nur persönlich, zufällig und einmalig war, in der man nicht durch eine immer wieder erpresste und erlogene Liebe zueinander gehörte, sondern durch einen notwendigen unpersönlichen Zusammenhang."[131]

Die Schriften Peter Handkes zeichnen sich durch das Bemühen um eine alltagsbezogene Weltfrömmigkeit jenseits des kirchlich verfassten Gottesglaubens aus. Er versucht, die biblisch-religiösen Sprachformen wieder zu verlebendigen und auf eine „andere" Dimension hin aufzubrechen. Sehr deutlich wird dies in seiner „Kindergeschichte" sichtbar, wo er schreibt: „Dem Umgang mit dem Kind verdankt der Erwachsene es jedenfalls, dass ihm die viel geschmähten großen Wörter von Tag zu Tag fasslicher wurden; man konnte sich mit ihnen nicht versteigen, sondern sie führten zu immer neuen Hochflächen." Nach Handke hat es der Erwachsene auch dem Kind zu verdanken, dass ihm zuweilen „jene Wörter über die Lippen kommen, welche man bisher im Kino als Pathos überhört und in den alten Schriften als ungebräuchlich überlesen hatte, und die sich jetzt als die Wirklichsten der Welt zeigten. Das Kind liefert den Erwachsenen das Wahrheitsmaß für ein Leben, wie es sein sollte."[132] In der „Geschichte des Bleistifts" bekennt er: „Die *Form* des Kindes bestimmt noch viel zu wenig mein tägliches Denken."

Eine wärmende Sprache öffnet Menschen, eine kalte Sprache führt dazu, dass sie sich verschließen. Ein eindrucksvolles Beispiel hierfür hat Lukas in seiner Erzählung vom Pfingstereignis in der Apostelgeschichte überliefert: Viele Menschen strömten zusammen, um sich an der glühenden Sprache der ersten vorgetragenen Predigt in der Geschichte der Kirche zu wärmen. Am Ende der Bischofssynode 1974 in Rom zum Thema „Evangelisierung in der Welt von heute" hat Papst Paul VI. allen Teilnehmern beim Abschied eine Sonderausgabe der Apostelgeschichte übergeben. Vielleicht wollte er damit sagen, dass jener kirchliche Lagebericht bis heute aktuell ist und dass derselbe Heilige Geist auch heute noch seine Kirche leitet. Gewiss könnte man für jedes Jahrhundert eine Art Apostelgeschichte schreiben, und die „Apostelgeschichte des 20. Jahrhunderts" wäre jener des ersten Jahrhunderts vermutlich am ähnlichsten.[133]

„Ermutigung" ist zweifellos ein Grundmotiv in der Heiligen Schrift. Man könnte sogar von einer sogenannten „Ermutigungsbibliothek" sprechen. Die Bezeichnung „Bibliothek" will sagen, dass es sich um eine immer wieder fortgeschriebene und überarbeitete Sammlung religiöser Literatur aus verschiedenen Epochen handelt. Wir finden darin oft unterschiedliche und gegensätzliche Gottesvorstellungen, und diese im Zusammenhang mit verschieden akzentuierten menschlichen Erfahrungen und Horizonten. Sie alle beleuchten gleichsam kaleidoskopartig das Verhältnis Gottes zum Menschen unter verschiedenen Blickwinkeln. Und das, wie soeben festgestellt, stets unter dem Aspekt der Ermutigung des Menschen. So wird zum Beispiel von Anfang an klar, wer der durchgängig Handelnde der biblischen Botschaft ist und wem sie am Ende der Zeit gilt. Gott allein schafft den Menschen und dessen Lebensraum, er setzt die Bedingungen für gelingendes Leben, er begleitet den Menschen auf seinem Lebensweg mit allen Höhen und Tiefen. Während mit dem Buch Genesis die Schöpfertätigkeit Gottes an den Anfang der biblischen Botschaft gestellt ist, endet das letzte Buch der Bibel, die Geheime Offenbarung, vor dem obligatorischen Gruß mit dem Ruf nach der baldigen Wiederkunft Christi. Im Spannungsbogen zwischen dem Einblick in das Werden der Dinge und dem Ausblick auf ihre Vollendung ist die biblische Geschichte Gottes mit dem Menschen als Heilsgeschichte entworfen. Sie weist das Unheil – sei es vom Menschen verursacht oder nicht – in seine Grenzen und überwindet es.[134]

2 „Ich werde, wenn ich mit dir spreche"
(Jean P. Sartre)

Neben dem Wort „Gott" als zentralem Wort ist nach dem Buch Genesis auch „sprechen" ein zweites zentrales Wort der christlichen Botschaft. Gott „spricht" bedeutet: Das Wort will gesprochen werden. Das gesprochene Wort will gehört werden. Die wahre und ganze Gestalt des Wortes ist jedoch nicht der Monolog, sondern der Dialog, das Gespräch als Wort und Antwort. Wenn es zum Wesen Gottes gehört, dass er spricht (Sprache), dann heißt dies nichts anderes als dass sein Sein im Kern ein Mitsein ist, ein Mitsein mit andern. Gleiches gilt in abgewandelter Form auch für den Menschen. Die Tatsache, dass er sprechen kann, weist darauf hin, das er nicht als Einzelner existenzfähig ist, sondern nur im Miteinander, in der Gemeinschaft von Ich, Du und Wir. Dies kommt prägnant und ein wenig provozierend in dem Satz von Jean Paul Sartre zum Ausdruck: „Ich werde, wenn ich mit dir spreche.“[135] Darin ist gesagt, dass das „Mitsein“ zugleich auch ein Werde-sein ist. Stimmt man diesem Satz zu, so muss man damit nicht den Existentialismus im Sinne Sartres übernehmen, der das Werde-sein absolut und exklusiv setzt und jede Weise des Gegebenen, vorgegebenen Seins des Menschen, seines Wesens, seiner Natur leugnet. Sein und Werden schließen sich nicht aus. Sie sind aufeinander bezogen, und eben dies bestimmt den Menschen, was sich im Wort und in der Sprache zeigt. Wort und Sprache offenbaren, dass der Mensch ein Wesen ist, welches über sich und seine Welt hinaus weist und zugleich darauf verwiesen ist. Über Jahrhunderte hinweg wurde Psalm 95 täglich als Invitatorium des Stundengebets gesprochen. In Vers 7 heißt es: „Ach, würdet ihr doch heute auf seine Stimme hören.“ Von dieser Stimme – dem Wort Gottes – heißt es bei Jesaja: „Denn wie der Regen und der Schnee vom Himmel fällt und nicht dorthin zurückkehrt, sondern die Erde tränkt und sie zum Keimen und Sprossen bringt, wie er dem Sämann Samen gibt und Brot zum Essen, so ist es auch mit dem Wort, das meinen Mund verlässt: Es kehrt nicht leer zu mir zurück, sondern bewirkt, was ich will, und erreicht all das, wozu ich es ausgesandt habe.“ (Jes 55,10–11) Alle diese Texte gehen davon aus – so wie das Buch Genesis auch –, dass Gott spricht.

a   Gott scheidet – „Krisis“

„Im Anfang schuf Gott Himmel und Erde, die Erde aber war wüst und wirr. Finsternis lag über der Urflut, und Gottes Geist schwebte über dem Wasser.“ (Gen 1,1–2) Unmittelbar nach der Beschreibung des Urzustandes folgt die Erwähnung des Geistes („ruach“) Gottes.

Im gesamten Schöpfungsbericht ist es etwa so, als wenn sich der Vorhang vor einer Bühne hebt, auf der sich gleich eine Geschichte abspielen wird. Einen Hinweis für diese Sicht liefert das Wort, mit dem die Rolle des Geistes Gottes hier beschrieben wird. Es wird gesagt, er „schwebte" über dem Wasser. Jedenfalls greift er im folgenden Aufmarsch der Geschöpfe in keiner Weise ein, denn er ist dazu ausersehen, sich auf ein bestimmtes Volk niederzulassen, nämlich auf Israel. Eine einzige weitere Stelle, an der dieselbe Wortwurzel in der gleichen intensiven Form verwendet wird, ist jene, die beschreibt, wie Gott sein Volk führt: „wie der Adler, der … über seinen Jungen schwebt … Der Herr allein hat Jakob geleitet, kein fremder Gott stand ihm zur Seite." (Dtn 32,11–12) An den biblischen Texten ist abzulesen, wie die göttliche Schöpferkraft wirkt. Es ist zunächst die Kraft der Scheidung, die im Begriff „krisis" ihren entsprechenden Ausdruck findet.

Gottes erstes Werk ist die Scheidung zwischen Licht und Finsternis am ersten Tag. In Gen 1,16 werden die verschiedenen „Beleuchtungskörper" (Sonne, Mond, Sterne) mit der Benennung ihrer jeweiligen Funktion erwähnt, jedoch ohne Namensgebung. Die heutige Forschung erkennt darin deutlich einen Versuch, sich von der (göttlichen) Verehrung der Gestirne in jener Zeit zu distanzieren.[136] Das Volk Israel hat seinen Schöpfungsglauben gefunden und näher entwickelt im Gegenüber zu seiner heidnischen Umgebung im Exil. Dies bringt es mit sich, dass uns die Schöpfungserzählung in der Bibel nicht in einem einzigen Bericht begegnet. In der Begegnung mit dem Griechentum wird in der Weisheitsliteratur das Thema „Schöpfung" neu aufgenommen – mit einer großen inneren Freiheit, was die Verwendung der Bilder betrifft. Man denke beispielsweise an die bereits weiter vorne angesprochene Rede von den „sieben Tagen". Um die Bedeutung der Schöpfungserzählungen richtig zu verstehen scheint mir diese Tatsache sehr wichtig. Ganz selbstverständlich stoßen wir immer wieder auf eine große innere Freizügigkeit in der Verwendung von Bildern und Ausdrücken. Was sich jedoch durch alle Beschreibungen hindurchzieht, ist die zentrale Botschaft, dass Gott der Schöpfer der Welt ist. Dabei ist die Erschaffung der Welt durch Gott in der Bibel selbst kein Glaubenssatz: In den Bekenntnisformulierungen der hebräischen Bibel (so in Dtn 26,5–9) sucht man die Schöpfung und den Glauben an einen Schöpfer umsonst. Zur Zeit der Entstehung der Bibel brauchte es auch keinen solchen Glaubenssatz, weil der Glaube an Gott als Weltenschöpfer völlig alternativlos war. Die Protagonisten des Alten Testaments brauchten nicht zu glauben, dass Gott die Welt erschaffen hat, weil dies eine Voraussetzung ihres Denkens war; eine Voraussetzung, die sie mit der ganzen Welt des Alten Orients teilten.[137]

Das Thema Schöpfung wird in der Bibel auch viel breiter entfaltet, als dass es sich auf die beiden ersten Kapitel des Buches Genesis reduzieren ließe. Die Weisheitsliteratur ist gleichsam das Scharnier, das unser Thema vom Alten Testament her mit dem Neuen Testament verbindet. Sie ist die Brücke eines langen Weges, der direkt in jenen Schöpfungsbericht hineinführt, wie Johannes ihn uns überliefert: „Im Anfang war das Wort, und das Wort war bei Gott, und das Wort war Gott … Alles ist durch das Wort geworden, und ohne das Wort wurde nichts, was geworden ist." (Joh 1,1–3) Johannes hat ganz bewusst die Worte vom Anfang des ersten Schöpfungsberichts aufgegriffen und sie vor dem christologischen Hintergrund „wieder"-gelesen. Es ist nicht ohne Bedeutung, dass nach allem, was wir wissen, die Erzählung von der Schaffung des Kosmos erst in der Zeit der Babylonischen Gefangenschaft aufgezeichnet wurde – also über den Trümmern einer verlassenen und zerstörten Heimat. Im Jahr 587 v. Chr. erobert Nebukadnezar Jerusalem. Die Oberschicht der Stadt wird wiederholt verschleppt – bis König Kyrus von Persien schließlich Babel erobert und die Israeliten heimkehren können. Das Volk Gottes sah sich in seiner bisher tiefsten „krisis". Im babylonischen Exil musste es mit der Erfahrung fertig werden, dass alles nichts gewesen ist. Alles, was man geglaubt und gehofft und zu bauen versucht hatte, war nichts vor dem Hintergrund dieser Erfahrung. Es war eine Erfahrung von materieller, physischer sowie glaubensmäßiger Vernichtung und Sinnlosigkeit. Genau in dieser Situation schreibt das Volk Israel die Schöpfungsgeschichte. Der erste Schöpfungsbericht ist als Antimythos gegenüber dem babylonischen Weltschöpfungsepos Gilgamesch konzipiert. Worum es in der Bibel geht, ist in ihren ersten Worten zusammengefasst: „Im Anfang schuf Gott Himmel und Erde, die Erde aber war wüst und wirr" (Gen 1,1). Im späteren theologischen Denken ist bekanntlich von der Schöpfung aus dem Nichts, der „creatio ex nihilo", gesprochen worden. Jedoch meint die Bibel etwas viel Differenzierteres als es diese abstrakte Formulierung auszudrücken vermag, das gleichzeitig zu einer nicht unerheblichen Akzentverschiebung führt: Nicht die Schöpfung *aus* dem Nichts, sondern die Schöpfung *gegen* das Nichts soll in erster Linie zum Ausdruck kommen.

Darum geht es, wenn es im Text weiter heißt: „Die Erde war wüst und wirr, und Gott sprach: Es werde Licht." Dies ist die entscheidende göttliche Schöpfungstat gegen das Nichts und gegen die Vernichtung. Es geht um Kosmos aus dem Chaos, um Ordnung in der Unordnung. Im Exil ist alles wüst und wirr gewesen. Alles war nichts. Und in diese Situation hinein schafft Gott das Licht. In der Bibel wird nicht gesagt, dass Gott die Finsternis geschaffen hätte; sie ist Gott hier bereits vorgegeben. Vom Licht sagt Gott, dass es gut war. Die Finsternis wird in der Bibel nicht gut genannt. Deshalb kann man auch das Gute und das Böse nicht gleichgewichtig sehen. Aber wichtig für das Verständnis dieses Schöpfungsberichtes ist, dass die Menschen in ihrer damaligen Mentalität „Licht" und „Finsternis" metaphorisch verstanden haben. Weiterhin wird vom Schöpfungshandeln Gottes gesagt: „Gott sprach: Es werde Licht" (Gen 1,3); und dann spricht Gott: „Ein Gewölbe entstehe mitten im Wasser und scheide Wasser von Wasser"(Gen 1,6); dann spricht Gott: „Das Wasser unterhalb des Himmels sammle sich an einem Ort, damit das Trockene sichtbar werde" (Gen 1,9); dann spricht Gott: „Das Land lasse junges Grün wachsen, alle Arten von Pflan-

Wie Gott berührt

zen, die Samen tragen, und von Bäumen, die auf der Erde Früchte bringen mit ihrem Samen darin" (Gen 1,11); dann spricht Gott: „Lichter sollen am Himmelsgewölbe sein, um Tag und Nacht zu scheiden" (Gen 1,14); dann spricht Gott: „Das Wasser wimmle von lebendigen Wesen, und Vögel sollen über dem Land am Himmelsgewölbe dahin fliegen" (Gen 1,20); dann spricht Gott: „Das Land bringe alle Arten von lebendigen Wesen hervor, von Vieh, von Kriechtieren und von Tieren des Feldes" (Gen 1,24); dann spricht Gott: „Lasst uns Menschen machen als unser Abbild, uns ähnlich" (Gen 1,26) und dann spricht Gott zu den Menschen: „Hiermit übergebe ich euch alle Pflanzen auf der ganzen Erde, die Samen tragen, und alle Bäume mit samenhaltigen Früchten" (Gen 1,29).

Im Schöpfungsbericht heißt es „Und Gott nannte das Licht Tag, und die Finsternis nannte er Nacht" (Gen 1,5), was bedeutet, dass auch die Finsternis ihren Namen bekommt. Aber sie wird ausdrücklich nicht „gut" genannt. Israels theologische Erfahrung im babylonischen Exil war, dass es in dieser Vernichtung und in dieser Sinnlosigkeit doch Licht gibt: „Das Volk, das im Finstern wandelt, sieht ein großes Licht." (Jes 9,1) Mit anderen Worten: Man kann an Gott, man kann an den Sinn und das Gute weiter glauben. Das ist die permanente Schöpfung, die „creatio continua" gegen das Nichts. Bereits im Zusammenhang mit den „zwölf" Körben wurde auf den tieferen Sinn der symbolischen Verwendung der Zahlen in der Bibel hingewiesen. Während die 12-Zahl den kosmischen Zahlen zugerechnet wird, lässt sich die im biblischen Schöpfungsbericht dominierende 10-Zahl unter die anthropologischen Zahlen einreihen. Als eine solche Zahl erscheint sie vom Menschen her als Modell einer Ganzheitsvorstellung vorgegeben. Man denke zum Beispiel an die zehn Finger der menschlichen Hand. In der Zehnerstruktur erscheinen die 10 Schöpfungs- und die 10 Bundesworte, welche die Ganzheit des geoffenbarten göttlichen Wortes darstellen. Aufschlussreich ist, dass auch die großen Stammbäume im 10-Rhythmus gebaut sind, und dass der Stammbaum vor Abraham nach der neunten Zahl abbricht. Damit soll zum Ausdruck kommen, dass – nach dem Abbruch des Menschlichen – Abraham zum Anfang einer neuen, von Gott selbst begonnen Geschichte wird. In diesem großen, symbolträchtigen Zusammenhang begegnet nun die Zahl 10 im Schöpfungsbericht. Zehnmal heißt es zu Beginn des Textes „Gott sprach". Dieser Ausdruck verweist schon auf die später behandelten „Zehn Gebote". Wir können in ihnen so etwas wie ein Echo, einen Widerhall der Schöpfung sehen. Besonders ist auf den 19. Psalm aufmerksam zu machen, wo Schöpfung und Tora in großartiger Weise zusammengebunden sind.[138]

Wer Religion nicht von den Biographien der Menschen und deren Alltag trennt, wird bald entdecken, dass die Erfahrung von Grenzen wesentlich zum menschlichen Leben gehört: „Die Grenze ist ein unbeliebter Ort. Wir meiden sie eher, als dass wir sie aufsuchen. Sie scheint uns meist ein gefährliches Gebiet. Ein unbewohntes Gelände. Abwege drohen, Verbote schrecken uns ab … Am besten, man hält sich fern vom Randgebiet der Grenze, in dem man leicht zum Außenseiter wird. Man hält sich lieber am sicheren Ort der Mitte auf …"[139] Entgegen einer solchen Tendenz zur Mitte sollte es Seelsorgerinnen und Seelsorger in das unsichere Gelände der Grenze „ziehen". Ja, wenn die Seelsorge ihrem Auftrag treu bleiben will, muss sogar die Grenze ihre Mitte sein. Das Leben an der Grenze begegnet als latente Grundstruktur in unseren Alltagserfahrungen selbst. Daraus ergibt sich, mit Dietrich Bonhoeffer gesagt, für die Seelsorge die Aufgabe, Menschen in der Routine ihres Alltagslebens für Erfahrungen des Jenseits *im* Diesseits, des Fremden *im* Vertrauten aufzuschlüsseln. Oder, mit den Worten Pablo Picassos, die Gnade des Gehaltenseins im Offenwerden neuer Möglichkeiten erfahrbar werden zu lassen.

Welcher Art können die Grenzerfahrungen im menschlichen Leben sein, dass sie immer wieder Anlässe bieten, die Selbstverständlichkeit einer eingespielten Lebensorientierung in Frage zu stellen? Es sind sowohl negative Erfahrungen wie Tod, Krankheit

Wie Gott berührt

und Versagen, als auch solche positiver Art wie die Wahrnehmung des Schönen oder „das Gelingen wechselseitigen Verstehens in der Liebe", denen oft weniger Beachtung geschenkt wird; sie zeigen uns aber gleichwohl, dass wir mehr sind und sein können, als wir im Rollenspiel des Alltags vorgeben. Dazu kommen jedoch auch soziale Grenzerfahrungen. Schließlich baut sich der Mensch sein Selbstverständnis nicht im reinen Selbstbezug auf und ist in seinem Innersten auf Gemeinschaft angelegt. Hier ist es vor allem die Erfahrung mit dem anderen, wo ich meiner Grenze bewusst werde. In der Begegnung und im Austausch mit dem anderen können Grenzen verwischt werden, indem ich versuche, den anderen mir anzupassen. Es kann aber auch zu einer Grenzüberschreitung kommen, und zwar immer dort, wo ich die Freiheit des anderen dadurch anerkenne, dass ich *seine* Möglichkeiten als solche akzeptiere, die eventuell auch meine werden könnten. Ein solches positives Zugehen auf den anderen wird in unserer ständig pluriformer werdenden Gesellschaft immer wichtiger und dringender. Gegenüber der Andersartigkeit von Personen und Gruppen bedeutet Profilierung nicht Abgrenzung, sondern das Finden der eigenen Identität in der Wertschätzung des anderen. Gerade gesellschaftliche Randgruppen, seien es Behinderte, Asylbewerber oder psychisch Kranke, stellen die sogenannte Normalität unseres Alltags infrage und sind imstande, das Fremde in uns selbst, also das, was in uns anders ist, zu entdecken und vielleicht auch anzunehmen.

Nach Julia Kristeva ist die Einsicht in die eigene Fremdheit die Voraussetzung dafür, dass die bzw. der andere im Anderssein für mich respektierbar wird. Sie geht davon aus, dass das Fremde zuerst in uns selbst ist. Dass wir unsere eigenen Fremden sind und dass die Anerkennung dieser inneren Spaltung für das Ungewohnte von anderen öffnet und aufgeschlossen macht. Deshalb plädiert sie für einen Umgang mit dem Fremden, der in einer „Ethik des Respekts für das Unversöhnbare" in uns selbst verankert ist; sie sagt, dass der auf Abstand gehaltene Fremde nur den symbolischen Platz für das Unheimliche in unserem bedrohten Selbst einnimmt: Je mehr der Mensch Einsicht über sich selbst gewinnt und mit seiner eigenen Fremdheit einverstanden wird, desto größer ist die Chance, dass er andere in der Begegnung nicht als Bedrohung oder Verunsicherung erlebt. Für Kristeva wird eine Moral für das dritte Jahrtausend so tragfähig sein wie es gelingt, auch neue Formen der Andersartigkeit zu akzeptieren.[140] In diesem Zusammenhang ist auch der Gedankengang von Meister Eckhart interessant, dem es vornehmlich darum ging, den Mitmenschen zu ermutigen, im „inneren Ausland" heimisch zu werden: „Gott ist allezeit bereit, wir aber sind sehr unbereit; Gott ist uns nahe, wir aber sind ihm ‚fern'; Gott ist drinnen, wir aber sind draußen; Gott ist (in uns) daheim, wir aber sind in der Fremde." Die Erfahrung von Befremdung in einem selbst ist demzufolge zugleich die Erfahrung Gottes. Auch unsere Predigten sind in der beschriebenen Weise stets „Grenzpredigten", insofern wir darin immer wieder neu von den Erfahrungen menschlicher Grenzen auf die grenzensprengende Macht Gottes, auf sein grenzenloses Erbarmen zu sprechen kommen dürfen. Oft öffnet sich gerade in der Krise der Blick für das wirklich Gute, wie es der Künstler Pablo Picasso in seiner schon erwähnten Beschreibung der Gnade des Gehaltenseins im Offenwerden neuer Möglichkeiten festgehalten hat.

b Gott schafft Raum – „Ktisis"

Gott ist nicht nur Erkenntnis. Er ist nicht nur Grund, sondern auch tragende Kraft allen Seins. Diese Sicht von Gott entspricht durchaus dem biblischen Schöpfungsverständnis. Man kann dies sehen, wenn man das biblische Wort für „erschaffen" im griechischen Septuagintatext einmal näher betrachtet. Es heißt „ktizein". Analog dazu heißt die „Erschaffung" bzw. „Schöpfung" im Griechischen „ktisis". „Ktizein" bedeutet etwas anderes als das in der griechischen Philosophenwelt verwendete Wort „demiurgein", das soviel wie das öffentliche Machen und Handeln bezeichnet. Es meint soviel wie „siedeln, einen Raum freigeben", wo Menschen wohnen, wo Menschen anwesend sind, wo Menschen ihr Wesen zur Entfaltung bringen können, wo Menschen in Beziehung leben dürfen. Es meint sich bewegen und anderes bzw. andere in Bewegung setzen; es bedeutet Lebendigkeit und Weite bewirken, Zukunft ermöglichen. „Raum" und „Räume" definieren stets Möglichkeiten und Grenzen. Also erinnert uns das Wort „ktizein" auch daran, dass die geschaffene Welt eine begrenzte Welt ist – nicht umsonst sprechen wir von einem „Weltraum". Erschaffen bedeutet im Genesis-Kapitel Grenzen zu setzen: zwischen Chaos und Kosmos, zwischen Himmel und Erde, zwischen Festland und Meer, und dadurch definierte Verhältnisse und Beziehungen zu stiften, die den Grund dafür abgeben, dass sich das Leben durch Auswahl und Entscheidung von Möglichkeiten entwickeln kann. Bekanntlich werden im alttestamentlichen Denken komplizierte Zusammenhänge nicht terminologisch säuberlich getrennt, sondern man versucht, ergänzende Vorstellungen einander gegenüberzustellen.

So stehen sich auch am Anfang des biblischen Schöpfungsberichtes in Gen 1 nicht das bewirkende Wort und der schwebende Geist als Gegensätze gegenüber. Beide, sowohl die schöpferische Geistkraft als auch die Wortkraft, gehen aus dem Mund Gottes hervor und werden so im Gleichgewicht gehalten, wie man auch anhand anderer biblischer Texte zeigen kann (vgl. z. B. Ps 33,6). So straft gerade die „ruach" von ihrem Wesen her die Rede von Gott als dem „unbewegten Beweger" und vom Himmel als einem statischen Ort Lügen. Vielmehr geht es um die bewegte Welt eines dynamischen und kraftvollen Schöpfers und Erlösers, der selbst im Himmel nicht aufhört, Schöpfer und Erlöser zu sein, also um einen Gott des Lebens und der Phantasie, nicht der Fixierung und Erstarrung.

Gott wird nicht nur als Grund des Seins, sondern auch als tragende Kraft allen Seins erfahren. „Grund" ist eines der wichtigsten Worte der Philosophie. Auf einem Grund zu stehen ist eine räumliche Erfahrung. Wir können erfahren, was Grund ist, was uns leibhaftig trägt. Diese Erfahrung des Getragenseins ist eine Erfahrung mit großer Tiefendimension. Gegenüber dem Grund ist alles darüber und darauf Oberfläche. Andererseits meint „oben" dasselbe wie auch Grund: das Erhabene, das Großartige, das ganz andere. Der Gegensatz zu „oben" ist dann „unten", nicht der Grund im Gegensatz zur Oberfläche. Man könnte also ebenso gut von oben sprechen als dem Grund, an dem alles hängt. Im ersten Schöpfungsbericht wird der Schöpfungsvorgang als Übergang vom Nicht-Sein zum Sein beschrieben. Bezieht man sich auf diesen Übergang, so steht – wie bereits gesagt – am Anfang nicht eigentlich das Nichts. Es geht vielmehr um bereits vorhandene Chaoselemente, die durch das schöpferische Wort Gottes überwunden werden. Die Finsternis, die Urflut, das Wasser bekommen durch das planende Eingreifen Gottes einen Ort in einem sinnvollen Schöpfungsganzen. Ordnung gegen Chaos kennzeichnet also diesen Übergang, wobei erstere allein durch die schöpferische Macht des Wortes Gottes zustande kommt. Eine neue und sinnvolle Struktur entsteht, die das Leben nicht nur ermöglicht, sondern es auch zur Fülle zu bringen vermag. In diesem Schöpfungsprozess spielt das Wort die vorgeordnete Rolle, ihm aber entspricht das darauf bezogene Tatgeschehen. Folglich ist der Übergang vom Chaos zum Leben im lebensschaffenden Wort Gottes begründet; durch dieses wird es sodann erhalten (creatio continua). Diese Dominanz des Wortes greift der Evangelist Johannes in seinem Prolog auf: Eine neue Schöpfung wird durch Christus bewirkt (2 Kor 5,17), das Wort, das von Anfang an bei Gott war, durch das letztlich alles geworden ist (Joh 1,1–3).

c Gott handelt erbarmend – „Charis"

Weil alles, was geschaffen ist, gemäß dem Wort des guten Schöpfergottes geworden ist, ist die Schöpfung insgesamt „sehr gut" (Gen 1,31). Diesem Gut-Sein bleibt die Schöpfung, allen vereinzelten Störungen zum Trotz, grundsätzlich verpflichtet. Schöpfung durch das Wort bedeutet damit: Die Welt lebt dadurch, dass Gott in seinem Schöpferwort mit ihr redet – wie der Liebende mit der Geliebten:

Wie Gott berührt

„Du hast mit allen Erbarmen, weil du alles vermagst … Du liebst alles, was ist, und verabscheust nichts von allem, was du gemacht hast; denn hättest du etwas gehasst, so hättest du es nicht geschaffen. Wie könnte etwas ohne deinen Willen Bestand haben oder wie könnte etwas erhalten bleiben, das nicht von dir ins Dasein gerufen wäre? Du schonst alles, weil es dein Eigentum ist, Herr, du Freund des Lebens. Denn in allem ist dein unvergänglicher Geist." (Weish 11,23–12,1) Die Grundstruktur von Gottes Handeln ist also Erbarmen, *charis*, Gnade. Wie schon wiederholt im Zusammenhang mit unserer Erzählung von der „Speisung der Vielen" bemerkt, setzen die einzelnen Evangelien durchaus verschiedene seelsorgliche Schwerpunkte, doch in allen Texten wird durchgängig das Erbarmen Jesu als zentrales Handlungsmuster herausgestellt.

Umbrüche und Übergänge haben also mit dem Wort Gottes zu tun, und damit letztendlich mit Gott selbst. Wie schon dargelegt geht es in der Bibel bei der Schöpfung nicht um eine Hervorbringung aus dem Nichts. Vielmehr lassen sich die ersten Worte der Bibel übersetzen: „Als einen Anfang schuf Gott Himmel und Erde." Damit wird gesagt: Wo Gott schöpferisch tätig ist, da schafft er neue Möglichkeiten, gibt Anteil an seinem eigenen göttlichen Leben. In diesem Sinn gibt er der Welt neue göttliche Möglichkeiten. Was mit dem Anfang neu gesetzt und ermöglicht ist, bleibt wirksam, auch wenn es immer wieder von den Mächten und Tendenzen des Chaos bedroht wird. Weil Gott treu zu dem Anfang steht, den er gemacht hat, weil er selbst ständig dafür sorgt, dass dieser Anfang seiner Vollendung entgegenreift. Also weist der Anfang – und dies ist wichtig – nicht in erster Linie zurück, sondern vielmehr in die Zukunft hinein: Auf das, was er ermöglicht. Das ist der Blick Gottes auf seine Schöpfung, auf diesen dynamischen und überschäumenden Lebensorganismus.[141] Wenn man in Gen 1,31 liest „Gott sah alles an, was er gemacht hatte", so enthält dieser Satz ein großes Geheimnis. Im hebräischen Urtext bleibt offen, ob es um Vergangenheit, Gegenwart oder Zukunft geht. Es kann also auch bedeuten:

Gott sieht alles an, was er gemacht hat, es ist sehr gut. Oder: Gott wird alles ansehen, was er gemacht haben wird, es wird sehr gut sein. Der Übersetzer steht vor einer im Grunde unlösbaren Aufgabe. Die übliche Fassung ist nicht falsch, denn es wird vom Ur-Anfang erzählt. Wahr ist aber auch: Die Schöpfung ist noch nicht fertig, jeden Tag neu soll aus Chaos Sinn werden. Krisen entstehen oft, wenn Menschen nichts mehr mit sich selbst oder miteinander anfangen können. Darin kann oft aber auch der Anfang eines neuen Anfangs liegen. „Jedem Anfang wohnt ein Zauber inne, der uns beschützt und der uns hilft zu leben", hat Hermann Hesse diese Erfahrung mit dem Anfangen in Worte gefasst. Anfänge wollen gefeiert werden, Anfänge können beflügeln. Seelsorge sollte heute nicht nur Jubiläen, die Wiederholung, feiern, sondern sich auch Gedanken machen, wie Anfänge gefeiert werden wollen und können.

Gottes schöpferisches Handeln ist jedenfalls immer im Zusammenhang mit seinem Wort zu sehen. Es ist stets Wort- und Tatgeschehen in einem. Sprechen und Handeln sind auch ein zentrales Thema im Werk der schon zitierten Philosophin Hannah Arendt gewesen. Handelnd und sprechend offenbaren die Menschen jeweils, wer sie sind. Die Grundbedingung für solche zwischenmenschliche Offenbarung ist nach Arendt die Pluralität, also die Gleichheit und die Verschiedenheit der Menschen. Ohne Gleichartigkeit gibt es keine Verständigung, und ohne die Verschiedenheit würde man keiner Verständigung bedürfen. Arendt unterscheidet drei Formen der menschlichen Tätigkeit: das Arbeiten, das Herstellen, und das Handeln. Seelsorge ist nach dieser Einteilung dem Handeln zuzuordnen. Dieses ist dem Bereich des Möglichen, der Freiheit, der Phantasie zugehörig. Ihrem Wesen nach ist Seelsorge schöpferisch. Sie findet nach Arendts Definition als Handeln mit anderen und in der Öffentlichkeit statt. Arbeiten und Herstellen sind für Arendt an die Grundbedingung des Lebens selbst geknüpft. Mit der Kraft des menschlichen Körpers werden Dinge „produziert", die den Lebensprozess aufrechterhalten. So stellten die

Korbflechter, wie ich sie mit den Augen des Kindes beim Postaustragen in meinem Heimatdorf erlebte, nicht nur etwas her. Sie „erschufen" etwas, das andere brauchen konnten, das schön war, das anderen Freude machte. Handeln und Sprechen schaffen keine „Gegenstände" wie das Herstellen, sondern haben mit Phantasie zu tun. Nach Peter Handkes „Geschichte des Bleistifts" ist die Phantasie kein Schaffen. „Die Phantasie ist ein Erwärmen dessen, was schon da ist."[142] Handeln und Sprechen stiften Beziehungen zwischen den Menschen. Menschliche Beziehungen können zerbrechen und „sterben", Seelsorge handelt sprechend, wenn sie hilft, dass wieder neue Beziehungen geknüpft werden und gelingen können. Jeder Mensch ist ein Anfang, dem das Vermögen zur Initiative gegeben ist. „Damit ein Anfang sei, wurde der Mensch geschaffen, vor dem es niemand gab", zitiert Hannah Arendt Augustinus' „De Civitate Dei".[143] Handelnd und sprechend flechten Seelsorgerinnen und Seelsorger an den Mustern der Körbe Gottes mit. Und sie weben mit am Gewand Gottes, das nur ein anderes Wort ist für die Schöpfung, die Heilige Schrift und die Dichtung.

Vor einigen Jahren lief in den Kinos ein Film mit dem Titel „Nachtsonne". Sein Untertitel lautete: „Geschichte einer spirituellen Reise". Er stammt von dem italienischen Brüderpaar Paolo und Vittorio Taviani. Der Film lief nicht lange; man setzte ihn vorzeitig ab, weil ihm nur wenig Aufmerksamkeit zuteil wurde. Als literarische Vorlage diente die Erzählung „Vater Sergej" des russischen Schriftstellers Leo Tolstoi.[144] Hauptfigur des Films ist „Padre Sergio", der in jungen Jahren in Mittelitalien aufgrund eines Versprechens in der Kindheit in ein Kloster eintritt und dort von seinen Mitbrüdern wegen seines spirituellen Eifers sehr geachtet wird. Auf Wunsch seiner Oberen zieht er sich in eine Einsiedelei auf einem abgelegenen Berg, nicht weit vom Kloster entfernt, zurück, um ganz für Gott zu leben. Die heiligmäßige Lebensführung des Padre Sergio hat sich in der Umgebung herumgesprochen, und so geschieht es, dass bald viele Menschen auf den Berg kommen und von Padre Sergio eine

Wundertat erbitten. Es entsteht ein regelrechter Wallfahrtsbetrieb, und aus verständlichen Gründen fördert die zuständige Ordensleitung den unvorhergesehenen Aufschwung. Padre Sergio ist in allem der Eifrigste: im Gebet, in der Moral, in der Arbeit. Obwohl er aufgrund des großen Zuspruchs seitens seiner Mitmenschen sehr zufrieden mit sich selbst sein könnte, quälen ihn große innere Zweifel an sich und seiner Spiritualität.

In der Erzählung Tolstois wird „Vater Sergej" als ein Mensch beschrieben, „der neben seinem eigentlichen Lebensberuf stets noch irgendein anderes Ziel verfolgte, dem er sich ganz hingab und für das er so lange lebte, bis er es erreicht hatte. Dieses Bestreben, sich auszuzeichnen und – um sich auszuzeichnen – das angestrebte Ziel zu erreichen, füllte sein Leben aus."[145] Eines Tages befindet sich unter den zahlreichen Pilgern auch ein betagtes Bauernehepaar aus einem Dorf in der Umgebung. Auf Padre Sergios Frage nach dem Anliegen, mit dem sie zu ihm kämen, antwortet ihm das Ehepaar: „Padre Sergio, wir haben keine großen Frömmigkeitsleistungen in unserem Leben vorzuweisen, wir haben nur einen einzigen Wunsch: Gott möge uns gemeinsam sterben lassen." Und als sich die beiden Eheleute von ihm verabschieden, rufen sie ihm zu: „Auch nachts möge dir die Sonne scheinen!" Diese Begegnung lässt Padre Sergio nicht mehr los; sie löst eine spirituelle Wende in seinem Leben aus, eine Wende von der „krisis" zur „charis", zur Gnade. Padre Sergio hat sich entschlossen, Abschied zu nehmen von seiner zwanghaften Spiritualität. Ihm geht auf, dass nicht die selbstquälerische Leistung zu Gott führt, sondern das bedingungslose Vertrauen auf seine Gnade. Diese Erkenntnis wurde ihm durch die Begegnung mit dem betagten Bauernehepaar geschenkt. In der weiteren Handlung des Films wird gezeigt, wie er seinen „heiligen" Berg verlässt und sich zu Fuß in das Dorf aufmacht, aus dem die beiden kamen. Dort erfährt er von anderen Dorfbewohnern, dass beide inzwischen gestorben sind. Auf dem Friedhof findet er auch ihre bescheidene letzte Ruhestätte: Zwei Erdhügel, einer neben dem anderen.

„Nachtsonne" spielt im 18. Jahrhundert in Italien. Anfang der Dreißiger Jahre des 1. Jahrhunderts handelt das Markusevangelium, das im 6. Kapitel berichtet, wie Jesus in seiner Heimatstadt Nazareth in Galiläa nicht verstanden wird. Wo er auf Ablehnung stößt. Angesichts seiner Worte und Taten schütteln die Leute den Kopf und sagen: „Woher hat er das alles? Was ist das für eine Weisheit, die ihm gegeben ist! Und was sind das für Wunder, die durch ihn geschehen?" (Mk 6,2) Die Erzählung der „Speisung der Vielen" in den Evangelien spricht nur von wenigem, das Jesus zur Verfügung stand, um das Speisungswunder zu wirken: fünf Brote und zwei Fische. Padre Sergio ist die Bedeutung des Wenigen beim Besuch des Bauernehepaars aufgegangen. Seine spirituelle Bescheidenheit und Unverkrampftheit haben ihn sein Leben neu sehen, seine „krisis" zur „charis" werden lassen. Im zweiten Brief an die Korinther bekennt Paulus der Gemeinde: „denn wenn ich schwach bin, bin ich stark" (2 Kor 12,10). Vor dem Hintergrund der Erzählung der „Speisung der Vielen" darf ich mich auch da, wo ich mich gebrochen, zerbrochen, geteilt oder nicht ganz fühle, mit den übriggebliebenen Brotstücken von Jesus gesegnet wissen: „Jesus aber nahm die fünf Brote und die zwei Fische, blickte zum Himmel auf, segnete sie und brach sie; dann gab er sie den Jüngern, damit sie diese an die Leute austeilten. Und alle aßen und wurden satt. Als man die übriggebliebenen Brotstücke einsammelte, waren es zwölf Körbe voll." (Lk 9,16f.)

Die zwölf Körbe wollen auf die Unbegrenztheit der göttlichen „charis" hinweisen. Sie wollen außerdem noch auf ein Zweites aufmerksam machen: Die göttliche „charis" kann man nicht verdienen – auch nicht durch fromme Leistungen und Übungen, wie Padre Sergio auf seiner spirituellen Reise lernen sollte. Ihr Wesen ist Geschenk, wie der Name „Eu-charis-tia" – wörtlich: „Wohlbeschenktheit" – deutlich macht.[146]

Einer der bedeutsamsten Rufe bei den Zusammenkünften der Christen in der frühen Kirche ist der Maranatha-Ruf gewesen: „Komm, Herr Jesus!" „Maranatha" drückt einen zentralen Gedanken der urchristlichen Liturgie aus. Rein sprachlich kann er bedeuten: „Herr, komm!" oder auch „Unser Herr ist gekommen". Dass für den gottesdienstlichen Gebrauch besonders die erste Version anzunehmen ist, spricht sowohl aus Offb 22,20 als auch vor allem aus der Didache 10,6. Hier findet sie sich in einem Passus, der eine Szene aus der urchristlichen Mahlfeier festhält. Die einleitende Bitte „Es komme die Charis!" ist nur eine Umschreibung des aramäischen Rufes „Herr, komm!" Nach koptischer Lesart verwendet man statt „charis" die Wendung „kyrios" (der Herr). Und so ergeht der Ruf seit den Versammlungen der Christinnen und Christen in der frühen Kirche durch die Zeiten bis heute: „Es komme die Charis!" bzw. „Der Herr komme!", und er vollende, was er mit der Sammlung und Speisung der Vielen begonnen hat. Nach Lk 22,30 hat Jesus ja den Seinen verheißen, dass sie einmal in seinem Reich an seinem Tisch mit ihm essen und trinken werden. Insofern geschieht in jeder Eucharistiefeier schon jetzt eine Vorwegnahme der großen endzeitlichen Speisung.

3 Genesis ist jeden Tag

Genesis ist so gesehen jeden Tag. In der Laudes begrüßt die Kirche jeden Morgen betend den neuen Tag; als Höhepunkt darf dabei das Benedictus angesehen werden. Dessen Worte „Und du, Kind, wirst Prophet des Höchsten heißen; denn du wirst dem Herrn vorangehen und ihm den Weg bereiten" (Lk 1,76) gelten jedoch nicht nur Johannes dem Täufer. Sie enthalten auch eine Botschaft für jede Seelsorgerin und jeden Seelsorger.[147] Es fällt auf, dass die drei Lieder in der lukanischen Kindheitsgeschichte (Magnificat, Benedictus und Nunc Dimittis), ganz ähnlich wie Psalmen und Hymnen in den alttestamentlichen Erzählungen, den Fortgang der Geschichte unterbrechen, um deren göttliche Botschaft aufleuchten zu lassen. Das zeigt, dass diese Lieder eine Bedeutung haben, welche den

Wie Gott berührt

Rahmen der Geburtsgeschichte Jesu sprengt und Gültigkeit auch für andere Situationen beansprucht. Geburtstage sind nicht nur Erinnerung, sondern stets auch Einladung, in das hineinzuhören, was in uns aktuell geboren werden möchte.

Mit der Einbettung dieser drei Hymnen in den christlichen Tagesablauf hat die kirchliche Gebetspraxis genau diesen Schritt der Übertragung vollzogen. Das Magnificat bildet den Höhepunkt der Vesper, das Benedictus den der Laudes, und das Nunc Dimittis beschließt den Tag in der Komplet. Wie in der Kindheitsgeschichte bei Lukas der Ablauf der Ereignisse durch diese Lieder in ihrer heilsgeschichtlichen Sicht gedeutet und gesehen wird, so will auch der Ablauf unseres jeweiligen „Heute" vom Morgen bis zum Abend durch diese Lieder gedeutet und gesehen werden. Dadurch kann aus dem prophetischen Lied von „seiner Zeit" eine Verheißung für diese, meine Zeit, für mein Hier und Heute werden. Es kann meinem Lebensalltag Gehalt und Gestalt schenken. In der biblischen Tradition meint „Heute" stets mehr als nur den kalendarischen Tag: Es bezeichnet das Heilsangebot, den erfüllten Augenblick, die Stunde der Gnade. So wie im Benedictus vom „aufstrahlenden Licht aus der Höhe" gesprochen wird.

a   Licht im Dunkel

Vor einigen Jahren durfte ich einmal die Osternacht in der Kloster- und Pfarrkirche in Engelberg (Schweiz) auf 1000 m Höhe mitfeiern. Für Pater Christian, den Zelebranten, war es der erste Gottesdienst als neuer Pfarrer. Als ich ihm vor dem Gottesdienst in der Sakristei begegnet bin, erzählte er mir, er sei bis Mittag noch mit Fieber im Bett gelegen, glaube aber, dass ihm dabei ein guter Predigtgedanke eingefallen sei. Also war ich gespannt, was kommen würde, als im Ablauf des Gottesdienstes die Predigt an der Reihe war. Pater Christian begann: „Liebe Schwestern und Brüder: Stellen Sie sich einmal in aller Ruhe das Wort ‚Licht' vor. Aus welchen Buchstaben ist es gebildet?" Er wiederholte seine Frage und fuhr nach einer kurzen Pause in eindrücklicher Weise fort: „Es setzt sich zusammen aus den Buchstaben L, I, C, H, T. Am Anfang steht also ein L, das bedeutet Leben, am Ende steht ein T, das bedeutet Tod, und dazwischen steht das ICH: Ich zwischen Leben und Tod." Darauf begann Pater Christian, diesen simplen sprachlichen Befund auf das Ostergeheimnis hin auszulegen. Das Benedictus schließt mit einer Zielangabe dieses Lichtes. Es sagt, das Licht sei da, „um allen zu leuchten, die in Finsternis sitzen und im Schatten des Todes, und unsere Schritte zu lenken auf den Weg des Friedens." Hierbei ist zu beachten, dass es sich nach dem Text um „Schritte" handelt und nicht um ein „Alles oder Nichts".

In seinem „Dekalog der Gelassenheit" hat Johannes XXIII. den folgenden geistlichen Impuls niedergeschrieben: „Nur für heute werde ich mich bemühen, den Tag zu erleben, ohne das Problem meines Lebens auf einmal lösen zu wollen." Die Aufgabe der Seelsorge wird mit einfachen Worten zusammengefasst: „Dem Herrn vorangehen und ihm den Weg bereiten". Demnach will Seelsorge nichts anderes als Heilserfahrungen vermitteln. Und schließlich wird der eigentliche Grund des seelsorglichen Tuns hervorgehoben: „Die barmherzige Liebe unseres Gottes."

Die alttestamentliche Forschung der letzten Jahrzehnte hat gezeigt, dass erst die Erfahrung des Exils, das Leben in der Minderheit, dem Volk Gottes die Augen dafür geöffnet hat, wer sein Gott ist und was seine eigene Bestimmung ist. Auch ich selbst darf meinen Weg als Stück meiner Geschichte mit Gott begreifen. Also darf ich fragen, wie mir der Lebensweg Israels auf meinem Lebensweg Orientierung geben kann. Ich darf fragen, was das Exil für mich heute, hier und jetzt bedeuten kann, wie wieder Licht in mein Leben kommen kann. Das Volk Israel hat erfahren, dass es gefährlich ist, ein zu fertiges Bild von Gott zu haben. Die Stimme Gottes darf ich nicht nur als Echo meiner eigenen Stimme hören. Gott will immer wieder neu in fremder Gestalt zu mir kommen. Israel vermag anzunehmen, was es anfangs für unzumutbar hielt, nämlich: das Lied des Herrn zu singen in einem fremden Land. Es entdeckt, dass auch das fremde Land Land Gottes ist. Das Exil macht mir Mut, wo ich in meinem Leben nicht mit Gottes größeren Möglichkeiten rechne, mich nur auf mich selbst und meine eigene Kraft verlasse. Es weitet meinen Horizont, wo zu starke Verzagtheit und nicht Gottvertrauen mein Leben bestimmen. Es macht mir Mut, über die Verstrickung in die Schuld der Vergangenheit nachzudenken. Habe ich den Mut, Verletzungen und Enttäuschungen in meinem Leben anzusehen? Gestehe ich mir zu, dass ich nicht fehlerlos und perfekt sein muss? Gibt es Enttäuschungen und Verwundungen aus früheren Beziehungen, die mir nachhängen, die mich lähmen und blockieren? Gibt es Enttäuschungen in meinem Leben, die mich hart und verschlossen gemacht haben? Wunden heilen nicht, wenn man sie nur ständig betastet.

Der Weg der Heilung heißt Verzeihung. Mein Exil bedeutet Alltäglichkeit. Im babylonischen Exil stellte sich die Herausforderung, den Glauben im Alltag zu leben, für das Volk Israel anders dar als in der Heimat. Es galt, am Wesentlichen festzuhalten und Phantasie für Neues zu entwickeln. Gefangenschaft entsteht, wenn ich mir zu viel aufbürde, wenn ich nicht nein sagen kann, aber auch dann, wenn ich meine Zeit vertue. Wie gehe ich mit meiner Zeit um? Kann ich mir Zeit für Wichtiges nehmen und Unwichtiges lassen? Gefangenschaft wuchert da, wo ich Menschen nur nach ihrer Leistung und ihrem Erfolg bewerte, wo ich unbarmherzig mit meinen Kräften und den Kräften anderer umgehe. Mein Exil nennt sich Beziehungsschwierigkeit. Israel vermag in der Fremde zu erkennen, dass auch andere Völker Gott suchen. So findet es ein neues Verhältnis zu den anderen Völkern, wird sogar zu deren Fürsprecher. Ebenso lernt es, seinen eigenen Gott neu zu sehen. Für mich wird das Exil dort zu einer Herausforderung, wo ich nur meine eigenen Wünsche und Bedürfnisse wahrnehme, wo die Sorgen und Nöte meiner Mitmenschen zweitrangig werden, wo ich mich groß mache auf Kosten anderer. Diese Gefangenschaft tritt dort zutage, wo ich nicht zu meinem Wort stehe und wo ich Hoffnungen anderer mutwillig zerstöre.

Gewiss, Exil bedeutet Fremde, Minderheit, Minorität, Dunkel. Aber wer das Dunkel leugnet, erfährt die Kraft des Lichtes nicht. Das Volk, das im Dunkel lebt, sieht ein Licht. Im Exil fand Israel zur Erkenntnis: Die Krise ist nicht gottlos, sondern gottvoll. Gottes Geist „schwebt" über ihr und über den Menschen, die er führt wie ein Adler seine Jungen (Dtn 32,11). Er gibt Kraft, er gibt Anteil an seinem Atem, an seiner Phantasie. Die neue Alltäglichkeit im babylonischen Exil stellte für Israel eine Herausforderung dar. Man musste sich auf diese Situation einstellen und erfinderisch sein. Dadurch ist gerade im Exil, unter der Fronarbeit, das Bewusstsein der Israeliten für die Notwendigkeit eines wöchentlichen, arbeitsfreien Tages gewachsen. Weil die Israeliten aufgrund ihrer Stellung unter der Last des Überfordertseins zu leiden hatten, ist in ihnen das Verständnis für Menschen in einer ähnlichen Situation gereift.

b Offensiv, nicht aggressiv und negativ

„Stets", „jederzeit" sollen die Christen Auskunft geben an „jeden", „einem jeden gegenüber". Dabei geht es offensichtlich um die ständigen Auseinandersetzungen im Alltag. Diese können sehr wohl in das Rechtsforum einmünden, doch nicht nur vor Gericht wird von den Christen Auskunft über Wesen und Sache des Christentums verlangt. Die Fragenden können Freunde oder Feinde sein, Nachbarn oder Menschen auf der Straße. Sie treten mit Zweifeln und Einwänden an die Christen heran, mit Bedenken und Angriffen, oder aber als Fragende und Suchende. An sie alle wendet sich der Christ. Es gilt also von Anfang an, die Glaubwürdigkeit christlicher Offenbarung „nach außen" und „nach innen" zu untermauern. Wichtig ist, dass Verkündiger eine gemeinsame Ebene der Verständigung mit den Hörerinnen und Hörern suchen, selbst wenn dieses Bemühen nicht immer erfolgreich ist – wie es etwa Paulus bei seiner Areopagrede erleben muss, in der er sogar aus griechischen Dichtern zitiert (vgl. Apg 17,16–34).

Für Paulus ist das apologetische Anliegen besonders kennzeichnend. Bei genauerem Hinsehen zeigt sich, dass der Apostel, der die

„Torheit des Kreuzes" predigt, sehr kräftig von Vernunftargumenten Gebrauch macht. Er versucht, die Sachverhalte vernünftig argumentierend aufzuzeigen; seine Predigt kennt Fragen und Gegenfragen. Von vulgären Wanderpredigern setzt er sich ab. „Unvernünftiges" Reden darf es im Gottesdienst nicht geben, es behindert die Auferbauung der Gemeinde. Das Vernunftmotiv spielt bei Paulus also durchgängig eine große Rolle. An vielen Stellen ließe sich zeigen, wie sehr ihm an der Vernünftigkeit des Menschen, am Vernünftigsein und -bleiben gelegen ist. Christlicher Glaube, so lässt sich aus seinen Schriften schlussfolgern, kann und will nicht ohne Vernunft sein. Es geht nicht um Philosophie und „Beweise", aber doch darum, dass ein Mensch, der sich auf den Glauben einlässt, Vernunft und Vernünftigkeit nicht hinter sich lassen darf und auch nicht hinter sich zu lassen braucht.

Es ist kein Zufall, dass die ersten Theologen nach den apostolischen Vätern, denen es noch um die schlichte Weitergabe der Offenbarung gegangen war, „die Apologeten" genannt wurden. Von diesem Grundmuster ist die erste Theologie im wissenschaftlichen Sinn geprägt.[148] In der Patrologie zählt man mehrere griechische Schriftsteller zu den Apologeten. Ihnen ging es darum, den eigenen Glauben gegenüber der Umwelt zu verteidigen und zu begründen. Was im Neuen Testament nur ansatzweise geschieht, wird hier mit Blick auf spezielle Adressaten und Situationen im großen Umfang und intensiv betrieben. In der Einleitung des Diognetbriefes um 140 n. Chr. ist die Frage-Situation wie folgt beschrieben: „Du hast, wie ich sehe, mein bester Diognet, einen ungewöhnlichen Eifer, die Religion der Christen kennenzulernen, und erkundigst dich über sie sehr genau und sorgfältig, was das für ein Gott ist, dem vertrauend und dienend sie alle die Welt geringschätzen und den Tod verachten und weder die von den Griechen anerkannten Götter als solche ansehen, noch dem Aberglauben der Juden huldigen; ferner, was das für eine Liebe ist, die sie gegeneinander hegen; endlich, warum diese neue Lebensart und Gottesverehrung erst jetzt und nicht früher in die Welt getreten ist."

Zum anderen befindet sich die Kirche gegen Ende des ersten Jahrhunderts schon in der Verfolgungssituation: Christen werden als „Atheisten" betrachtet, alle möglichen Verbrechen werden ihnen angedichtet. Hier versuchen die Apologeten, die christenfeindlichen Anschuldigungen zu widerlegen und die grundsätzliche Vernünftigkeit sowie den hohen geistigen Rang des Christentums aufzuzeigen. Schließlich bleibt weiterhin die Auseinandersetzung mit dem Judentum: Die Angriffe der Juden gegen die Christen werden abgewiesen, es wird auf dem Boden des Alten Testaments gegen sie argumentiert. Das Christentum wird als die eine, wahre Philosophie herausgestellt, die so alt ist wie die Schöpfung. Am Logos haben demnach alle teil; dieser Logos hat in Christus Fleisch angenommen. Wo immer Menschen mit der Wahrheit übereinstimmen, haben sie Anteil an ihm. Oder man sieht sogar in vielen Ideen heidnischer Dichter und Philosophen Gott am Werk.

4 Die zwischenmenschliche Ebene stärken

a Wie lernt man heute glauben?

Von Klemens von Alexandrien ist überliefert, wenn ihn jemand frage, was Christsein heiße, dann lade er ihn ein, ein Jahr gemeinsam mit ihm zu leben. Diese Antwort gründet auf einem Seelsorgeverständnis, das über das gängige seelsorgliche Helfen hinausgeht: Bei einem Handeln wie es Klemens von Alexandrien propagiert, spricht man vom „Teilen". Hierbei denkt man nicht an ein gelegentliches Tun, sondern an eine bestimmte Form des Miteinander-Lebens und -Umgehens überhaupt. Es ist Ausdruck eines tiefreichenden Bewusstseins von Solidarität. Seelsorgliches Helfen setzt im Allgemeinen voraus, dass der eine über etwas verfügt, was dem anderen fehlt, weshalb der eine dies auch dem anderen zugute kommen lassen kann; hingegen besagt „Teilen", dass ich in der Begegnung mit dem bedürftigen Anderen auch die eigene Bedürftigkeit und

Verstricktheit in das Schicksal des Anderen erkenne. „Teilen" schließt auch ein jeweiliges Anteilgeben an dem eigenen (nicht nur materiellen) Vermögen ein. So verstanden ist „Teilen" die wohl radikalste Form von Seelsorge, insofern die Beteiligten aneinander wirklich Anteil nehmen und geben.[149] Nach christlichem Glauben entspricht diese Form der Seelsorge jener Weise, wie Gott sich in Jesus den Menschen gegenüber verhält: Er teilt dem Menschen nicht bloß etwas von sich, sondern sich selbst mit. Der Mensch, auch der Verlorenste, ist niemals nur ein seelsorgliches Betreuungsobjekt, sondern immer ein persönliches Gegenüber mit einer personalen Würde.

Im Sinne eines gemeinsamen Glauben-Teilens ist vor mehreren Jahren Thomas H. Groome unter dem Motto „Sharing Faith" (den Glauben teilen) hervorgetreten.[150] Mit dem Wort „teilen" will Groome darauf hinweisen, dass er „Praxis" nicht wie bisher monologisch, sondern vielmehr kommunikativ begreift. Außerdem versteht er den Begriff ganzheitlicher als es früher geschehen ist, personaler. „Praxis" entspricht nach Groome mehr jenem Verständnis, das schon unter den Gesichtspunkten der „Annäherung" und „Berührung" beschrieben worden ist. Das „verkopfte" Praxisverständnis hat nach Groome in der Geschichte der religiösen Erziehung zu verhängnisvollen Verkürzungen geführt. Christliche Erziehung ist für ihn die Erziehung zur Praxis des christlichen Lebens. Sie ereignet sich als solche in einem gemeinsamen bzw. „geteilten" Kontext, in dem ich mit anderen Christinnen und Christen lebe. Seelsorge bedeutet demnach das Erzählen und Austauschen der im gemeinsamen Leben gemachten Erfahrungen sowie deren Betrachtung im Licht des Glaubens. Nach diesem Ansatz versteht sich Seelsorge als gemeinsames Lernen aller Beteiligten. Sie richtet ihr Augenmerk stark auf die Voraussetzungen und Prozesse eines solchen Lernens. Dies hat zur Folge, dass neben der üblichen Fragestellung, wie wirksames Lehren des Glaubens möglich ist, nun auch die Frage nach dem wirksamen Lernen des Glaubens wenigstens gleich bedeutend wird.

Zu einem ähnlichen Ansatz wie Groome hat auch Gees D. J. Dingemans gefunden. Er hat die sich damit verändernde Fragerichtung wie folgt umschrieben: Die traditionelle Katechetik nahm meistens ihren Ausgangspunkt bei der Glaubenslehre der Kirche. Es wurde festgestellt, worum es beim Glauben geht, und dann wurde die Didaktik (oder der gesunde Menschenverstand!) zu Hilfe gerufen, um den Inhalt entsprechend den verschiedenen Lebenssituationen zu vermitteln. Bei der Sicht von Dingemans, die sich, wie wir gesehen haben, auch schon bei Klemens von Alexandrien findet, wird der Akzent nicht zuerst auf den Glaubens-Inhalt gelegt, der vermittelt werden soll, sondern auf die Glaubens-Gemeinschaft derer, die zusammen Jüngerinnen und Jünger Jesu sein wollen. Es interessiert nicht *in erster Linie* die Frage „Was müssen Menschen glauben?", sondern: „Wie kommen Menschen zum Glauben? Was spielt sich in Menschen ab, wenn Texte der Bibel mit deren Lebenstext in Berührung kommen?" In den Evangeliumstexten findet sich oft schon vor der ausdrücklichen Berufung durch Jesus ein „gewisses Interesse" an ihm. Sollte dies nicht auch heute viel mehr beachtet werden, dieses „gewisse Interesse", diese „gewisse Neugierde"? Rechnen wir heute vielleicht nicht mehr genug mit diesem „gewissen Interesse", das seelsorglich entdeckt, geweckt und aufgedeckt werden möchte? Man denke an das Wecken jener „gewissen Neugierde", das Wecken der Resonanzfähigkeit des Menschen, die zum Beispiel Zachäus bewogen hat, auf den Maulbeerfeigenbaum zu steigen: Jesus kam „nach Jericho und ging durch die Stadt. Dort wohnte ein Mann namens Zachäus; er war der oberste Zollpächter und war sehr reich. Er wollte gern sehen, wer dieser Jesus sei, doch die Menschenmenge versperrte ihm die Sicht; denn er war klein. Darum lief er voraus und stieg auf einen Maulbeerfeigenbaum, um Jesus zu sehen, der dort vorbeikommen musste." (Lk 19,1–4)[151]

Nach Dingemans steht nicht der Inhalt am Anfang der Seelsorge, sondern die Begegnung. Beim ersten Hören bzw. Lesen glaubt man die traditionelle Katechese, die von der Vermittlung des Glaubensinhalts ausgeht, auf den Kopf gestellt. Dingemans zieht es daher vor, nicht von „Katechetik", sondern von „Mathetik" zu sprechen. Dieses Wort ist vom griechischen Wort „mathetés" abgeleitet, das Jünger bedeutet. Wie werden Menschen Jüngerinnen bzw. Jünger Jesu? Wie lernt man heute glauben?[152] Genau besehen handelt es sich bei dieser heute wahrzunehmenden Seelsorge nicht um einen modischen, kurzlebigen Trend oder um einen „neuen Zug" nachdem andere Seelsorgemodelle verbraucht zu sein scheinen. Es geht gar nicht darum, die Bedeutung der Glaubenswahrheit zu schmälern. Betont wird jedoch etwas sehr Grundlegendes, nämlich: Was die Wahrheit dieses Glaubens trägt, sind wesentlich Zeugnisse von Menschen, die in den Gefährdungen zerbrechenden Lebens die Hoffnung auf Erlösung vernommen haben (Röm 8,24). Weiterhin darf auch in der Grundneugier des Menschen eine gute Gabe Gottes erblickt werden. Der Glaube hat sich jeweils neu auf die Höhe der Zeit bringen zu lassen. Auch die heutige Zeit ist Gottes Zeit. Zeit der Kirche. Zeit der Seelsorge. Zeit, sich um die Sehnsucht der Menschen zu sorgen. Letztlich repräsentiert die Seelsorge den guten Hirten Jesus, und zwar dadurch, dass sie die Suchenden „entdeckt" und den rechten Zeitpunkt zur Begegnung mit ihm erkennt und anbietet. Die Seelsorge selbst tritt hinter Jesus zurück, ihre Aufgabe ist nur Vermittlung. Doch sie besteht in unentbehrlicher Sichtbarmachung des Heilswillens Jesu.

Als der Soziologe Franz-Xaver Kaufmann nach den Tradierungsmöglichkeiten des Glaubens auf den verschiedenen Ebenen der Kirche gefragt wurde, hielt er fest: „Mit einem ‚Apparat' kann man sich nicht identifizieren."[153] Kaufmann wollte damit sagen: Auf der untersten, der mitmenschlich-individuellen Ebene allein wird man motiviert, Werte wie den Glauben weiterzugeben oder zu übernehmen. Glaubensvermittlung hängt an zwischenmenschlichen Beziehungen; sie geschieht von Mensch zu Mensch oder sie geschieht gar nicht. Die höheren Organisationsebenen sind unbestritten wichtig für die organisatorische Präsenz der Kirche in der

Gesellschaft, aber das Wichtigste können sie nicht geben, nämlich Motivation zu einem bestimmten Lebensstil. „Vom Hörensagen nur hatte ich von dir vernommen; jetzt aber hat mein Auge dich geschaut" (Ijob 42,5), spricht Ijob am Ende seines Lebensweges. Was wir alles vom Hörensagen über Gott wissen, unser Glaubenswissen, bedarf immer auch noch der Bestätigung durch die praktische Lebenserfahrung.

b Suchen und bleiben

Jesu Anliegen in der Rede vom „Reich Gottes" ist die Verbindung von Gott und Welt im Leben der Menschen, also „wie darin Gott vorkommt". Und zwar als Quelle des Erbarmens, der Vergebung und Ermutigung. Wenn Jesus vom „Reich Gottes" spricht, hat er an die religiösen Hoffnungen des Frühjudentums anknüpfen können. Dringt man noch weiter zur seelsorglichen Bedeutung der Reich-Gottes-Rede im Neuen Testament vor, ist zu sehen, dass man hier gleich zwei Begriffen begegnet: „Gottesreich" und „Gottesherrschaft". Während der erste mehr den konkreten Ort und den konkreten Raum im Blick hat, in dem Gott anzutreffen ist, der von seinem Willen durchwaltet und damit auch gesellschaftlich identifizierbar ist, lenkt der zweite Begriff unsere Aufmerksamkeit mehr auf den Weg, die Dynamik und den damit verbundenen Prozess des Glaubens. „Gottesreich" betont den schon gekommenen Gott, dagegen hebt „Gottesherrschaft" den noch Kommenden hervor – den Unverfügbaren, Überraschenden, den Gott vor uns.

Hinter „Gottesherrschaft" und „Gottesreich" kann man auch die beiden Grundbedürfnisse der Menschen erkennen wie sie uns im Alltag der Seelsorge auf Schritt und Tritt begegnen. Ja, mehr noch: Sie bilden auch Konzepte (Bilder) der Kirche und der Seelsorge ab. Die „Gottesherrschaft" kann zeigen, dass wir Gott nicht hinter uns gebracht haben, sondern dass er noch vor uns ist. Auf diese Weise finden in dem Begriff alle unsere Wünsche nach Veränderung und Gestaltung ihre Berechtigung und Erfüllung. Im Wort „Gottesreich" sind alle unsere Wünsche nach dem wunderbaren Entgegen-Kommen Gottes im wahrsten Sinn des Wortes „aufgehoben". So wie auch Paulus auf dem Marktplatz von Athen seine Zuhörer von der Gegenwart Gottes in einem jeden Menschenleben zu überzeugen versucht hat: „Gott hat gewollt, dass alle Menschen den Herrn suchen sollten, ob sie ihn ertasten und finden könnten; denn keinem von uns ist er fern." (Apg 17,27) Wenn es in einem jeden Menschen diese beiden Grundbedürfnisse gibt, dann dürfen wir uns in Wahrheit auch weder zwischen ihnen entscheiden noch die Spannung zwischen ihnen auflösen. In den beiden biblischen Begriffen „Gottesherrschaft" und „Gottesreich" spiegeln sich die seelsorglichen Grundkategorien „Pfarrei" und „Gemeinde" wider. „Gemeinde" würde nach dem Gesagten eher für „Gottesherrschaft", „Pfarrei" dagegen mehr für das „Gottesreich" stehen, oder der „Pfarrei" ist mehr das „bleiben", der „Gemeinde" mehr das „suchen" zuzuordnen.

In der Emmauserzählung des Lukasevangeliums heißt es, dass die Jünger Jesus drängten und sprachen: „Bleib doch bei uns; denn es wird bald Abend, der Tag hat sich schon geneigt." (Lk 24,29) Wo Lukas aufhört, knüpft Johannes offenkundig an. Nach dem ursprünglichen griechischen Text fragt Jesus bei der Berufung der ersten Jünger „Was sucht ihr?", und die Jünger antworten darauf mit der Gegenfrage: „Wo bleibst du?" (Joh 1,38). Dagegen ist die ursprüngliche Spannung der beiden menschlichen Grundbedürfnisse in der deutschen Einheitsübersetzung nicht mehr in dieser Form wiederzuerkennen. Hier fragt Jesus die Jünger „Was wollt ihr?", und sie antworten Jesus „Wo wohnst du?". Und bekanntlich heißt es in der Erzählung im Johannesevangelium weiter, dass Jesus die fragenden Jünger mit den Worten einlädt: „Kommt und seht!" (Joh 1,39) – wobei hier in der originalen griechischen Fassung zwei unterschiedliche Zeiten gebraucht werden, und es originalgetreu übersetzt heißen sollte: „Kommt und ihr werdet sehen". Das erste ist also das wirklich Sich-in-Bewegung setzen, das Aufbrechen; es ist nicht das Sehen, die Theorie, sondern die Praxis, das Gehen. Sehen ist erst die Folge. Um Jesus zu sehen, mussten die Jünger gehen. So wie der Engel am Grab zu den Frauen spricht: „Fürchtet euch nicht! Ich weiß, ihr sucht Jesus den Gekreuzigten. Er ist nicht hier; denn er ist auferstanden, wie er gesagt hat. Kommt her und seht euch die Stelle an, wo er lag. Dann geht schnell zu seinen Jüngern und sagt ihnen …" (Mt 28,5ff.) Auf dieses „Geht" folgt unmittelbar eine zweite Botschaft, nämlich: „Er geht euch voraus nach Galiläa; dort werdet ihr ihn sehen." Glauben bedeutet also dorthin zu gehen, wohin der auferstandene Jesus uns vorausgeht. Ebenso will Glauben an andere mitgeteilt werden, wie es die Katechetik ausdrücken würde, oder um es mit der neuen und zugleich alten „Mathetik" zu sagen: Glauben will mitgeteilt im Sinne von „mitgelebt" werden mit anderen. In der Auswertung einer vom Institut für Religionssoziologie und Gemeindeaufbau der Kirchlichen Hochschule Berlin 1991/1992 durchgeführten Befragung zum Thema „Was die Menschen wirklich glauben" wird festgestellt: „Die Bedeutung der personalen Beziehungen muss ernster genommen werden als bisher … Es wird darauf ankommen, dass die Kirchen diesem Befund in Zukunft besser Rechnung tragen. Am Anfang müssen neue Bemühungen darum stehen, die Menschen im Lebensumfeld der Gemeinden besser wahrzunehmen. Aber auch in ihren Gottesdiensten, in alten und neuen Ritualen und sonstigen Veranstaltungen muss den personalen Beziehungen mehr Aufmerksamkeit gewidmet werden."[154]

Nach dem Markusevangelium beginnt Jesu Seelsorge mit den Worten: „Die Zeit ist erfüllt, das Reich Gottes ist nahe." (Mk 1,15) Um seine Zuhörerinnen und Zuhörer von der Glaubwürdigkeit dieser Botschaft zu überzeugen, vollbringt er Zeichen und Wunder, von denen die Evangelien berichten. Viele dieser Wunder bestehen darin, dass er kranke Menschen heilt. Die Reich-Gottes-Botschaft ist die Botschaft vom Heil des Menschen, und eben dieses Heilsein zeigt sich in den Heilungstaten Jesu. Das bedeutet nicht, dass sich das Heil des Menschen in der Heilung von Krankheiten erschöpft, vielmehr wird das umfassend verstandene Heil, welches den Menschen als ganzen, mit Leib und Seele, mit Leben und Sterben sieht, anschaulich und leuchtet auf in der Heilung von Krankheit. Dieser Zusammenhang ist wichtig zum Verständnis der Worte, welche die Jünger zu Beginn seiner Wirksamkeit in Galiläa an Jesus richten: „Alle suchen dich." (Mk 1,37) Zweifelsohne beziehen sich diese Worte ursprünglich auf alle Menschen, die sich in jener Zeit in Kafarnaum aufhielten, um geheilt zu werden, die auf der Suche waren nach dem heilenden Helfer Jesus. Dennoch weisen diese Worte der Jünger auch über ihren damaligen Entstehungsrahmen hinaus.

Wer sind die Suchenden heute? Sind es die Christinnen und Christen? Sind Christen Menschen, die Jesus definitiv gefunden haben, die ihn also gar nicht mehr zu suchen brauchen? Aber kann man jemanden, also auch Jesus, wirklich definitiv gefunden haben? Kann man von einem Menschen, den man kennt und liebt, definitiv sagen, dass man ihn ein für allemal gefunden hat? Ist das Finden unter Menschen nicht ein ständiges, immer wieder neues Suchen und Finden, immer wieder neues Entdecken und Gewinnen, wo immer wieder neue Seiten aufgeschlagen werden? Der Mensch, den ich liebe, bleibt gewiss derselbe, aber mein Bild von ihm und sein Bild von mir, und was er für mich bedeutet und ich für ihn, ändert sich im Lauf des Lebens. Daran zeigen sich die Unerschöpflichkeit und Tiefe des Wesens der menschlichen Person. Was von der menschlichen Person gilt, gilt das nicht erst recht im Blick auf die Person Jesu?

Ein Weg, um Jesus zu suchen und zu finden, führt sicher in die Heilige Schrift, vor allem in das Neue Testament. Kann das Wort der Jünger im Markusevangelium „Alle suchen dich" auch für jene gelten, welche die Bindung an die Kirche verloren haben, welche von der Kirche nichts wissen wollen? Es gibt auch heute unzählige Menschen, die Jesus suchen, weil sie denken wie Jesus gedacht hat, und weil sie tun, was er getan hat: „Was ihr für einen meiner geringsten Brüder getan habt, das habt ihr mir getan." (Mt 25,40) Menschen handeln wie Jesus, obwohl sie nie von ihm gehört haben. Karl Rahner hat in diesem Zusammenhang von der Wirklichkeit des sogenannten „anonymen" Christentums gesprochen.[155]

C

WEN GOTT BERÜHRT
„ALLE WARTEN
AUF DICH"

(Ps 104,27)

I *„Poesie wie Brot"* (Ingeborg Bachmann)

1 *Wo sich Seelsorge und Dichtung berühren*

Karl Borromäus spricht im 16. Jahrhundert in seinem bereits zitierten Brief an die Seelsorger seines Bistums vom „Gebären" und beschreibt damit die Aufgabe der Seelsorge mit Hilfe des Bildes der Mutterschaft: „Alle Schwierigkeiten, die wir notwendig Tag für Tag in großer Zahl erfahren – wir sind ja in sie hineingestellt –, werden wir leicht überwinden können. Auf diese Weise gewinnen wir Kraft, Christus in uns und in anderen zu gebären."[1] Der englische Kirchenlehrer Beda Venerabilis aus dem 8. Jahrhundert hat im Gang Mariens von „Nazaret" (das soviel bedeutet wie „Blume") nach Betlehem (was wörtlich „Haus des Brotes" heißt) ein Bild für das Geheimnis der Kirche als „Gottesgebärerin" gesehen. Er schreibt, dass die Kirche, wie einst Maria mit dem ewigen Wort unter ihrem Herzen, von Nazaret nach Betlehem durch die dunklen Jahrhunderte geht: „Auch heute noch und täglich und bis zur Vollendung der Zeiten, wird der Herr unaufhörlich in ,Nazaret' empfangen und in ,Betlehem' geboren."[2]

In der ursprünglichen Wortbedeutung verweist Offenbarung auf die althochdeutsche Bezeichnung „offenbari"; „bari" stammt aus der Wortwurzel „beran", d. h. tragen, gebären.[3] Offenbaren heißt, „sich im anderen vermittelt ankündigen". Offenbarung vermittelt Leben unter den Kategorien der Entwicklung (Geschichtlichkeit) und des Aufscheinenlassens (Wahrheit). Geschichtlichkeit und Wahrheit bestimmen die Dynamik der Offenbarung.

Spurenhaft ist in der Bibel die Vorstellung vom schöpferischen Gebären der Erde erhalten, wenn sie nach Gen 1,11f. die Vegetation sprießen lässt, oder wenn in Hos 2,23f. der Himmel auf die Erde eingeht, sodass sie diese Frucht geben kann. Auch wenn das Leben des Beters von Psalm 139,15 tief im Schoß der Erde gewirkt worden ist und die Rückkehr des menschlichen Lebens in den Schoß der Erde voraussetzt – so wie es bei Ijob 1,21 heißt, dass es von dort kommt – so steht hinter diesen Bildern zweifellos der Glaube an die re-generativen Kräfte des Erdenleibes:

> Denn du hast mein Inneres geschaffen,
> mich gewoben im Schoß meiner Mutter.
> Ich danke dir, dass du mich so wunderbar gestaltet hast.
> Ich weiß: Staunenswert sind deine Werke.
> Als ich geformt wurde im Dunkeln,
> kunstvoll gewirkt in den Tiefen der Erde,
> waren meine Glieder dir nicht verborgen.
> Deine Augen sahen, wie ich entstand,
> in deinem Buch war schon alles verzeichnet;
> meine Tage waren schon gebildet, als
> noch keiner von ihnen da war.
> (Ps 139,13–16)

Ein Verständnis der Schöpfung als Geburt ist in den biblischen Texten also tief verankert, ebenso wie ein anderer Begriff, der im Zusammenhang mit der Seelsorge verwendet wird: Das Wort „Zeugnis", „Zeuge" bzw. „Zeugin" oder „be-zeugen", welches sich von „Zeugung", also von „Vaterschaft" herleitet. Die Vorstellung, dass der Mensch schöpferische Fähigkeiten besitzt, welche diejenigen Gottes nachahmen, ist mittelalterlich. Zuerst begegnet man ihr bei Nikolaus von Kues, später in der Renaissancemalerei, insbesondere bei Leonardo da Vinci. Seit der Romantik spricht man sogar ausdrücklich vom „mundus fabulosus", von der Welt der Dichtung bzw. vom „Heterokosmos", vom Gedicht als zweiter Welt. Jedoch vermutete man nicht nur in der Dichtung, sondern ebenfalls in der Kunst der Rhetorik eine schöpferische Kraft. Eine solche Sicht lässt sich seit den Anfängen des Christentums nachweisen. Hierbei denke man zum Beispiel an Augustinus, der, wie auch andere Kirchenväter seiner Zeit, zur Stellungnahme herausgefordert war, ob die Erkenntnisse und Ergebnisse der profanen Wissenschaft der Rhetorik in der Praxis der kirchlichen Predigt verwendet werden dürften oder nicht. Er setzte sich ausdrücklich mit seinen Kritikern auseinander, die ihm vorwarfen, entsprechend der Regeln der profanen Rhetorik narrative Elemente in seinen Predigten zu benützen. Augustinus wehrte sich gegen seine Kritiker, indem er aufzeigte, dass Gott selbst sich in der Schöpfung und in der Heiligen Schrift als ausgezeichneten Redner ausgewiesen hat. Nach Augustinus zeigt sich ein guter Redner darin, dass er die Wahrheit niemals nackt darstellt, sondern stets verkleidet – so wie es auch Gott in seiner Schöpfung und in der Bibel gehalten hat, als er „rhetorische" Hilfsmittel verwandte, um die Geschichte seiner Offenbarung für die Augen und Ohren der Menschen in Worten und Werken interessant zu machen. In diesem Zusammenhang sprach Augustinus sogar von der „göttlichen Beredtsamkeit" („eloquentia divina", „eloquentia sacra" und „eloquentia doctrinæ salutaris").[4] Von hier aus lässt sich auch eine Verbindung zur Liturgie herstellen, wo „in einer ähnlichen Weise die Gläubigen mittels eines kunstvollen Ineinander und Zueinander von Zeichen und Symbolen genährt und erbaut werden."[5]

Seelsorge und Zeugnis sind das große Anliegen des ehemaligen Tübinger Pastoraltheologen Franz Xaver Arnold gewesen. Dieser hält in seinem Buch „Dienst am Glauben" fest: „Christliche Verkündigung muß Erlebnis sein und Bekenntnis von Erlebtem. Was er als wahr erlebt und richtig erkannt hat, das muss der Diener des Wortes ‚bekennen' und ‚bezeugen' (martyrein). ‚Ihr sollt mir Zeugen sein', verlangt der Herr. Zeugnis geben kann ich nur von etwas, was ich geschaut und erlebt habe. Der Katechet, der Prediger, muss Christus geschaut und erlebt haben. Nur so kann er Zeugnis geben; nur so drängt es ihn, zu bekennen, zu künden. Aus der Fülle des eigenen Herzens muss er reden."[6] Und er stellt weiter fest: „Nur so kann er zünden. Nur als Überzeugter kann er überzeugen, nur als Erschütterter kann er erschüttern, nur als Begeisterter begeistern."[7] Bei diesen Worten spürt man, wie sehr Franz Xaver Arnold auf eine Seelsorge gesetzt hat, die berührt und sich berühren lässt. In diesem Verständnis „ist das Wort Gottes nicht (mehr) die mechanische Wiederholung des biblischen Textes, sondern es ist das Wort Gottes durch Menschenwort. Es ist ein Zeugnis. Man bezeugt, was man gesehen und erlebt hat."[8]

2 Kosmos und Bios hängen zusammen

Der naturwissenschaftliche Zugang zur Natur ist nur eine – wenn auch durch seine technische Umsetzung ungeheuer folgenreich gewordene – Möglichkeit, die Schöpfung zu erkennen und ihr zu begegnen. Doch nach dem christlichen Schöpfungsglauben gehört zur Schöpfung nicht nur das, was messbar ist. Nach Rémi Brague besteht heute keineswegs ein Mangel an Beschreibungen des Kosmos' und dessen Entstehung.[9] Jedoch sei die kosmologische Welterkenntnis in der Moderne verlorengegangen, schreibt Brague – die Einsicht, dass der Kosmos und der Sinn des menschlichen Lebens (Bios) aufs engste zusammenhängen. Entwürfe, in denen Naturwissenschaftliches und Religiöses verwoben sind, suggerieren eine umfassende Weltdeutung, die gegenwärtig vielen sehr plausibel scheint. Zu Gottes Göttlichkeit gehört gerade, dass er nicht „absolut" jenseits und außerhalb seiner Schöpfung steht (als der nur von ihr Unterschiedene und ganz andere), dass er ebensowenig in ihr aufgeht und mit ihr zusammenfällt (als der mit ihr nur Identische). Gerade weil Gott seine Schöpfung unendlich übersteigt, wohnt er ihr zutiefst inne: „Gott ist mitten in der geschaffenen Welt – jenseitig", könnte man nach Dietrich Bonhoeffer sagen. Alles Geschaffene hat Anteil am Leben dessen, der es schuf und erhält. Weil er mit seinem Geist, seiner „ruach", seinem Lebensatem, seiner Sehnsucht, seiner Phantasie, seiner erbarmenden Mütterlichkeit, aber auch mit seiner absoluten Unbegreiflichkeit allem Geschaffenen in dessen Innerstem gegenwärtig ist.

Deshalb kommt es heute darauf an, auch andere Möglichkeiten ins Gedächtnis zu rufen; so ist an die Wahrnehmung der Schöpfung in der zeitgenössischen bildenden Kunst sowie Literatur innerhalb wie außerhalb christlicher Frömmigkeit zu erinnern. Der wissenschaftlichen Berechnung und der daraus folgenden Abstraktion setzen sie durch Schöpfungsverantwortung die lebendige Gestaltenfülle malerischer wie dichterischer Anschauungskraft entgegen. In der modernen Literatur kommt Religiöses weniger „expressis verbis" vor. Doch dies heißt nicht, dass Gott in dieser Literatur überhaupt fehlt; das Gegenteil ist der Fall. Wir gehen als Seelsorgerinnen und Seelsorger selbstverständlich davon aus, dass es Gott gibt, wohingegen die heutige Literatur auch damit rechnet, dass es Gott vielleicht nicht gibt. Man kann sogar sagen, sie ist voll von der Gottesfrage, aber diese hat eine andere Qualität als früher.

Gott kommt vor, aber auch infragegestellt, in der Negation oder im Widerspruch; man denke an Friedrich Nietzsches bekanntes Wort: „Brüder, bleibt der Erde treu." Steht es nicht im Widerspruch zur Treue dem Himmel gegenüber, fragt Karl-Josef Kuschel 1983 in einem Gespräch den Schriftsteller Heinrich Böll. Dessen Antwort: „Ich glaube, dass Nietzsche einer jener großen Geister war, die nicht auf dieser Erde zu Hause waren. Ich glaube, dass in dem, was er da gesagt und geschrieben hat, der Wunsch zum Ausdruck kam, zu dieser Erde zu gehören. Gerade diese Sehnsucht nach dem Irdischen und der Wunsch, ganz dazuzugehören, ist vielleicht der Ausdruck dieses Heimwehs nach etwas anderem." Karl Rahner behauptet, dass die Fähigkeit, das dichterische Wort zu vernehmen, eine Voraussetzung für das Hören des Wortes Gottes ist. Niemand, sagt Rahner, könne aus der Kompetenz dessen sprechen, der Gott gesehen hat. Marie Luise Kaschnitz setzt sich vor allem mit dem Gottesbild auseinander, das nicht mehr trägt. Gott ist in der heutigen Literatur nicht mehr als sicher, sondern vielmehr als Möglichkeit da. Seine Existenz ist offengehalten. In der Dichtung zeitgenössischer Autorinnen und Autoren wird die Gottesfrage im Zusammenhang mit der Kritik daran gestellt, was die Christen aus Gott gemacht haben und was sie aktuell aus ihm machen

Dem Schriftsteller Bertolt Brecht ist es gelungen, in einer seiner Kurzgeschichten den Zusammenhang zwischen Glauben und Leben in wenigen Zeilen festzuhalten: „Einer fragte Herrn K., ob es einen Gott gäbe. Herr K. sagte: Ich rate dir, nachzudenken, ob dein Verhalten je nach der Antwort auf diese Frage sich ändern würde. Würde es sich nicht ändern, dann könnten wir die Frage fallen lassen. Würde es sich ändern, dann kann ich dir wenigstens noch so weit behilflich sein, dass ich dir sage, du hast dich schon entschieden: Du brauchst einen Gott.“[10] Heute ist diese praktische Seite des Reiches Gottes für viele Menschen nicht erkennbar. Sie können nicht erkennen, was es für ihr Leben bedeutet, ob sie an einen Gott glauben oder nicht.[11] Folglich kann man – aus ihrer Sicht – darauf verzichten. Antoine de Saint-Exupéry wurde einmal gefragt, warum er glaube, dass der Mensch die Religion nötig habe. Seine Antwort lautete: damit „der Geschmack an Gott nicht verlorengeht.“ Oder anders gesagt: Der Mensch braucht Gott, damit er den Geschmack am Leben nicht verliert.

Ist unsere heutige Situation nicht ähnlich der Situation, in die hinein die Evangelisten ihre Erzählung von der „Speisung der Vielen“ geschrieben haben? Gibt es heute nicht auch einen großen Hunger nach spiritueller Nahrung? In einer Frankfurter Vorlesung hat Ingeborg Bachmann die Frage gestellt: „Poesie wie Brot?“ Sie hat darauf geantwortet, dieses Brot müsse „scharf von Erkenntnis und bitter von Sehnsucht“ sein „und zwischen den Zähnen knirschen und den Hunger erwecken, ehe es ihn stillt.“[12] Ein Brot, das nährt, ohne den Hunger vergessen zu machen. Vor nicht allzu langer Zeit ist der Roman „Hundezeiten“ des jungen Schriftstellers Patrice Nganang aus Kamerun erschienen. Dieses Buch hat den höchsten afrikanischen Literaturpreis erhalten. Es erzählt aus Augen-, Nasen- und Ohrenhöhe eines Hundes von der tierischen Suche nach dem Menschlichen des Menschen. Man kann diesen Roman als bittere Satire, aber auch als Geschichte verzweifelter Sehnsucht lesen. Religiöses kommt im ganzen Buch eigentlich nicht vor. Nur an einer Stelle bricht es geradezu hymnisch auf, als es heißt: „Ich hörte die Welt um mich herum singen, ja, ich sah sie um mich herum tanzen, unter meinen Pfoten tanzen, tanzen, tanzen tanzen, tanzen tanzen tanzen tanzen und gleichzeitig schmettern: Liberté eh eh, / Liberté eh eh, / In Gottes des Allmächtigen Namen. / Bald werden wir frei sein, Amen!"[13] Ebenso auch Xavier Naidoo, der oft als „schöne fromme Seele der Popmusik" bezeichnet wird. Man sagt, dass die Riesensäle seiner Tourneen aufgrund einer sonderbaren Mischung aus Distanz, Freundlichkeit und Hingabe des Stars gefüllt werden. Vor allem aber sei es die Grundmelodie seiner Botschaft, die trage: „Zweitausend Jahre nach dir liegt hier alles in Scherben" heißt es in einem Lied. „Ich lobe, den ich nicht nenne." Dies ist auch die Grundmelodie der Botschaft des folgenden Gedichts „Psalm" von Paul Celan.

II   Der „Psalm" von Paul Celan

Seelsorge hat mit Situationen zu tun, in denen die Aussprache mit anderen an unvermeidbare Grenzen stoßen kann, in denen das Sprechen versiegt und der Sprechende versagt, in denen das Reden von Leid und Not in Stillesein und Vertrauen münden muss, um von hier aus wieder atemwendend Kraft zur Bewältigung zu schöpfen (Jes 30,15). In solchen Situationen kann auch die Meditation von Gedichten eine Hilfe darstellen, die aus dem unbegreifbaren und ausweglosen Leid herausführt. Durch die Erfahrung, wie andere „Leidensgenossen" in Klage und Bitte ihre Hoffnung in stammelnden Versen „verdichtet" haben, entdeckt man in ihnen eine Wegweisung. Ein solches Gedicht soll nun, die Seelsorge nicht aus den Augen verlierend, auszudeuten versucht werden. Im „Psalm" von Paul Celan findet sich die Grundfrage menschlichen Lebens, die Frage nach Gott, vor dem Hintergrund leid- und schmerzvoller Erfahrung in meisterhafter Kunstfertigkeit in Worten und Gegen-Worten, in Bildern und Gegen-Bildern verschränkt. Durch das so geschaffene „Sprachgitter" hindurch vermag der Dichter, Seelsorgerinnen und Seelsorgern heute Mut zu machen.

1   Biographischer Hintergrund

Es ist stets nur auf subjektive Weise möglich, die Deutung eines Gedichts in sich schlüssig vorzutragen. Außerdem ist die Biographie des Dichters bei einer solchen Interpretation von Bedeutung. „Jede Version Gottes ist autobiographisch" gilt folglich auch hier. Deshalb soll vor der Auslegung des Gedichts auch etwas zum Leben Paul Celans gesagt werden.

Celan wurde am 23. November 1920 als Paul Antschel in Czernowitz, einer Großstadt der Habsburg-Monarchie, geboren. Seine Eltern waren bukowinische Juden, seine Muttersprache Deutsch und der Vater von Beruf Bautechniker. Geistig beheimatet ist Paul Celan in der jüdischen Tradition. In seiner Heimatstadt besuchte er auch das Staatsgymnasium, das er 1938 mit dem Abitur abschloss. Sein Elternhaus machte ihn mit der mythenträchtigen jüdischen Weisheit ebenso vertraut wie mit der Welt der chassidischen Märchen. Später sind sowohl Einflüsse des Surrealismus, des dialogischen Personalismus als auch des Existentialismus und nicht zuletzt des Christentums in seiner Dichtung zu erkennen. 1938 beginnt Paul Celan das Studium an der Ecole de Médicine zu Tours in Frankreich. 1939 kehrt er nach Czernowitz zurück und nimmt im selben Jahr an der dortigen Universität das Studium der Romanistik auf. 1940 wird der nördliche Teil der Bukowina mit der Hauptstadt Czernowitz sowjetisch, im Juli 1941 erfolgt die Besetzung seiner Geburtsstadt durch deutsche und rumänische Truppen.

1942 deportiert man seine Eltern in ein Vernichtungslager. Auch Celan wird in einem Arbeitslager in Rumänien gefangengehalten. Im Frühjahr 1944 kommt der Dichter wieder nach Czernowitz zurück. Im Herbst, nachdem die Bukowina wieder sowjetisch geworden ist, setzt er sein Romanistik-Studium fort. 1945 emigriert er aus der Sowjetunion und übernimmt eine Übersetzer- und Verlagslektorentätigkeit in Bukarest. Entscheidend für das Leben Celans wurde die Freundschaft mit dem russischen Lyriker Osip Mandelstamm, dem er die Gedichte der „Niemandsrose" gewidmet hat. 1969 unternimmt Celan seine letzte größere Auslandsreise. Sie führt ihn nach Israel. Im März 1970 tritt er zum letzten Mal in der Öffentlichkeit auf: bei einer Lesung auf der Hölderlin-Tagung in Stuttgart. Ende April desselben Jahres wählte er den Freitod in Paris, wo er seit Kriegsende gelebt hat. Diese biographischen Erfahrungen prägen, wie wir sehen werden, entscheidend den Inhalt seines „Psalm". Durch das Gitter einer sich zunächst unverständlich ausnehmenden Sprache lässt sich das dahinter verborgene Leiden herauslesen bzw. heraushören.[14]

2 Der Text und seine formale Struktur

„Psalm"

Niemand knetet uns wieder aus Erde und Lehm,
niemand bespricht unsern Staub.
Niemand.

Gelobt seist du, Niemand.
Dir zulieb wollen
wir blühn.
Dir
entgegen.

Ein Nichts
waren wir, sind wir, werden
wir bleiben, blühend:
die Nichts-, die
Niemandsrose.

Mit
dem Griffel seelenhell,
dem Staubfaden himmelswüst,
der Krone rot
vom Purpurwort, das wir sangen
über, o über
dem Dorn.

Das Gedicht „Psalm" besteht aus vier Strophen, die sich, rein äußerlich besehen, sich jeweils von oben nach unten trichterförmig zuspitzen. Während in den ersten drei Strophen eindeutig die hellen, kurzen Vokale (i, e, a, ü) in der Wortverwendung auffallen, ist

Wen Gott berührt

in der zweiten Hälfte der vierten Strophe eine Wandlung zur Verwendung von dunklen, breiten Vokalen (o, u) zu erkennen. In jeder Strophe erhält ein bestimmtes Wort tragenden Charakter. In der ersten Strophe „Niemand", in der zweiten „Dir", in der dritten „Niemandsrose", das in Entsprechung zu dem am Anfang dieser Strophe stehenden Wort „Nichts" zu sehen ist. Die vierte Strophe nimmt durch die Worte „Krone" und „Dorn" das tragende Wort der dritten, „Niemandsrose" wieder auf. Diese knappe Strenge der Verse weist Paul Celan nicht nur als einen Meister im Finden und Auffinden von Worten, sondern auch als einen der großen Erfinder der Dichtkunst überhaupt aus. „Sprachkürze gibt stets Denkweite" (Jean Paul).[15]

III Aufmerksamkeit für das Alltägliche

Paul Celan selbst gebrauchte anlässlich der Verleihung des Büchner-Preises (1960) in seiner Rede über das Gedicht ein Wort von Malebranche: „Aufmerksamkeit ist das natürliche Gebet der Seele."[16] Dieses Zitat erweist sich besonders für die Ausdeutung des Gedichts „Psalm" ergiebig, weil gerade darin in einer magischen Steigerung der Gotteshunger des heutigen Menschen – alle suchen dich –, seine Sehnsucht nach Berührung mit einem Du, dem nie erreichbaren und doch so notwendigen „Transzendenten", kraftvoll zum Ausdruck kommt. Hier trifft man auf die Sprache eines geborenen Gottsuchers, der zwar durch Fragen und Zweifel die Existenz Gottes keineswegs gefunden zu haben glaubt, aber dennoch fühlt, dass er Gott braucht, um sein Leben bewältigen zu können. So wird das Gedicht „Psalm" zu einem „verzweifelten Gespräch" des Dichters, das in der Hoffnung auf eine Antwort einfach so in die Bedeutungslosigkeit und Leere hineinruft.

Gerade heute werden Menschen mit ihrer Glaubensunsicherheit sich in dieser Situation wiederfinden können. Heute zu glauben ist ja kein selbstverständlicher Besitz mehr, der, abgesichert durch Glaubensformeln und unberührt von den unterschiedlichen Weltdeutungssystemen bestehen könnte. Insbesondere an den Grenzen und in Grenzsituationen seines Lebens erfährt der Glaubende seine radikalste Anfrage, zugleich aber auch die intensivste Einforderung seiner *ganzen* Person, die Einladung „Komm", wie sie Jesus an den von den Wellen des Sees Gennesaret bedrohten Petrus gerichtet hat (Mt 14,29). Wenn sich die Wahrheit vom „Wagnis des Glaubens" nicht als leeres Phrase entlarven will – hat sie sich dann nicht gerade auf diesen dunklen Wegstrecken des Lebens zu bewähren?

Wen Gott berührt

Die Benennung Gottes als des „ganz Anderen" mit „Niemand" bringt diesen Wagnischarakter eindrucksvoll zur Sprache. Oberflächlich betrachtet könnte ein „Psalm auf Niemand" blasphemisch anmuten. Doch liest man das Gedicht vor dem Horizont der jüdischen Tradition, aus der heraus Paul Celan denkt und schreibt, eröffnet sich dem Leser ein ganz anderer Zugang für die Auslegung. Da der Gottesname im Judentum nicht ausgesprochen werden darf, wählt Celan als Umschreibung das negative Nomen „Niemand". In diesem Punkt ist eine Verwandtschaft mit Max Horkheimer, ebenfalls gebürtiger Jude, festzustellen: Nach diesem duldet die jüdische Religion „kein Wort, das der Verzweiflung aller Sterblichen Trost gewährte".[17] Gleichwohl knüpft sich Hoffnung „an das vom Gesetz ergangene Verbot, den Namen Gottes zu nennen. Hoffnung darauf, dass sich hierin äußert, was über des Menschen Maß hinausgeht. Hoffnung als Eingedenken der Sünde, die das Verbot übertrat. Im Verbot selbst bleibt das Band zwischen Name und Sein anerkannt. Gott ist gerade deshalb kein leerer Name, weil er niemals genannt wird." Folglich ist die Erhebung des „niemand" zum „Niemand" im „Psalm" durch die Verwandlung eines Pronomens zum Nomen zwar eine sehr diskrete, aber doch unglaublich gewaltige Steigerung.

Trotz ihrer vordergründigen Negativität geht es in Wirklichkeit um eine positive Aussage. Ja, gegenüber aller Fraglichkeit kann sie auf diese Weise geradezu als Gewissheit erscheinen. Eine zusätzliche Verstärkung erfährt diese Version durch die Schöpfungsaussagen, welche die Einmaligkeit der Menschenschöpfung aus Erde und Lehm hervorheben. Demnach könnte die Schöpfung noch einmal von neuem anheben. Gestalt würde dann zum zweiten Mal geformt, Staub noch einmal besprochen. Der allein dies vermag, ist der „Niemand". Gott „töpfert" den Menschen aus der feuchten Ackererde. Das bedeutet: Gott berührt jeden Menschen mit seiner Hand. In Ps 94,9 „töpfert" Gott sogar das Auge. Ps 74,17 wendet den Ausdruck im übertragenen Sinn auch auf die „Erschaffung der Jahreszeiten an. Auch Ijob setzt in 10,9 den „Staub" im Zusammenhang der Menschenschöpfung mit dem hebräischen Wort für „Lehm" gleich: „Denk daran, dass du wie Ton mich geschaffen hast. Zum Staub willst du mich zurückkehren lassen?" An dieser Stelle denkt man unweigerlich an die Aschermittwochs-Liturgie, in der dem Menschen seine „Staubsituation" äußerst sinnenfällig vor Augen geführt und zugesprochen wird: „Gedenke Mensch, dass du Staub bist und wieder zum Staub zurückkehren wirst." Der mit seiner Nichtigkeit konfrontierte und der Gefahr der Sinnlosigkeit ausgesetzte Mensch erfährt darin unbestritten in einer besonderen Weise sein Angewiesensein auf das vergebende und neu schaffende Wort des lebendigen Gottes. Dabei webt sich der Dichter mit seinen Fragen und Zweifeln, ob man denn auf dieses in jeder Hinsicht schöpferische Wort Gottes tatsächlich hoffen darf, gleichsam selbst in sein Gedicht hinein. Man könnte an die mittelalterlichen Maler denken, die sich ebenfalls oft als irgendwelche, meist unbedeutsam erscheinende Figuren, in ihre Bilder mit hineingemalt haben.

In der Unmöglichkeit des Menschen, im Gedicht den ganz anderen, absoluten Gott „auszusprechen" und in der Möglichkeit, ihn dennoch „anzusprechen", deckt Celan gleichsam die religiöse Grundsituation des Menschen auf, die von einer widersprüchlichen dialogischen Spannung gekennzeichnet ist. Dabei wird eben dieses Widersprüchliche in der ersten Strophe in Form eines künstlerischen Verfremdungseffektes zum Ausdruck gebracht:

niemand „knetet", wie kann ein niemand kneten?
niemand „bespricht", wie kann ein niemand sprechen?,

wenn er nicht als negativ umschriebener „Einer" gedacht würde. So wird die Negation zur Affirmation, das Verbot zum Gebot, und so gelingt es Paul Celan in der Tat, am Sinn dieses „Nichts" festzuhalten.

Bereits die ersten Verse geben Einblick in sein Sprachverständnis. Der Dichter weiß genau um die Grenzen der Sprache, wenn es gilt, im Grunde Unsagbares aussagen zu wollen. Obgleich er sich des Widerspruchs von Ideal und Wirklichkeit bewusst ist, muss nach seiner Ansicht das Gedicht vor dem Anspruch des Ideals bestehen können. Ideal des Gedichts bleibt es, in die Räume des Unsagbaren und Unendlichen vorzustoßen, auch wenn dies nur in Form des „Gedichts eines Verstummens" geschehen kann. Den Menschen reizt es geradezu immer wieder, dieses letztendlich Unsagbare, diesen „Niemand" anzusprechen. Dieses Ansprechenwollen, Ansprechenkönnen und Ansprechenmüssen wird in der zweiten Strophe des Gedichts dargelegt, wo Celan sogar zu einem Lob auf den Niemand anhebt:

> Gelobt seist du, Niemand
> Dir zulieb wollen
> wir blühn
> Dir
> entgegen.

Das Pronomen „Niemand" erfährt in der zweiten Strophe durch die direkte Ansprache eine Steigerung zum Personalpronomen „Dir". Damit scheint in dieser Strophe die Existenz des Niemand als sicher zu gelten; hierfür bürgen das konkrete Wort „blühn", weiterhin das Wort „wir" und das Wort „entgegen", die alle nur in Bezug zum und in Richtung auf „Niemand" zu begreifen sind. Erst von ihm her erhalten sie ihre eigentliche Existenzberechtigung. Doch wie können „wir", die wir später in der dritten Strophe als „Nichts" bezeichnet werden, blühen? Einen Schlüssel für die Beantwortung darf man direkt nach dieser an sich widersprüchlichen Aussage in dem Wort „Niemandsrose" sehen: Nur insofern wir als „Nichts" auf den lebendigen „Niemand" bezogen sind, sind wir zu blühen imstande. Dieses „Nichts" faltet der Dichter in der dritten Strophe in allen zeitlichen Dimensionen noch weiter aus:

Ein Nichts
waren wir, sind wir, werden
wir bleiben, blühend:
die Nichts, die
Niemandsrose.

Die klassische spirituelle Literatur birgt zahlreiche tiefe theologische Gedanken. So heißt es z. B.: Ein Christ hat in Gemeinschaft mit dem Vater durch Jesus Christus im Heiligen Geist zu leben. Wie sich das jedoch im Einzelnen äußern soll, wird kaum gesagt. Es wird lediglich auf die drei Tugenden Glaube, Hoffnung und Liebe hingewiesen. Doch eine Anleitung zu deren Einübung wird man vergeblich suchen. Und ist es nicht eine Versuchung der Theologie überhaupt, sich sehr viel mit Grundfragen abzugeben, aber darüber das „know how to do" zu vergessen? Die Wirklichkeit kann an bedenkenswerten Gesichtspunkten manchmal reicher sein als das durchdachteste System. Denken kommt aus der Anschauung. Wenn es nicht zur Verstiegenheit entarten soll, braucht es den freimütigen und geduldigen Blick auf das Reich der Tatsachen, also auf das, was *ist*. Wohl gibt es in der geistlichen Literatur der Vergangenheit einzelne praktische Hinweise (so z. B. bei Cassian, Bernhard von Clairvaux, Ignatius von Loyola und Alfons Rodriguez), aber ein regelrechter Leitfaden, eine systematische Anleitung zur Spiritualität und ihren Vollzügen findet sich nicht.

Man denke zum Beispiel an die biblische Anregung, ohne Unterlass zu beten (1 Thess 5,17). Anhand der „Aufrichtigen Erzählungen eines russischen Pilgers" lässt sich zeigen, was für eine Problematik in der Frage nach dem „Wie" der Spiritualität steckt. Für den „russischen Pilger" hatte alles damit begonnen, dass er bei der Lesung 1 Thess 5,17 in einer Kirche hörte, man solle ohne Unterlass beten. Als er sich entschlossen hatte, dieses Beten zu erlernen, suchte er sich einen Begleiter, der es ihm beibringen könnte. Er begab sich in Kirchen und bat große Prediger um ihren Rat. Doch alle gaben ihm Ratschläge und Belehrungen, was das Gebet ist, worauf es dabei ankommt, wie wertvoll es ist, aber eine praktische Anleitung, wie man betet bzw. wie er persönlich beten solle, bekam er nicht. In einem Kloster bei Mönchen ging es ihm ähnlich. Überall erhielt er Erklärungen, aber keiner sagte oder zeigte ihm, wie man das Beten lernt.

Es wird erzählt, dass er nach einiger Zeit zu einem Starez kam, der ihn das gewünschte immerwährende Gebet lehrte. Dieser sagte zu ihm: „Setz dich still und einsam hin, neige den Kopf, schließe die Augen; atme recht leicht, blicke mit deiner Einbildung in dein Herz, führe den Geist, das heißt das Denken, aus dem Kopf ins Herz. Beim Atmen sprich, leise die Lippen bewegend oder nur im Geiste: ‚Herr Jesus Christus, erbarme dich meiner.' Gib dir Mühe, alle fremden Gedanken zu vertreiben. Sei nur still und habe Geduld und wiederhole diese Beschäftigung recht häufig." Es gelang dem Pilger, eine Schutzhütte zu finden, in der er sich aufhalten und üben konnte. Der Starez sagte ihm: „Da hast du einen Rosenkranz; verrichte danach zunächst dreitausend Gebete an jedem Tage. Ob du stehst oder sitzt, ob du gehst oder liegst, wiederhole unablässig ‚Herr Jesus Christus, erbarme dich meiner', nicht laut, ohne Übereilung: und tue dieses eben dreitausendmal am Tage." Nach einer Woche bekam er den Auftrag, je sechstausendmal am Tag das Gebet zu verrichten. Und endlich, nach einer weiteren Woche, zwölftausendmal. Nach der Bewältigung einiger Schwierigkeiten und Krisen gelang es ihm mit Leichtigkeit, die zwölftausend Gebete bis zum Abend zu verrichten. „Den ganzen Tag über war ich voller Freude, und es war mir, als wäre mir alles andere in der Welt fremd: ich war gleichsam wie auf einer andern Erde." Nach einiger Zeit merkte er, wenn er nachts wach wurde, dass sein Herz auch im Schlaf dieses Stoßgebet selbständig wiederholte. Die Mühe der konkreten Einübung hat sich gelohnt.[18]

Das von Paul Celan Büchner-Preis-Rede zitierte Wort von Malebranche „Aufmerksamkeit ist das natürliche Gebet der Seele" betont die unbedingte Bezogenheit beider Vollzüge. Augustinus sagt, die Speisung der Vielen sei nicht wunderbarer gewesen als das, was täglich in einem Samenkorn geschehe, nur unalltäglicher. Genesis ist für Gott nicht irgendein vereinzelter Akt gewesen, sondern sie ist ein immerwährendes Ereignis, das sich jeden Augenblick neu vor unseren Augen vollzieht. In jedem Augenblick werden wir neu geschaffen. Genesis ist jeden Augenblick.[19] Simone Weil sagt in einer Auswahl ihrer Schriften mit dem Titel „Aufmerksamkeit auf das Alltägliche", die Aufmerksamkeit auf ihrer höchsten Stufe sei „das gleiche wie das Gebet. Sie setzt den Glauben und die Liebe voraus." So wie der richtige Augenblick nicht erzwingbar ist, sondern erwartet und dann ergriffen werden muss. Das Warten kann einerseits schmerzhaft offen bleiben; es ist dann, als wenn sich die Aufmerksamkeit total ins Leere richtet. Ohne jede Orientierung und ohne jeden Anhaltspunkt.

Von einem anderen Warten handelt das von Michel de Certeau[20] in seiner Schrift „L'Etranger ou l'union dans la différence" verwendete Bild aus dem frühen Mönchtum des 3. und 4. Jahrhunderts: Eine Gruppe von Mönchen harrt die Nacht wachend aus, im Stehen, Richtung Sonnenaufgang, die Hände zum Himmel erhoben; ihre ganze Haltung ist nichts als Warten, Ausharren in der Stille, in der Dunkelheit der Nacht, voller Sehnsucht – wann wird der Morgen kommen? Während dieser Nachtstunden scheint Gott fern, aber sie harren aus, und ihr Warten ist ein Arbeiten an der Sehnsucht, Gott nahe zu sein, ein stilles Gebet, jeden Tag neu. Darauf wartend, dass Gott sich „zeigt". Das althebräische Wort für „Angesicht" bzw. „Gesicht" stellt ein Pluraletantum dar. „Panim" leitet sich von dem Verbum „pnh" ab, das „sich jemandem zuwenden" bedeutet. Im „Angesicht" als den „panim" sind also die Hinwendungen des Menschen versammelt.[21] Jedes Gesicht eines Menschen prägt sich uns mit vielen Gesichtszügen ein, die wir selbst bei der Begegnung mit ihm als charakteristisch erlebt haben. Dies bedeutet, dass wir stets im Gesicht des bzw. den Gesichtern der anderen unsere eigenen Erwartungen an sie mitsehen. Nichts anderes will die Bibel sagen, wenn sie im Hebräischen von „panim" als dem „Angesicht" Gottes in der Mehrzahl spricht.

Wen Gott berührt

IV *Speise zur rechten Zeit* (Ps 104,27f.)

In seiner Rede anlässlich der Verleihung des Büchner-Preises hat sich Paul Celan mit dem Phänomen der Zeit auseinandergesetzt und sich die Frage gestellt, auf welche Zeitdimension er den Akzent in der Dichtung legen soll: Auf „den Akut des Heutigen, den Gravis des Historischen, – ... den Zirkumflex – ein Dehnungszeichen – des Ewigen."[22] Celan entschied sich in der Rede für den Akut des Heutigen, wenngleich Vergangenheit und Zukunft bzw. Ewigkeit nicht ausgeschlossen bleiben, was in seinem Gedicht „Psalm" in den Zeitwörtern „waren" und „werden bleiben" seinen entsprechenden Ausdruck findet.

Mit seinem Zeitverständnis zeigt sich Celan also ganz dem jüdischen Zeit- und Geschichtsverständnis verpflichtet, demzufolge man sich Vergangenheit und Gegenwart nicht isoliert oder aneinandergereiht, sondern als eine ineinander verwobene Einheit vorstellen muss. Das alttestamentliche Israel stellt auf diese Weise sein Leben dar, sein Leben vor und mit seinem Gott, so wie es war, ist, sein soll oder auch nicht sein soll. Nach dieser Vorstellung entsprechen Vergangenheit und Gegenwart also einander. In der Vergangenheit sucht man die Normen und Präzedenzfälle, nach denen die Gegenwart zu verstehen und in ihr zu handeln ist. So lebt die Vergangenheit mit dem Leben selber weiter, und sie ist gar nicht imstande ganz zu sterben, solange sie dies tut.[23] Man muss ferner achtgeben, die Ewigkeit Gottes nicht als „schlechte Unendlichkeit", also als quantitatives Nicht-Enden-Wollen der Zeit misszuverstehen. Dies würde im Grunde auf eine unerträgliche Langeweile hinauslaufen. Ewigkeit ist nicht die Fortsetzung unseres Lebens in der Zeit bloß ohne das Ende des Todes. Sie ist vielmehr das Aufhören des zeitlichen Nacheinander überhaupt. Ewigkeit Gottes ist erfüllte Gegenwart, und von dieser Gegenwart Gottes her können wir auch schon in unserer Lebenszeit etwas spüren, etwa in solchen Momenten oder „Augenblicken", in denen wir – ganz hingegeben an das, was uns erfüllt – die Zeit vergessen. Diese Überlegung kann uns in Ergänzung zum mehrfach zitierten Nietzschetext davor bewahren, dass wir hektisch versuchen, die Zeit um jeden Preis auszunutzen, was uns letztlich nur die Zeit nimmt, als dass es sie wirklich unsere eigene Zeit werden lässt.

Angesichts des insgesamt fünfmal erscheinenden „wir" in der zweiten, dritten und vierten Strophe stellt sich der „Psalm" die Frage, wer mit dem „wir" eigentlich gemeint ist. Einmal kann es, im Horizont der Lebenserfahrungen Celans gesehen, darauf hinweisen, dass das Gedicht aus der Perspektive der jüdischen Toten zu denken wäre, wodurch sich der Standort des „Psalmisten" entscheidend verschoben hätte. Aus der Klage um die Toten wäre eine Klage der Toten selbst geworden. Demnach könnte man den „Psalm" im Sinne eines „Rollengedichtes" verstehen. Doch diese Sicht ist vermutlich noch zu einseitig. Denn ziemt nicht auch den im Heute Lebenden angesichts ihrer Hinfälligkeit und Nichtigkeit eine solche Klage? Der Widerspruch des „Niemand", einer und keiner zu sein, wiederholt sich in seinen Geschöpfen. Sie sind ein „Nichts" und leben dennoch. Um diesen Widerspruch des Nicht-Seins und Dennoch-Lebens, um das Totsein der Lebenden und der lebenden Gegenwart der Toten, sowie um die Trennung beider und die trotzdem „durchlässige" Grenze zwischen beiden weiß die Dichtung Paul Celans.

Wie diese „durchlässige Grenze" zu verstehen ist, hat Karl Rahner folgendermaßen zu beantworten versucht: „Damit sich unsere Liebe im Glauben enthülle, hat sich seine Liebe in die Stille seines Schweigens verhüllt. Damit wir ihn finden können, hat er uns scheinbar verlassen. Denn wäre er offenkundig bei uns, fänden wir auf der Suche nach ihm immer nur uns selbst … Sein Schweigen in dieser irdischen Welt ist nichts denn die irdische Erscheinung des ewigen Wortes seiner Liebe. Dieses Schweigen ahmen unsere Toten nach. Und so, durch Schweigen, reden sie zu uns lauter, sind sie uns näher als durch alle lauten Worte der Liebe und der Nähe. Weil sie in Gottes Leben eingegangen sind, bleiben sie uns verborgen. Weil die Worte ihrer Liebe zu uns verschmolzen sind mit dem Jubelwort seiner unendlichen Liebe, dringen sie nicht an unser Ohr. Sie leben die Grenzenlosigkeit des Lebens Gottes und seiner Liebe mit. Und darum geht ihre Liebe und ihr Leben nicht mehr ein in die engen Räume dessen, was wir unser Leben und unsere Liebe nennen. Wir leben ein sterbendes Leben: Darum erfahren wir nichts von dem ewigen Leben der heiligen Toten, das keinen Tod kennt. Aber gerade so leben sie auch für uns und bei uns. Denn ihr Schweigen ist ihr lautester Ruf, weil es das Echo des Schweigens Gottes ist, der Gleichklang mit Gottes Wort, das zu uns spricht."[24]

Alle Gedanken Celans bewegen sich im Kreis des Totengedenkens. Seine Gedichte sind im Grunde ein Versuch, die „durchlässige Grenze" zwischen den Lebenden und den Toten zu überschreiten, mit den Toten ins Gespräch zu kommen. Besonders in der vierten Strophe des Gedichts „Psalm" wird der Einfluss christlichen Gedankenguts auf Celan erkennbar. Die Niemandsrose blüht:

> Mit dem Griffel seelenhell,
> dem Staubfaden himmelswüst,
> der Krone rot
> vom Purpurwort, das wir sangen
> über, o über
> dem Dorn.

Durch die Illustration des Wortes „Niemandsrose" mit „Krone rot" und „Dorn" ist im Zusammenhang mit dem „Purpurwort" an die tragische Vergangenheit Celans und seiner jüdischen Schicksalsgenossinnen und -genossen erinnert. Bei dem Vers „vom Purpurwort, das wir sangen" lässt sich auch an die 150 Psalmen denken, die in den Vernichtungslagern von Juden gesungen wurden, um die Schmerzen der Lagerhaft zu ertragen. Die Verwendung der dunklen Vokale weist auf die Dunkelheit der Vergangenheit Celans hin. Gleichsam erscheinen die hellen Vokale zwischen den dunklen in der vierten Strophe wie „Zuckungen", welche diesem sinnlosen Leid doch noch einen letzten Sinn abringen möchten.

Bei den Worten „Krone rot", „Purpurwort" und „Dorn" ist zweifellos auch an Jesus gedacht, den man mit der Dornenkrone ausgestattet ebenfalls seinen Henkern ausgeliefert hat. Als Seelsorgerin und Seelsorger darf man an dieser Stelle an die Situation des „ecce homo" denken, wie wir sie von zahlreichen bildnerischen Darstellungen kennen. Der „gekreuzigte" Jude im Konzentrationslager ist demzufolge nicht zu unterscheiden von dem gekreuzigten Christus, wie er auf den Bildern Chagalls dargestellt wird. Hier finden wir ein jüdisches und christliches Schicksal zu einer Handlung verschmolzen. Das Wort „Dorn" am Schluss des Gedichts macht den ganzen Schmerz eines Lebens ohne Sinn offenbar, nach dem der Dichter zeitlebens gesucht und von denen er in seinen Gedichten beredtes Zeugnis abgelegt hat.

Paul Celans Sprache ist wie kaum eine andere durch viele Verschlüsselungen gekennzeichnet. Doch wo Verschlüsselung ist, dort ist auch Aufschluss. Die Worte des Dichters erscheinen oft „rätselhaft". Im Süddeutschen wird das Wort „Rätsel" heute noch synonym für „Gedicht" oder „Traum, Traumgesicht, Traumbild" verwendet. Aus einem „Rätsel" erfolgt oft ein Rat, aus dem dann doch noch Rettendes erwachsen kann. Sind die rätselhaften Worte der Dichter vielleicht ein Spiegel der rätselhaften Eigenart Gottes selbst? Augustinus versucht in den Confessiones, die unfassliche Eigenart Gottes wie folgt zu umschreiben: „Der Geheime und der Offenbare, der Schöne und der Gewaltige, der Feste und der Unbegreifliche, der Unwandelbare, der alles wandelt: nie bist Du neu, nie bist Du alt … immer der Wirkende, immer der Ruhende."[25] Alle Bemühungen des Menschen, die Eigenart Gottes in Worte fassen zu wollen, stößt im Wort selbst an eine unüberschreitbare Grenze. Kann eine Antwort aber nicht gerade von hier aus in der Seel-

Wen Gott berührt

sorge an den verzweifelten und fragenden Menschen gefunden werden? So gesehen lädt das Gedicht „Psalm" die Seelsorgerinnen und Seelsorger ein, immer wieder zu dem Gott, der ohne Namen ist, dem „verborgenen Gott", zu beten und sich eben dadurch sich immer wieder neu aufzumachen, ihn „liebend zu finden und findend zu lieben" (Anselm von Canterbury). Paul Celan legt in seinem Gedicht ein eindrucksvolles Zeugnis von solchem Beten ab, das zugleich Suchen ist, das aber trotz aller Unsicherheit die Gnade des Gehaltenseins im Offenwerden neuer Möglichkeiten erfahren darf.[26]

Schon bei Gregor dem Großen wurde der Prediger mit einem Hahn verglichen: „Der Hahn kündet den Morgen an, weil er den Tagesanbruch ‚ahnt', noch ehe die Sonne aufgegangen ist, und so wird er zum Symbol christlicher Hoffnung." Darum wird die Zeit des Hahnenschreis in der alten Kirche zur ersten Gebetsstunde; zu dieser Stunde wird an jedem Sonntagmorgen in der Anastasis-Kirche in Jerusalem die Auferstehungsbotschaft verlesen. Vor diesem Hintergrund meditiert Gregor (in der Fassung der Vulgata) über Ijob 38,36 (‚Wer legte in das Innere des Menschen Weisheit oder wer gab dem Hahn die Ahnungskraft?'), und er fährt fort: „Wer wird hier wohl als Hahn bezeichnet, wenn nicht, wie oft an anderer Stelle, die heiligen Prediger, die in der Dunkelheit des jetzigen Lebens sich mühen, mit ihrer Stimme Kraft das kommende Licht anzukündigen? Sie sagen nämlich: Die Nacht weicht, der Tag bricht an! (vgl. Röm 13,12). Sie brechen mit ihrer Stimme unseren Schlaf ab und rufen: Es ist Zeit, vom Schlaf aufzustehen! (vgl. Röm 13,11) und weiter: Wacht ihr Gerechten, sündigt nicht! (vgl. 1 Kor 15,34)." Nach diesem Text besteht die Aufgabe von Seelsorgerinnen und Seelsorgern also darin, zwischen Ostern und Christi endzeitlicher Wiederkunft den Anbruch des Reiches Gottes anzukündigen.

Im Übrigen hat die Kirche auch auf dem Zweiten Vatikanischen Konzil mit ihrer Selbstbestimmung als wanderndes Gottesvolk den Zukunftsaspekt deutlich gemacht. Es lohnt sich, den Lobgesang Mariens (Lk 1,46–55) einmal unter dem Gesichtspunkt christlicher Zukunftsbewältigung zu meditieren. Maria jubelt nicht nur schon im zweiten Vers, dass von jetzt an alle Geschlechter sie seligpreisen werden; es geht um die Großtaten Gottes und die Heiligung seines Namens: „Er erbarmt sich von Geschlecht zu Geschlecht über alle, die ihn fürchten." So erfüllt er seine Verheißungen an Abraham und seinen Nachkommen auf ewig. Mit dem Wort „auf ewig" sind wiederum der Zukunftsaspekt und die Zukunftsdimension des Menschen und des Menschseins angesprochen. Wenn sich heute verstärkt Unsicherheit und Angst als Zukunftseinstellungen verbreiten, sollte dies der Seelsorge zu denken geben. Das Magnificat sagt: Wir sind nicht nur für uns, für unsere Generation verantwortlich, sondern auch für die Menschen, die nach uns kommen, und wir haben Sorge dafür zu tragen, dass die Erde auch für die künftigen Generationen bewohnbar bleibt.[27] Die „eschata" der christlichen Theologie kann man nicht einfach als an das Ende der Geschichte angeklebt betrachten. Sie sind vielmehr in einem wesentlichen Zusammenhang zwischen Gegenwart und künftiger Vollendung zu sehen. Erst von daher werden die letzten Dinge relevant. Mit anderen Worten: „Die erfüllte Zukunft setzt die Gegenwart notwendig voraus." Damit ist jede Art Eschatologie zurückgewiesen, die nur als Vertröstung aus der Gegenwart verstanden wird, die keinen Bezug zur Gegenwart, zum konkreten Leben hier und jetzt in der jeweiligen Zeit besitzt.

Wenn wir im 25. Kapitel des Matthäusevangeliums genau hinsehen, dann entdecken wir: Jesus wird hier nach dem konkreten Wie des Jüngsten Gerichts gefragt. In seiner Antwort bringt er das richterliche Handeln des kommenden Christus über seine Person mit dem Handeln von uns Menschen in unserem konkreten Lebensalltag zusammen: Über das Jüngste Gericht sagt Jesus in Mt 25,31–46: „Wenn der Menschensohn in seiner Herrlichkeit kommt und alle Engel mit ihm, dann wird er sich auf den Thron seiner Herrlichkeit setzen. Und alle Völker werden vor ihm zusammengerufen werden, und er wird sie voneinander scheiden, wie der Hirt die Schafe von den Böcken scheidet. Er wird die Schafe zu seiner Rechten versammeln, die Böcke aber zur Linken. Dann wird der König denen auf der rechten Seite sagen: Kommt her, die ihr von meinem Vater gesegnet seid, nehmt das Reich in Besitz, das seit der Erschaffung der Welt für euch bestimmt ist. Denn ich war hungrig, und ihr habt mir zu essen gegeben; ich war durstig, und ihr habt mir zu trinken gegeben; ich war fremd und obdachlos, und ihr habt mich aufgenommen; ich war nackt, und ihr habt mir Kleidung gegeben; ich war krank, und ihr habt mich besucht; ich war im Gefängnis, und ihr seid zu mir gekommen. Dann werden ihm die Gerechten antworten: Herr, wann haben wir dich hungrig gesehen und dir zu essen gegeben, oder durstig und dir zu trinken gegeben? Und wann haben wir dich fremd und obdachlos gesehen und aufgenommen, oder nackt und dir Kleidung gegeben? Und wann haben wir dich krank oder im Gefängnis gesehen und sind zu dir gekommen? Darauf wird der König ihnen antworten: Amen, ich sage euch: Was ihr für einen meiner geringsten Brüder getan habt, das habt ihr mir getan. Dann wird er sich auch an die auf der linken Seite wenden und zu ihnen sagen: Weg von mir, ihr Verfluchten, in das ewige Feuer, das für den Teufel und seine Engel bestimmt ist! Denn ich war hungrig, und ihr habt mir nichts zu essen gegeben; ich war durstig, und ihr habt mir nichts zu trinken gegeben; ich war fremd und obdachlos, und ihr habt mich nicht aufgenommen; ich war nackt, und ihr habt mir keine Kleidung gegeben; ich war krank und im Gefängnis, und ihr habt mich nicht besucht. Dann werden auch sie antworten: Herr, wann haben wir dich hungrig oder durstig oder obdachlos oder nackt oder krank oder im Gefängnis gesehen und haben dir nicht geholfen? Darauf wird er ihnen antworten: Amen, ich sage euch: Was ihr für einen dieser Geringsten nicht getan habt, das habt ihr auch mir nicht getan. Und sie werden weggehen und die ewige Strafe erhalten, die Gerechten aber das ewige Leben."

Jesus definiert sich hier also in einem ganz bestimmten innergeschichtlichen Begegnungszusammenhang; er tut dies nicht allgemein, sondern positionell. Und er erklärt diesen Zusammenhang – der übrigens ein sehr konkreter und kein abstrakter ist – zum Maßstab seiner zukünftigen Begegnung mit den Menschen im „Eschaton". Indem Jesus somit die endzeitlichen Folgen gegenwärtigen Handelns benennt, will er auf das gegenwärtige Handeln gestaltend Einfluss nehmen. So sind also die „letzten Dinge" nichts Abstraktes, sondern etwas sehr Konkretes; sie sind nicht nur etwas Jenseitiges, sondern genauso etwas Diesseitiges. Das Eschaton reicht also massiv in die Gegenwart und in unseren Alltag hinein – Genesis ist jeden Tag!

Karl Rahner sprach im Februar 1984 bei seinem letzten Vortrag in der Katholischen Akademie Freiburg i. Br.: „... die unheimliche Schwebe zwischen Ja und Nein als den wahren und einzigen festen Punkt unseres Erkennens aushalten und so unsere Aussagen immer auch hineinfallen lassen in die schweigende Unbegreiflichkeit Gottes selber, wenn auch unsere theoretischen Aussagen noch einmal mit uns selber zusammen unser existentielles Schicksal teilen einer liebend vertrauenden Hingabe unserer selbst an die undurchschaute Verfügung Gottes, an sein Gnadengericht, an heilige Unbegreiflichkeit."[28] Doch ohne die Frage nach dem Bösen, dem Leid, der Schuld – in der gegenwärtigen Theologie besonders durch die Arbeit von J. B. Metz vertreten – in ihrer Bedeutsamkeit für die Seelsorge zu schmälern,[29] darf genauso wenig die Frage nach dem Guten und der Glaube an das Gute in der Seelsorge aufgegeben werden. Denn wir sind ganz Geschöpf, ganz Natur, ganz Körper, verletzbar und zerstörbar wie alle Lebewesen, aber auch geschaffen und begabt zu „blühen" wie die Rose.

V Die Rose – Seelsorge, die berührt

1 Zuerst von innen her denken

Heinrich Böll erzählt in seinem Roman „Gruppenbild mit Dame"
von einem Wunder: Auf dem Grab einer vom jüdischen zum christlichen Glauben konvertierten Nonne wachsen auf unerklärliche
Weise Rosen. Daraufhin wird ihr Leichnam ausgegraben und an-
derswo beigesetzt. Aber auch dort wachsen Rosen, und zwar im Dezember. Nochmals wird der Leichnam ausgegraben und kremiert –
aber danach wachsen die Rosen aus der Urne heraus. Der katholischen Kirche ist das peinlich. Man will doch aufgeklärt sein und
dem ‚Aberglauben des Mittelalters' entrinnen. Die unerklärlichen
Rosen auf dem Grab einer Nonne stören das Image der auf Augen-
höhe der Wissenschaft sein wollenden Klostergemeinschaft. „Man
hat Botaniker, Biologen und Theologen gebeten", lässt Böll eine
Akademikerin berichten, „sich das Phänomen bei Zusicherung ab-
soluter Diskretion anzuschauen. Wissen Sie, wer sich als berührt erklärt, wer Übernatürliches ins Spiel gebracht hat: die Botaniker und
Biologen, nicht die Theologen."[30] Als „berührt" erklärten sich nach
dieser kleinen Erzählung nicht die Geistes- sondern die Naturwis-
senschaftler. Diejenigen, die von der empirischen Methodik geprägt
sind, erweisen sich als offener und gesprächsbereiter als die der Spe-
kulation als Methode verpflichteten Theologen. Was bei den sogenannten „Naturwissenschaften" groß geschrieben wird, sind Beobachtung und Erfahrung.

Meine Erfahrung mit Paula in meiner Kindheit habe ich später
aus der Sicht des Erwachsenen zu bedenken versucht. So stellte ich
mir die Frage: Was ist damals in dem Laden in der Paulagasse vor
sich gegangen? Was hat mich so fasziniert, dass es sich so tief in

mein Gedächtnis eingeprägt und mich immer wieder eingeholt hat? Es muss wohl die Tateinheit gewesen sein, wie Paula sie praktizierte: Hören, Sehen, Schweigen, Sprechen. Vor ihr stehend öffnete ich meine rechte Hand mit dem Zuckerbrotstück, streckte sie ihr hin und erklärte kleinlaut: „Das habe ich heute mitgenommen." Dabei waren meine Augen nach unten auf den Boden gerichtet. Dann, zu Paula aufschauend und mit meinen Augen ihren Blick suchend, wartete ich ab, was jetzt passieren würde. Paula sah mich an, trat hinter ihrem Ladentisch hervor, nahm mich an die Hand und ging mit mir schweigend zum Ort der Tat, zur alten Holzbank mit den zwei Körben. Sie griff in einen der Körbe, nahm ein zweites Stück heraus und legte es mir in die linke Hand. Danach legte sie meine beiden Hände mit den Zuckerbrotstücken zusammen.

Die Erfahrung der Einheit von Hören, Sehen, Schweigen, Sprechen zeigte sich mir auch in der Evangeliumserzählung der „Speisung der Vielen". Dort wird ebenfalls gesagt: Jesus hörte, er sah, er zog sich in die Einsamkeit zurück, und er redete lange zu den Menschen. Zwei Geschichten berühren sich, erschließen sich gegenseitig, verschmelzen zu einer. Mit Gerd Theißen lässt sich hier an jene religiösen Erfahrungen denken, die Menschen in ihrer jeweiligen Gegenwart machen. Er stellt fest, dass dort, wo religiöse Erfahrung mit Texten zusammentrifft, die selbst Zeugnis einer religiösen Erfahrung sind, die Texte beredt werden: „Da schlägt ein Funke aus der Vergangenheit in die Gegenwart oder aus der Gegenwart in die Vergangenheit, und beide erhellen sich wechselseitig ... Das Verstehen religiöser Texte der Vergangenheit ist vor allem deswegen so schwierig, weil moderne Menschen ihrer eigenen religiösen Erfahrung unsicher geworden sind, weil sie ihr misstrauen und von der Begegnung mit der Vergangenheit Auskünfte verlangen, die ihnen erst gegeben werden, wenn sie unmittelbar von religiösen Fragen und Erfahrungen bewegt sind."[31]

Im Gegensatz zur „Speisung der Vielen" im Evangelium wird im Kontext meiner Erfahrung mit Paula nicht „gesprochen". Was kein

Wen Gott berührt

Wunder ist, denn es handelte sich für mich um alles andere als eine rosige Situation. Ich erlebte sie als eine absolute Nachterfahrung, mit der auch Sprachlosigkeit einherging. Paula sagte ebenfalls kein Wort. Sie spürte, worauf es ankam, was wichtig war: das Unsagbare, das Weiße zwischen den Worten. Sie spürte, dass Sagen auch ein Entfernen bedeuten kann und dass man das Geheimnis auch zerschlagen kann.[32] Paula hat gehandelt. Ihr Handeln war beredtes Schweigen, das auf Gesten und Gebärden gründete. Die Schöpfungstheologie sagt, dass das Wort Gottes immer in Einheit mit seinem Handeln gesehen werden will: „Gott sprach, und es wurde …" Es ist stets ein Wort- und Tatgeschehen in einem. Sprechen ist Handeln und Handeln ist Sprechen. Paula hat eine sehr schwierige Situation gelöst: Sie hat meine augenscheinliche Not verstanden. Eine Not, bei der es äußerlich mitnichten um Leben oder Tod ging, die – so könnte man sagen – zum Reifen empirisch betrachtet dazugehört. Doch Paula hat sich von *meiner* Not berühren lassen, sie hat sie auf ihre apriorische Bedeutung hinterfragt, und so Übernatürliches ins Spiel gebracht. Sie hat mich auf der Suche nach *meiner* Wahrheit unterstützt und zuerst von innen her, vom Herzen her gedacht.

„Je dichter Glaube und Theologie an Erfahrung herankommen, desto narrativer werden sie"[33], schreibt Leonardo Boff in seinem Buch „Erfahrung von Gnade". Er beschreibt die Erfahrung als „die Weise, wie wir mit der Welt in Beziehung treten, … wie wir die Welt in uns und uns in der Welt vergegenwärtigen"[34]. Erfahrung ist weit mehr als Erlebnis. Sie trägt bereits das „Verdauen" von Erlebtem in sich und wird damit erzählend mitteilbar; sie ist geprägt von den zwei aufeinander bezogenen Aspekten der Erfahrung: von der Begegnung mit Wirklichkeit und von der sich selbst aufschließenden Verarbeitung.[35] Horst Goldstein bezeichnet die Erfahrung im Zusammenhang mit der Theologie der Befreiung als „ein Wissen, das Geschmack hat"[36]. Nach Stefanie Klein gehören die faktische Lebensgeschichte selbst sowie ihr Erzählen zum Kern des Christlichen und seiner Theorie.[37] Mit dem Erzählen aus dem eigenen Leben lernt man auch, sich selbst tiefer in seinem Reifen zu begreifen, wie es Rainer Maria Rilke in einem Gedicht gesagt hat:

> Alle, welche dich suchen,
> versuchen dich.
> Und die, die dich finden,
> binden dich
> An Bild und Gebärde.
> Ich aber will dich begreifen
> Wie dich die Erde begreift,
> Mit meinem Reifen
> Reift dein Reich.

2 Die verborgene Mitte

Von den Gründen, „raisons", des Herzens ist schon im Zusammenhang mit Blaise Pascals bekanntem Wort gesprochen worden. Es gibt jedoch noch ein anderes vertrautes Wort im Evangelium, das uns in diesem Zusammenhang weiterführen kann – das Wort Jesu in der Bergpredigt: „Selig, die ein reines Herz haben, denn sie werden Gott schauen" (Mt 5,8). Das Evangelium macht keinen Unterschied zwischen Gemüt und Verstand, sondern hebt das reine vom unreinen Herzen ab. Darin liegt sein großer Realismus, weit entfernt vom Streit über Unterschätzung oder Überschätzung des Verstandes oder des Gemüts. In der Sprache der Bibel bedeutet „Herz" die Mitte eines Menschen, in der sowohl sein Denken wie auch sein Fühlen und Wollen verwurzelt sind. Ein reines Herz besitzt nach diesem Jesuswort die Fähigkeit, Gott zu schauen. Man darf diese Fähigkeit im Zusammenhang mit dem Lukasevangelium sehen, in dem Jesus seinen Jüngern zwischen seiner Erzählung des Sämannsgleichnisses (Lk 8,4–8) und dessen Erklärung (Lk 8,11–15) bestätigt, dass es ihnen gegeben *ist* (Indikativ Präsens, nicht Futur) die

Geheimnisse des Reiches Gottes zu erkennen (Lk 8,10). Diese Doppelfähigkeit – die Geheimnisse des Reiches Gottes zu erkennen und aufgrund des reinen Herzens Gott zu schauen – kann sich nicht nur auf die Erkenntnis Gottes „von Angesicht zu Angesicht" nach der Todesgrenze beziehen, sondern sie muss in irgendeiner Form auch schon jetzt in diesem Leben möglich sein, wenn sie für Leben sowie Tätigkeit der Jüngerinnen und Jünger – „Gebt ihr ihnen zu essen" – Bedeutung haben soll.

Was mir in der Paulagasse widerfahren ist, war die spirituelle Erfahrung, dass die Gnade Gottes keine Grenzen kennt, dass sie die Glaubenden in ihren Nachterfahrungen und ihrer Sprachlosigkeit zu keiner Zeit auslässt, nicht im Stich lässt. Mir ist dort etwas zuteil geworden, was ein erstes, großes Staunen in meinem Leben auslöste: Ich erfuhr, dass es in der Welt so etwas wie eine verborgene Mitte geben muss. Doch wie kann diese verborgene Mitte in diesem Leben „geschaut" werden? Wird der Weg zur „Anschauung" Gottes als Finden der verborgenen Mitte des Lebens vielleicht dort begangen, wo man ihm auch in die Verborgenheit folgt? Die Erzählungen von der „Speisung der Vielen" in den Evangelien geben ein eindrucksvolles Zeugnis von der Überfülle der göttlichen Gnade: „Und es wurden zwölf Körbe voll." Die in den verschiedenen Evangelien zuletzt genannten Körbe spielten bei der „Verarbeitung" meiner Erfahrung mit Paula eine große Rolle: Sie waren das, woran Gott mit seiner Botschaft in meinem Leben „andocken" konnte. Körbe sind keine Subjekte, sie sind „nur" Dinge. Etwas Äußeres. Doch auch die Beobachtung und Beachtung des Äußeren vermögen zum Inneren zu führen, zum religiösen Kern. Durch die Regelmäßigkeit, mit der sie sich im Evangelium der Sonntagsliturgie immer wieder diskret ins Spiel brachten, trugen sie dazu entscheidend bei, dass ich meine Erfahrung nicht verlor.

Die Erzählungen der „Speisung der Vielen" verweisen auf die Überfülle der göttlichen Gnade. Gleichzeitig tragen sie jedoch auch – wie verschiedene Kommentatoren betonen – Züge der Verborgenheit, Zurückhaltung, Entzogenheit, ja Dunkelheit in Bezug auf das helfende Handeln Jesu. Dieses selbst bleibt in allen Versionen der „Speisung der Vielen" auffallend verborgen; der Blick soll ganz auf die geschenkte Sättigung, auf die Wirkung von Jesu Gnadenhandeln gerichtet werden. Allerdings hat die Gnade auch stets an der Verborgenheit, ja bisweilen sogar an der Dunkelheit ihres Ursprungs teil. Eine gewisse Verborgenheit gehört zu ihrem Wesen (1 Kor 13,12). Man kann das Wesen ihres Ursprungs vergleichen mit dem Wasser, dessen Grund, aus dem es hervorquillt, ebenfalls im Verborgenen und Dunklen bleiben will. Nikolaus von Kues hat in seiner „Sehschule" („De visione Dei" – „Vom Sehen Gottes") in Form eines hymnischen Gebets festgehalten: „Nichts anderes ist Dein Sehen als Lebendigmachen. Dadurch, dass Du alle siehst, wirst Du auch von allen gesehen. Anders nämlich können die Geschöpfe nicht sein, da sie durch Deinen Blick sind. Wenn sie nicht Dich, den Sehenden, sähen, empfingen sie nicht das Sein von Dir. Das Sein der Geschöpfe ist zugleich Dein Sehen und Gesehenwerden. Während Du mich ansiehst, lässt Du, der verborgene Gott, Dich von mir erblicken." In diesem Gebet stellt er die Verborgenheit Gottes fest, macht aber zugleich darauf aufmerksam, dass ich mich von Gott angesehen, angenommen, gehalten und getragen wissen darf. Dieses Wissen ist nicht unbedingt von der Art der Dogmatik, es muss auch nicht bewusst und ausdrücklich vorhanden sein. Es ist eher eine Quelle, die „überfließt" in die „geistlichen Sinne", sodass es zu einem Geschmack für das Göttliche im Erfülltsein sowie für das Berühren im Erfasstsein kommt.[38]

3 Wo die Liebe ist, da ist das Auge

Schon mehrfach wurde darauf hingewiesen, dass die Markusfassung der „Speisung der Vielen" insofern eine ganz besondere Nähe zur Seelsorge besitzt, als sie den Menschen der damaligen Zeit geistige und geistliche Orientierung geben will und sich dabei in erster Linie an die Multiplikatoren der Botschaft Jesu – damals die Jüngerinnen und Jünger, heute die Seelsorgerinnen und Seelsorger – wendet. Ihnen wird wie selbstverständlich ein Blick für die Wirklichkeit des Menschen und der Menschen (mit Guardini gesprochen: für *ihre* Wahrheit) unterstellt. Ohne alles für gut zu halten oder als gut zu erklären, sollten sie diese Wirklichkeit mit dem Auge der Liebe sehen, wie es Richard von St. Viktor († 1173), ein Theologe aus Chartres, einzigartig definiert hat: „Ubi amor, ibi oculus" – Wo die Liebe ist, da ist das Auge.[39] Wer liebt, will sehen und umgekehrt. Oder mit Augustinus gesprochen: Eine Sache wird nur so weit erkannt, wie sie geliebt wird.

Wie für die Markusfassung der „Speisung der Vielen" die seelsorgliche Lehre im Vordergrund steht, so hat sich auch Thomas von Aquin für ein Lehren ausgesprochen, das die Augen vor der Not der Welt und der anderen nicht verschließt. Not kann für ihn alles meinen, wodurch ein Mensch an seiner Glückseligkeit gehindert wird. Nach Thomas beschreiben die Werke der Barmherzigkeit, wie sie in Mt 25,42–44 erwähnt werden, ein der vielfältigen Not des Menschen angemessenes Handeln, z. B. Hungrigen zu essen geben, Durstige tränken, Nackte bekleiden oder Gefangene besuchen. Hierbei handelt es sich um Werke, die man in der herkömmlichen Spiritualität als äußere Werke der Barmherzigkeit bezeichnet hat. In jedem Fall orientiert sich die Barmherzigkeit stets an anderen, an deren Not. Lehren soll, fordert Thomas, wie Licht im Dunkel der Menschen sein. Unwissenheit erniedrigt den Menschen. Lehren soll dem Menschen zu Würde und Glück verhelfen. Laut Thomas kommt es darauf an, dass Wissen liebendes Wissen ist und dass

Lehren liebendes Lehren ist. Was mich bei den Erzählungen der „Speisung der Vielen" beeindruckt, ist die annähernde und anfragende Sicht an Jesus im Geheimnis seiner Gotteserfahrung. Sie ist in allen Evangeliumsversionen noch nicht mit Titeln und Begriffen besetzt. Diese Zwischengestalt des Glaubens ist nicht nur aufschlussreich für die neutestamentliche Theologie, sondern auch für die Seelsorge. Sie lässt dem Glaubenden Zeit, räumt ihm auch Zwischenhalte ein und überfordert ihn nicht gleich dogmatisch.

Die Geschichte der Kirche ist auch eine Geschichte des Hineinwachsens in das Geheimnis Gottes. Christsein äußert sich in tätiger Liebe. Oder, mit Thomas' Worten ausgedrückt: „Ein jeglicher Akt der Liebe verdient das ewige Leben." Es ist überliefert, dass Thomas von Aquin am Ende seines Lebens die Niederschrift seiner „Summe der Theologie" sofort abgebrochen hat, nachdem er bei der Feier der heiligen Messe am Nikolaustag 1273 ein mystisches Erlebnis hatte. Als sein Schüler Reginald von Piperno gefragt hatte, warum er nicht weiterschreibe, soll Thomas ihm geantwortet haben: „Alles, was ich geschrieben habe, erscheint mir wie Spreu – verglichen mit dem, was ich geschaut habe und was mir offenbart worden ist."[40] Thomas von Aquins entscheidende Erkenntnis war folglich nicht seinem Intellekt entsprungen, sondern seiner Bereitschaft und Fähigkeit zu schauen und zu staunen.

4 Sich für etwas einsetzen, weil es gut ist

Alle Deutungen, die sich mit dem Wort „Rose" verbinden, laufen auf das grundsätzliche Aufeinanderangelegtsein zweier Pole hinaus. Eine „Rose" ist Rose, weil sie „blüht". Im Gedicht „Psalm" von Paul Celan geht es um eine Besinnung auf die spirituelle Erfahrung zwischen Gott und Mensch, und die „Rose" wird dabei zum Zeichen für die Beziehung zwischen den beiden Polen Ich und Du, zwischen dem Endlichen und Absoluten, zwischen „Nichts" und „Niemand", zwischen Geist und Welt, zwischen Gott und Mensch: Die „Niemandsrose". Die Rose macht das Verborgene dieser Beziehung sichtbar. Eigentlich handelt es sich hier um ein mystisches Zeichen, den Kern einer sprachlichen Meditation, die den Wortinhalt nach allen Seiten hin erweitern und vertiefen will. Nach Meister Eckhart kennt die Liebe kein Warum: „Der gerechte Mensch liebt an Gott weder dies noch das; und gäbe ihm Gott seine ganze Weisheit und alles, was er außerhalb seiner Selbst zu bieten vermag, er würde es nicht beachten, und das würde ihm nicht schmecken; denn er will nichts und sucht nach nichts, da er kein Warum kennt, um dessentwillen er irgend etwas täte, so wie Gott ohne warum wirkt und kein Warum kennt."

In der Theologie des bekannten schlesischen Theologen und Schriftstellers Angelus Silesius ist die „Rose" ist ein zentrales mystisches Symbol. Er hat formuliert: „Die Rose ist ohne Warum, sie blüht einfach weil sie blüht." Sie ist einfach da, indem und weil sie da ist; sie steht nicht für Leistung, sondern für Geschenk, sie ist nicht zu buchen und nicht zu verbuchen. So wie es Bertolt Brecht in knapper Strenge in dem folgenden Gedicht zum Ausdruck bringen konnte:

Ach, wie sollen wir die kleine Rose buchen?
Plötzlich dunkelrot und jung und nah?
Ach, wir kamen nicht, sie zu besuchen,
Aber als wir kamen, war sie da.
Eh sie da war, ward sie nicht erwartet.
Als sie da war, ward sie kaum geglaubt.
Ach, zum Ziele kam, was nie gestartet.
Aber war es so nicht überhaupt?

Die Rose dunkelrot bei Brecht, die Rose purpurrot bei Celan. Schöpferisches Handeln hat mit Erstaunen und Staunen zu tun, mit Unerwartetem, mit Unkalkulierbarem. Das zweimalige „Ach" unterstreicht die Unglaublichkeit des Vorgangs: nicht erwartet, kaum geglaubt, nie gestartet, umsonst, geschenkt. Auch Martin Heidegger hat diesen Sachverhalt immer wieder in seinen Schriften aufgegriffen. Er schrieb: „Die Rose braucht nicht zu begründen, warum sie blüht, worin ihr Blühen gründet. Gleichwohl ist sie niemals ohne Grund und ohne warum. Der Mensch ist keine Rose. Er muss auf die Begründungen durch die Vernunft achten." Aber Heidegger weist auch darauf hin, dass „der Mensch in einem tiefen Sinn nur Mensch ist, wenn er auf seine Weise wie eine Rose ist – ohne warum." Dies anzunehmen erfordert ein neues Denken, einen schöpferischen Sprung im menschlichen Denken. Was der ehemalige tschechische Präsident Vaclav Havel über die Hoffnung geschrieben hat, zeichnet unserer Seelsorge heute ihren Weg in die Zukunft vor: „Hoffnung ist eine innere Dimension des Menschen. Sie ist … nicht Investitionsbereitschaft in ein Unternehmen, das den schnellen Erfolg sucht. Hoffnung ist vielmehr die Fähigkeit, sich für etwas einzusetzen, weil es gut ist, nicht aber unbedingt Erfolg verspricht. Hoffnung ist alles andere als Optimismus. Sie zieht ihre Kraft nicht aus der Überzeugung, dass wir glänzende Ergebnisse vorweisen werden, sondern aus der von Erfolgskalkulation unabhängigen Gewissheit, dass etwas sinnvoll ist. Sie setzt sich für etwas ein, weil es gut ist, nicht aber, weil es unbedingt Erfolg verspricht."[41]

Von ihrem Wesen her kann die Rose an gar nichts anderem interessiert sein als am Blühen, am Leben, am Sattwerden an Gutem. Wann immer es demnach zu einem Wertekonflikt in der Seelsorge kommt, ist es besser, eine Lösung vorzuschlagen, die einem Leben zur Entfaltung verhilft, statt es allein zu lassen. Ein solches Seelsorgeprinzip hat sich natürlich in den Seelsorgestrukturen widerzuspiegeln. Jesus hat nicht Normen gesetzt, sondern er hat sie, wie das Matthäusevangelium zeigt, auf die Frage, welches Gebot das erste sei, die mit ganzem Herzen und aller Kraft zu vollziehende Gottesliebe und die Nächstenliebe genannt (Mt 12,28b–34). Als der ihn befragende Schriftgelehrte begeistert zustimmte und dies über alle Brandopfer setzte, sagte Jesus zu ihm: „Du bist nicht fern

Wen Gott berührt

vom Reich Gottes." Damit stellt er die neue Basis dieser Liebe heraus: Es geht nicht mehr um die Befolgung göttlicher Normen, sondern um die Erwiderung des göttlichen Entgegenkommens, des göttlichen Erbarmens. Verdichtet findet sich diese Erwiderung in der geistlichen Tradition der „rosa mystica". Die „Niemandsrose" im „Psalm" von Celan, deren vornehmlicher Sinn das Gotteslob ist, zu blühen, ihm entgegen, will in dieser Linie gesehen werden:

Gelobt seist du, Niemand
Dir zulieb wollen
wir blühn
Dir
entgegen.

Die Rose blüht dem entgegen, der sie blühen lässt, und damit blüht sie gleichzeitig stellvertretend allem entgegen, was durch ihn erschaffen ist. Im „Psalm" dem großgeschriebenen Niemand. Wenn ER – obgleich verborgen – die Mitte der Seelsorge ist, dürfen wir vieles, was wir für unverzichtbar in unserer Seelsorge halten, mit Gelassenheit betrachten. Mit dem in der Person Jesu angebrochenen Reich Gottes ist das Gute schon da; wir müssen es durch unsere Seelsorge nicht erst erschaffen.

Dass sich in der Chiesa del Gesù in Rom in der erwähnten Herz-Jesu-Kapelle nicht nur das Herz-Jesu-Bild mit der Schrift „Adveniat Regnum Tuum", sondern zugleich das „Allerheiligste" der ganzen Kirche befindet, macht einmal mehr den unlöslichen Zusammenhang von Reich Gottes, der Person Jesu und der „Speisung der Vielen" sichtbar. Seit Gott Mensch geworden ist, gibt es in unserer Welt keinen Ort und keine Zeit mehr, wo es nicht möglich ist, zu ihm zu rufen und Zuspruch zu empfangen. Gott hat mit seiner Menschwerdung einen ganz neuen Begriff von Kraft gebracht: Kraft ist nicht das, was sich rücksichtslos durchsetzt, nicht das, was niederdrückt, nicht Hass. Sie ist etwas ganz anderes: Sie ist Schonen, Verzeihen, Versöhnen, Liebe.

Anmerkungen

A WO GOTT BERÜHRT

[1] W. Benjamin, Illuminationen. Ausgewählte Schriften, Frankfurt a. M., 1977, 308.

[2] L. Wittgenstein, Vorlesungen und Gespräche über Ästhetik. Psychologie und Religion, Göttingen, 1971, 2. Aufl. 1972, 20.

[3] F. M. Cioran, Von Tränen und Heiligen, Frankfurt a. M., 1988, 53.

[4] Vgl. K. Schedl, Geschichte des Alten Testaments, Bd. 1, München, 1. Aufl., 1956, 179–192.

[5] Vgl. zum Ganzen „Herders Theologischer Kommentar zum Neuen Testament" zu Markus, 6,30–44, Anm. 34.

[6] So das italienische „Dizionario Zingarelli", 1999, 408.

[7] Vgl. R. Bärenz, Die Wahrheit der Fische. Neue Situationen brauchen eine neue Pastoral, Freiburg-Basel-Wien 2000.

[8] Vgl. D. Sölle, Die Hinreise, Stuttgart, 1976.

[9] M. Heidegger, Grundprobleme der Phänomenologie, Wintersemester 1919–1920, in: H.-H. Gander (Hg.), GA, 58 u. 33–34, 96, 250.

[10] Vgl. F. Schelling, Philosophie der Offenbarung, Lektion 14, 308.

[11] Albertus Magnus, zu Matthäus 13,35, in: Borgnet (Hg.), Paris, 1890–99, Bd. 20, 571a.

[12] K. Marti, in: „Nachdenken über Schuld". Ausgewählt von J. Imbach, Zürich, 1989.

[13] Vgl. Th. Söding, Der Gottessohn aus Nazaret. Das Menschsein Jesu im Neuen Testament, Freiburg-Basel-Wien, 2006.

[14] Vgl. K. Rahner, Gedanken zu einer Theologie der Kindheit, in: ders., Schriften zur Theologie Bd. 7, Einsiedeln, 1966, 313–329.

[15] Vgl. R. Boschki/J. Woppowa, Theologie der Kinder – Theologie der Kindheit, in: Katechetische Blätter 131 (2006) 94–100; vgl. weiter H. Helmchen-Menke, Auf dem Weg zur kinderfreundlichen Gemeinde, in: Anzeiger für die Seelsorge 110 (2000) 322ff.

[16] D. Bonhoeffer, Gesammelte Schriften III, in: E. Bethge (Hg.), München, 1960, 146f.

[17] Vgl. J. B. Metz, Erlösung und Emanzipation, in: Stimmen der Zeit 191 (1973) 171–184; vgl. weiter: ders., Kleine Apologie des Erzählens, in: Concilium 9 (1973) 334–341.

[18] G. Bernanos, Predigt eines Atheisten am Fest der Kleinen Therese, Einsiedeln, 1954, 10 u. 49.

[19] P. Goergen, SeitenSprünge. Literaten als religiöse Querdenker, Zürich, 1995, 164.

[20] Vgl. M. Seckler, Das Reich-Gottes-Motiv in den Anfängen der katholischen Tübinger Schule, in: Theologische Quartalschrift 168 (1988) 257–288.

[21] Vgl. P. Handke, Die Wiederholung, Frankfurt a. M., 2. Aufl. 1986, 285.

[22] Vgl. H. U. Instinski, Die Alte Kirche und das Heil des Staates, München, 1963, 28ff.

[23] Vgl. J. Gnilka, Theologie des Neuen Testaments, Freiburg-Basel-Wien, 1994, 109; K. L. Schmidt, Art. Ekklesia, in: Theologisches Wörterbuch zum Neuen Testament, Bd. 3, Stuttgart, 1938, 502–539.

[24] Irenäus von Lyon, Adv. haer, Bd. 1, 10,2, ed. A. Rousseau/L. Doutreleau, Paris, 1979, 158–161.

[25] Irenäus von Lyon, Adv. haer, Bd. 4, 20, 7; vgl. auch W. Kasper, Diener der Freude. Priesterliche Existenz – Priesterlicher Dienst, Freiburg-Basel-Wien, 2007, 110.

[26] Th. Söding, Theologie für die Gegenwart, in: Christ in der Gegenwart im Bild 18 (2007) 167.

[27] F. Nietzsche, Die Fröhliche Wissenschaft, mit Nachwort von W. Gebhard, Stuttgart, 7. Aufl. 1986, 216f.

[28] Vgl. L. Boltanski, Leben als Projekt. Prekarität in der schönen neuen Netzwerkwelt, in: Polar, Heft 2, 2007.

[29] Carl Borromeus, Acta Ecclesiae Mediolanensis, Mailand, 1559, 1178.

[30] Vgl. K. Rahner, Die menschliche Sinnfrage vor dem absoluten Geheimnis Gottes, in: ders., Schriften zur Theologie, Bd. 13, Zürich-Einsiedeln-Köln, 1978, 111–128.

[31] Vgl. C. M. Martini, Gottes Schwäche für den Menschen. Die befreiende Botschaft vom Kreuz, München-Zürich-Wien, 2002, 8 u. 11ff.; vgl. auch O. Fuchs, „Von solcher Hoffnung kann ich leben …“. Predigten, Luzern, 1997, 192.

[32] R. Bultmann, Johanneskommentar, Göttingen, 1941, 178.

[33] K. Barth, Die Kirche und ihre Praxis, München, 1963, 198.

[34] B. Steidle (Hg.), Die Benediktus-Regel, lateinisch-deutsch, Beuron, 4. Aufl. 1980, 170f.

[35] Gregor der Große, Pastoralregel Bd. 1, 4, in: Bibliothek der Kirchenväter, Bd. 4, 70.

[36] Präfation für Wochentage IV, in: Die Feier der heiligen Messe. *Messbuch*. Für die Bistümer des deutschen Sprachgebietes. Authentische Ausgabe für den liturgischen Gebrauch. Freiburg-Basel-Wien, 2. Aufl. ergänzt gemäß Editio typica altera des Missale Romanum 1975, dem Codex Iuris Canonici 1983 und dem erg. Regionalkalender, 1988, 446f.

[37] Vgl. Augustinus, „Die Unruhe zu Gott", Freiburg/Schweiz, 2000.

[38] Vgl. R. Schnackenburg, Das Johannesevangelium (HThK), 2. Teil, 1971, 21f.

[39] Vgl. O. Cullmann, Die Christologie des Neuen Testamentes, Tübingen, 5. Aufl. 1975; X. Léon-Dufour, Abendmahl und Abschiedsrede im Neuen Testament, Stuttgart, 1983; J. Betz, Die Eucharistie in der Zeit der griechischen Väter, Bd. 2/1: Die Realpräsenz des Leibes und Blutes Jesu im Abendmahl nach dem Neuen Testament, Freiburg-Basel-Wien, 2. Aufl. 1965; J. Betz, Eucharistie. In der Schrift und Patristik, 1979.

[40] C. Link, Kommt der Kreationismus aus der Bibel, in: FAZ, Nr. 191 v. 18.8.2007, 42; vgl. C. Link, In welchem Sinne sind theologische Aussagen wahr? Zum Streit zwischen Glauben und Wissen, Neukirchen-Vluyn, 2003, 143–160; C. Link, Die Spur des Namens: Wege zur Erkenntnis Gottes und zur Erfahrung der Schöpfung, Neukirchen-Vluyn, 1997, 123ff.

[41] Vgl. J. Moltmann, Gott in der Schöpfung. Ökologische Schöpfungslehre, München, 1985, bes. 166ff.

[42] Johannes Paul II., Römisches Triptychon – Meditationen, Freiburg-Basel-Wien, 2003, 14.

[43] Vgl. Thomas von Aquin, Summa theologica 1 q. 36 a. 1 ad 1 bzw. q. 3 a. 1 und q. 36 a. 1.

[44] Vgl. G. Baudler, Erlösung vom Stiergott, München, 1989, 190ff.; J. Werbick, Bilder sind Wege. Eine Gotteslehre, München, 1992, 263ff., bes. 264.

[45] Vgl. M. Eckholt, „Desiderium naturale in visionem dei". Ein notwendendes Theologumenon in Zeiten des fernen Gottes, in: L. Bily u. a. (Hg.), Ein Gott für die Menschen, FS f. O. Wahl, München, 2002, 204–220.

[46] Vgl. Duden, Bd. 7: Etymologie, Mannheim, 2. Aufl. 1989, 672.

[47] Vgl. M. Kehl, „Sehnsucht" – eine Spur zu Gott?, in: GuL 70 (1997) 404–414, bes. 406.

[48] Vgl. R. Ammicht Quinn, Glück – der Ernst des Lebens, Freiburg-Basel-Wien, 2006.

[49] Vgl. M. Kehl, a. a. O., 411.

[50] Vgl. Augustinus, Conf. I,1.

[51] Vgl. T. Ruster, Der verwechselbare Gott. Theologie nach der Entflechtung von Christentum und Religion, Freiburg-Basel-Wien, 2000, 198–201; vgl. dazu auch B. Lindner, Somos Pueblo – somos Iglesia (Wir sind Volk – wir sind Kirche): Die Erfahrung der Südandenkirche Perus. Pastoraltheologische und ekklesiologische Reflexionen und ihre Bedeutung für die Pastoral in Europa", unveröffentl. Diss., Theol. Fakultät der Universität Luzern, 2008.

[52] W. H. Ritter, Kindliche Religion und Phantasie – dargestellt an einem exemplarischen Kapitel der Religionspädagogik, in: ders. (Hg.), Religion und Phantasie. Von der Imaginationskraft des Glaubens, Göttingen, 2000, 151–180, bes. 173.

[53] Vgl. M. Runge, Vom Zauber der christlichen Botschaft. Plädoyer für einen Dialog zwischen Pastoraltheologie und Populärkultur anhand der Harry-Potter-Romane, Münster, 2007, 4; diese Studie ist im Jahr 2006 unter meiner fachlichen Begleitung in S. Anselmo, Rom, entstanden. Der Autor hat mich in dieser Zusammenarbeit in eine bis dahin völlig neue, unbekannte Welt geführt, aus der ich zahlreiche erfrischende theologische Impulse empfangen durfte.

[54] M. Heidegger, Sein und Zeit, Halle a. d. S., 5. Aufl., 1941, 32.

[55] H. Hesse, Wanderung, Berlin, 1949, 105ff.; vgl. dazu auch U. Grober, Vom Wandern. Neue Wege zu einer alten Kunst, Frankfurt a. M., 2006.

[56] W. H. Ritter, a. a. O., 174.

[57] V. van Gogh, in: F. Johna (Hg.), Feuer in meinem Herzen, Freiburg-Basel-Wien, 2006, 78.

[58] Vgl. LG 3 u. 5 u. 9; GS 45 u. 72.

[59] H. Merklein, Jesu Botschaft von der Gottesherrschaft. Eine Skizze (SBS 111), Stuttgart, 3. überarb. Aufl. 1989, 24.

[60] Vgl. G. Bitter, Was soll werden? Marginale Wünsche an die Praktische Theologie, in: R. Bucher u. a. (Hg.), Praktische Theologie, Bestandsaufnahme und Zukunftsperspektiven, FS O. Fuchs, Stuttgart, 2005, 35–43, bes. 40.

[61] R. Zerfaß, Menschliche Seelsorge. Für eine Spiritualität von Priestern und Laien im Gemeindedienst, Freiburg-Basel-Wien, 1985, 57.

[62] Vgl. M. Scheuer, Gegenwart der Freiheit und der Liebe, in: W. Heiss/

L. Lies (Hg.), Eucharistie. Zugänge zum Geheimnis des Glaubens in Theologie und Praxis, Innsbruck, 2007, 3 u. 5; vgl. auch M. Scheuer, Und eine Spur von Ewigkeit. Ein geistlicher Begleiter durch das Jahr, Freiburg-Basel-Wien, 2006.

[63] Augustinus, Sermo 272, in: PL 38, 1247.

[64] Vgl. M. Gruau, L'homme rituel. Anthropologie du rituel catholique français, Paris, 1999; vgl. auch SC 40.

[65] Vgl. H. de Lubac, Corpus mysticum. Kirche und Eucharistie im Mittelalter, Einsiedeln, 1969.

[66] Gregor der Große, Hom. 17. 3. 14; der Text findet sich auch im Stundengebet des Freitags der 24. Woche im Jahreskreis, Jahr I.

[67] R. Zerfaß, Grundkurs Predigt 2. Textpredigt, Düsseldorf, 1992, 332f.

[68] E. Schulz, „Wo ein Christ ist, da predigt er". Pastoraltheologische Erwägungen zur derzeitigen Verkündigungssituation, in: Diakonia 24 (1993) 21–28, bes. 22.

[69] Vgl. M. Kehl, Und Gott sah, dass es gut war. Eine Theologie der Schöpfung, Freiburg-Basel-Wien, 2006.

[70] Vgl. G. Greshake, Gott in allen Dingen finden. Schöpfung und Gotteserfahrung, Freiburg-Basel-Wien, 1986, 15ff.; ähnliche Bedenken äußerten auch D. Tracy/ N. Lash, Theologische Reflexionen der Herausgeber, in: Concilium 19 (1983) 491–497.

[71] G. Moser, Ein Bischof liest Romane. Warum?, in: Literaturreport 74 (1987).

[72] Vgl. M. Buber, Werke. Bd. 1, München-Heidelberg, 1962, 77–170.

[73] H. Arendt, Vita activa oder Vom tätigen Leben, München, 1981, 158.

[74] H. J. M. Nouwen, Seelsorge, die aus dem Herzen kommt, Freiburg-Basel-Wien, 2. Aufl. 1989, 67f.

[75] Platon: apol., 29 d e, in: R. Rufener, Die großen Dialoge, 66.

[76] Vgl. B. Pascal, Pensées, 277.

[77] Vgl. K. Rahner, Schriften zur Theologie, Bd. VII, 22.

[78] Vgl. A. Zahlauer, Karl Rahner und sein produktives Vorbild Ignatius von Loyola, in: Theologische Studien Nr. 47, Wien, 1996; A. R. Batlogg u. a., Der Denkweg Karl Rahners. Quellen – Entwicklungen – Perspektiven, Mainz, 2003, bes. 19ff.: Von Gott berührt: Quellen und Grundlegung.

B WIE GOTT BERÜHRT

[1] Vgl. H. Schlier, Glauben, Erkennen, Lieben nach dem Johannesevangelium, in: ders., Besinnung auf das Neue Testament. Exegetische Aufsätze und Vorträge II, Freiburg-Basel-Wien, 1964, 281–284.

[2] Vgl. F. Bovon, Das Evangelium nach Lukas (EKK), Bd. III, 2001, 403–420.

[3] D. Bonhoeffer, Zur theologischen Begründung der Weltbundarbeit, in: E. Bethge (Hg.), Dietrich Bonhoeffer, Gesammelte Schriften III, München, 1960, 144f.

[4] D. Bonhoeffer, Widerstand und Ergebung. Briefe und Aufzeichnungen aus der Haft, Gütersloh, 11. Aufl. 1980, 124.

[5] M. Reich-Ranicki, Mein Leben, Stuttgart, 11. Aufl. 1999, 59.

[6] J. Bours, Nehmt Gottes Melodie in euch auf. Worte für das tägliche Leben, Freiburg-Basel-Wien, 5. Aufl. 1985, 41.

[7] D. Bonhoeffer, Widerstand und Ergebung. Briefe und Aufzeichnungen aus der Haft, Gütersloh, 11. Aufl. 1980, 97.

[8] D. Bonhoeffer, Brief vom 8.4.1936 an R. Schleicher, in: E. Bethge (Hg.), Dietrich Bonhoeffer, Gesammelte Schriften III, München, 1960, 26–31, hier 27f.

[9] Vgl. S. Zabala, Eine Religion ohne Theisten und Atheisten, in: R. Rorty/G. Vattimo/S. Zabala (Hg.), Die Zukunft der Religion, Frankfurt a. M., 2006, 11–32, bes. 25.

[10] Vgl. G. Vattimo, Jenseits des Christentums. Gibt es eine Welt ohne Gott?, München, 2004, 54ff.

[11] Vgl. Gregor von Nyssa, 3. Hohelied-Homilie zu Hld 1,11 (FC 16/1, 226,11.14); ders., Homilie zu Hld 3,1–4 (FC 16/2,368,25; 370,16; 370,11.20); sowie: ders., De vita Moysis (um 390), in: PG 44,377 A.

[12] Anselm von Canterbury, Proslogion, Kap.1, lat.-dt. Ausgabe, in: F. S. Schmitt (Hg.), Stuttgart, 2. Aufl. 1984; vgl. auch H.-Günther Schöttler, „Gott finden ist das immerwährende Suchen selbst ..." (Gregor von Nyssa) Pastoraltheologische Überlegungen zur Identitätskrise der Kirchen und zur Gottsuche des modernen Menschen, in: Pastoraltheologische Informationen 22 (2002) 125–137.

[13] Nach der Übersetzung von H. G. Hubbeling, Einführung in die Religionsphilosophie, Göttingen, 1981, 87.

[14] P. Picasso, in: „Reich Gottes – jetzt", Wiesbaden-Berlin, 2006; vgl. auch K. Lehmann, Gott ist größer als der Mensch – Vom Suchen und Finden Gottes als zentralem Schlüssel für die Zukunft von Religion und Kirche im

21. Jahrhundert, in: Zuversicht aus dem Glauben. Die Grundsatzreferate des Vorsitzenden der Deutschen Bischofskonferenz mit den Predigten der Eröffnungsgottesdienste, Freiburg-Basel-Wien, 2006, 313–335.

[15] Vgl. J. Meier (Hg.), Sendung – Eroberung – Begegnung. Franz Xaver, die Gesellschaft Jesu und die katholische Weltkirche im Zeitalter des Barock. Reihe „Studien zur Aussereuropäischen Christentumsgeschichte", Bd. 8, Wiesbaden, 2005.

[16] Vgl. J. Niewiadomski, Inkarnation als Inkulturation, in: G. Gordan (Hg.), Evangelium und Inkulturation (1492–1992), Graz, 1993, 27–49, hier 45.

[17] R. Bultmann, Welchen Sinn hat es, von Gott zu reden?, in: ders., Glauben und Verstehen. Gesammelte Aufsätze, Bd. 1, Tübingen, 1933, 26–37, hier 33.

[18] Vgl. E. Fürlinger, Verstehen durch Berührung. Interreligiöse Hermeneutik am Beispiel des nichtdualistischen Sivaismus von Kaschmir, Innsbruck-Wien, 2006 (= Salzburger Theologische Studien interkulturell 4); besonders lesenswert das Kapitel über „Hermeneutik der Berührung" 261ff.: Verstehen, Interpretieren, Vergleichen im interkulturellen Dialog.

[19] Vgl. W.-E. Failing/H. G. Heimbrock, Gelebte Religion wahrnehmen. Lebenswelt – Alltagskultur – Religionspraxis, Stuttgart-Berlin-Köln, 1998, bes. 279–286.

[20] Vgl. T. van den Berk, Aufbruch zur Mystik. Den Reichtum spirituellen Lebens entdecken, Gütersloh, 2004, 74.

[21] C. Sacchetti, Mi hai sedotto, Signore. Vita cristiana come storia d'amore, Bologna, 2003, 24; Übersetzung nach M. Runge.

[22] Chrysostomus, Matthäus-Kommentar, 6. Homilie, in: BDK 97–102.

[23] Vgl. R. Zerfaß, Menschliche Seelsorge. Für eine Spiritualität von Priestern und Laien im Gemeindedienst, Freiburg-Basel-Wien, 1985, 114–117.

[24] K. Koch, Bereit zum Innersten. Für eine Kirche, die das Geheimnis lebt, Freiburg-Basel-Wien, 2003, 21.

[25] Vgl. G. v. Rad, Das Alte Testament Deutsch, 2, Das erste Buch Mose, Göttingen, 7. Aufl. 1964, 36.

[26] Vgl. C. Westermann, Theologie des Alten Testaments in Grundzügen, Göttingen, 1978, 78.

[27] G. v. Rad, ebd.

[28] C. Westermann, ebd., 77.

[29] C. Westermann, ebd., 72.

[30] D. Sattler/Th. Schneider, Schöpfungslehre, in: Th. Schneider (Hg.), Handbuch der Dogmatik, Band 1, Düsseldorf, 1992, 120–240, 151.

[31] Vgl. J. Ratzinger, Im Anfang schuf Gott. Vier Predigten über Schöpfung und Fall. Konsequenzen für den Schöpfungsglauben, Einsiedeln-Freiburg i. Br., 1996.

[32] Nach Th. Mertons Buchtitel „No Man is an Island", in der Originalausgabe 1955.

[33] F. Steffensky, Das Haus, das die Träume verwaltet, Würzburg, 1983, 36.

[34] H. Helmchen-Menke, Warum bin ich geboren? Religion im Kindergarten – eine Chance für Kinder, Erzieherinnen, Familien und Gemeinden, in: Christ in der Gegenwart 57 (2005), 373f., bes. 373.

[35] Vgl. S. Kierkegaard in „Einübung im Christentum", 1. Teil, Einleitung, ed. W. Rest, Köln-Olten, 1951, 58.

[36] Vgl. H. Kohler-Spiegel, in: J. Müller (Hg.), Das ABC des Glaubens, Freiburg/Schweiz, 1999.

[37] R. M. Rilke, entnommen aus: C. Peters, Lebe mutig!, Eschbach, 2007.

[38] Vgl. A. Grün/M. Dufner, Gesundheit als geistliche Aufgabe, Münsterschwarzach, 1989.

[39] Th. Merton, hier zit. n. W. Müller, Mensch – Werdung. Heilig sein bedeutet ich selbst sein, in: Anzeiger für die Seelsorge 12 (2002) 5–8, hier 6.

[40] Vgl. F. Klostermann, Prinzip Gemeinde. Wie wird unsere Pfarrei eine Gemeinde?, Wien, 1979, 173.

[41] Vgl. Augustinus, De civitate Dei XII, 20.

[42] H. Arendt, Vita activa oder Vom tätigen Leben, München, 1981, 166; vgl. weiter dies., Der Liebesbegriff bei Augustin. Versuch einer philosophischen Interpretation, Berlin-Wien, 2. Aufl. 2005.

[43] Vgl. J. Ebach, „Herr, warum handelst du böse an diesem Volk?" Klage vor Gott und Anklage Gottes in der Erfahrung des Scheiterns, in: Concilium 26 (1990) 430–436, bes. 433f.

[44] W. Benjamin, Illuminationen. Ausgewählte Schriften, Frankfurt a. M., 1977, 246.

[45] J. Sobrino, Theologie der gekreuzigten Völker, Graz, 1992, 142; vgl. M. Delgado, Abschied vom erobernden Gott. Studien zur Geschichte und Gegenwart des Christentums in Lateinamerika, Immensee, 1996.

[46] Vgl. J. A. Jungmann, Missarum sollemnia II, 467f.

[47] Vgl. C. Stock, Homiletisches Reallexikon Oder Reicher Vorrath zur Geist- und Weltlichen Beredsamkeit, Art.: Lehrer der Kirchen, Jena 1741, 738–741.

Anmerkungen

[48] Gregor der Große, Reg. past III, 40 (PL 77, 124f.).

[49] Vgl. R. Zerfaß, Menschliche Seelsorge, 126f.; vgl. auch ders., Die Schriftlesung im Kathedraloffizium Jerusalems, Münster, 1968, 15.; Moralia in Ijob 30, 3,9 (PL 76, 527f.).

[50] B. Brecht, Gesammelte Werke in 20 Bänden, Bd. 9, Frankfurt a. M., 1967, 587f.

[51] Vgl. M. Kehl, Und Gott sah, dass es gut war. Eine Theologie der Schöpfung, Freiburg-Basel-Wien, 2006, 58ff.

[52] Präfation für die Sonntage V. in: Die Feier der heiligen Messe. *Messbuch.* Für die Bistümer des deutschen Sprachgebietes. Authentische Ausgabe für den liturgischen Gebrauch. Freiburg-Basel-Wien, 2. Aufl. ergänzt gemäß Editio typica altera des Missale Romanum, dem Codex Iuris Canonici 1983 und dem erg. Regionalkalender, 1988, 406f.

[53] Vgl. B. Kranemann, „Feiertags kommt das Vergessene ...". Zu Deutung und Bedeutung des christlichen Festes in der modernen Gesellschaft, in: Liturgisches Jahrbuch 46 (1996) 3–22, 6.

[54] Vgl. eine entsprechende Vermutung auch bei A. A. Häußling: Rez. zu EKL in: ALW 28 (1986) 458.

[55] Vgl. im Besonderen W. Haunerland, Brauchen wir ein neues Fest? Schöpfungsfrömmigkeit und Liturgie, in: Theologisch-Praktische Quartalschrift 148 (2000) 251–261; vgl. auch N. Lohfink, Altes Testament und Liturgie. Unsere Schwierigkeiten und unsere Chancen, in: LitJb 47 (1997) 3–22, wo auf Seite 13 der nicht näher belegte Vorschlag gemacht wird, den Pfingstmontag als „Tag des Dankes für die Gabe der Schöpfung" einzuführen.

[56] Vgl. W. Rordorf, Sabbat und Sonntag in der Alten Kirche, Traditio Christiana, Texte und Kommentare zur patristischen Theologie, Zürich, 1972, 29.

[57] U. Wilckens, Ökumenische Spiritualität – Biographische Notizen, in: K. Raiser u. a. (Hg.), Ökumene vor neuen Zeiten, FS T. Schneider, Freiburg-Basel-Wien, 2000, 83.

[58] Vgl. B. Casper, Sprache und Theologie. Eine philosophische Hinführung, Freiburg-Basel-Wien, 1975; vgl. weiter J. Pieper, Was heißt „Gott spricht?", in: ders., Über die Schwierigkeit heute zu glauben. Aufsätze und Reden, München, 1974, 158.

[59] Vgl. Soliloquien I § 7; Übersetzung H. Müller, Aurelius Augustinus, Selbstgespräche über Gott und die Unsterblichkeit der Seele, Zürich, 1954.

[60] Vgl. J. Bours, Der Mensch wird des Weges geführt, den er wählt, Freiburg-Basel-Wien, 1986, 20ff.; vgl. auch C. M. Martini, Du, den ich suche, Wege von David zu Jesus, Freiburg-Basel-Wien, 1990, 96ff.

[61] Vgl. C. Hergenröder, Wir schauten seine Herrlichkeit. Das johanneische Sprechen vom Sehen im Horizont von Selbsterschließung Jesu und Antwort des Menschen (= Forschung zur Bibel), Würzburg, 1996, 3ff.

[62] Vgl. R. Guardini, Johanneische Botschaft. Meditationen über Worte aus den Abschiedsreden und dem 1. Johannesbrief, Freiburg-Basel-Wien, 1981, Würzburg, 1962; vgl. weiter: ders., Das Christusbild der paulinischen und johanneischen Schriften (Hg. v. F. Henrich), Mainz-Paderborn, 3. Aufl. 1987 (zuerst unter dem Titel: Jesus Christus. Sein Bild in den Schriften des Neuen Testaments, Würzburg, 1941).

[63] Vgl. R. Guardini, Die Sinne und die religiöse Erkenntnis, Würzburg, 2. Aufl. 1958, 31.

[64] Vgl. R. Guardini, ebd.

[65] Vgl. R. Guardini, Der Gegensatz. Versuche zu einer Philosophie des lebendig-konkreten, Mainz, 1985, 174; vgl. R. Schnackenburg, Die Messiasfrage im Johannesevangelium, in: ders., (Hg.), Neutestamentliche Aufsätze. FS S. J. Schmid, Regensburg, 1963, 240–264, bes. 242.

[66] Vgl. N. Lohfink, Bibelauslegung im Wandel, Frankfurt a. M., 1967, 107–128; vgl. weiter A. Deissler, Die Grundbotschaft des Alten Testaments, Freiburg-Basel-Wien, 1972, 43–47 und 61–69.

[67] Vgl. K. Schlemmer, Ausverkauf unserer Gottesdienste? (= Studien zur Theologie und Praxis der Seelsorge, Bd. 50), Würzburg, 2002, 13; R. Guardini, Der Kultakt und die gegenwärtige Aufgabe der liturgischen Bildung – Ein Brief, in: Liturgisches Jahrbuch 14 (1964) 101–106.

[68] J. Ratzinger, Einleitung zur Dogmatischen Konstitution über die göttliche Offenbarung, in: LThK 2, Zusatzband II, Freiburg-Basel-Wien, 2. Aufl. 1967, 502f.

[69] Vgl. zum Ganzen K. H. Neufeld, Zugang zum Glauben und Vielfalt von Religionen, in: K. Krämer/A. Paus (Hg.), Christliche Identität im Dialog, FS H. Bürkle, Freiburg-Basel-Wien, 2000, 353–365.

[70] Vgl. O. Fuchs, Dabeibleiben oder Weggehen? Christen im Konflikt mit der Kirche, München, 1989, 137ff.

[71] Vgl. A. A. Häußling, Die Kultprobe des Propheten Elija. Liturgiewissenschaftliches Lernen am Modell von 1 Kön 18, in: L. Bily u. a. (Hg.), Ein Gott für die Menschen, FS O. Wahl, München, 2002, 236–252, bes. 242.

[72] Vgl. P. M. Zulehner, Heirat – Geburt – Tod. Eine Pastoral zu den Lebenswenden, Wien, 1976, 30f.

[73] D. Sölle, Leiden, Stuttgart, 1973, 88f.

[74] R. Musil, Der Mann ohne Eigenschaften, Reinbeck b. Hamburg, 1981, 1045.

[75] Vgl. S. Weil, Cahiers. Aufzeichnungen, 4 Bde., München-Wien, 1993–1998. An unzähligen Stellen versucht Weil die Wirklichkeit anders zu lesen; so heißt es z. B. in Bd. 1, 308: „Lesart. Das Böse, andere Lesart. Übergang vom Bösen zum Guten, so als ob man ein Buch umdreht."

[76] M. Frisch, Tagebuch 1946–1949, Frankfurt a. M., 1950, 33.

[77] A. Beyer/N. Miller (Hg.), Johann Wolfgang Goethe, Italienische Reise, München, 1992, 207.

[78] T. Friedrich (Hg.), Goethes Werke in sechs Haupt- und vier Ergänzungsbänden, 2. Bd., Dramen, Leipzig, o. J., 387.

[79] G. Greshake, Gott in allen Dingen finden, a. a. O., 38f.

[80] Belegt und kommentiert bei O. Bayer, Schöpfung als „Rede an die Kreatur durch die Kreatur". Die Frage nach dem Schlüssel zum Buch der Natur und Geschichte, in: EvTh 40 (1980) 316–333; vgl. auch G. Greshake, ebd., 40f.

[81] Vgl. Thomas von Aquin, STh 1,8,1 ad 2.

[82] E. Cardenal, Das Buch von der Liebe, in: ders., Die Stunde Null, Wuppertal, 1979, 275–398, hier 280.

[83] Vgl. R. Brague, Die Weisheit der Welt. Kosmos und Welterfahrung im westlichen Denken, München, 2006, 69ff., bes. 71f.

[84] Nach O. Keel/S. Schroer, Schöpfung. Biblische Theologie im Kontext altorientalischer Religionen, Göttingen, 2002, 32.

[85] Vgl. Paul VI., Evangelii nuntiandi, Nr. 18.

[86] Vgl. E. Feifel, Schriftsinn und Vermittlung, in: Theologisch-Praktische Quartalschrift 141 (1993) 329–338, bes. 330f.

[87] Den wichtigsten Anstoß, über die narrative Struktur der christlichen Verkündigung nachzudenken, gab wohl J. B. Metz, Erlösung und Emanzipation, in: Stimmen der Zeit 191 (1973) 171–184. Die weitere Diskussion beeinflussten vor allem: H. Weinrich, Narrative Theologie, in: Concilium 9 (1973) 329–334. Und noch einmal ist J. B. Metz hervorzuheben mit seinem Aufsatz: Kleine Apologie des Erzählens, ebenfalls in: Concilium 9 (1973) 334–341.

[88] Vgl. Gespräch vom 17. Dezember 1930, in: Ludwig Wittgenstein und der Wiener Kreis, 118.

[89] Vgl. R. Brague, Die Weisheit der Welt. Kosmos und Welterfahrung im westlichen Denken, München, 2006, 335.

[90] Vgl. K. Ehlich, Alltägliches Erzählen, in: W. Sanders/K. Wegenast (Hg.), Erzählen für Kinder – Erzählen von Gott, Stuttgart, 1983, 128–150.

[91] Vgl. R. Zerfaß, Sermo humilis, LThK 3, Bd. 9, 488f.

[92] Vgl. R. Zerfaß (Hg.), Erzählter Glaube – Erzählende Kirche, Freiburg-Basel-Wien, 1988, bes. E. Arens, „Wer kann die großen Taten des Herrn erzählen?" (Ps 106,2).

[93] Vgl. G. Lohfink, Gottes Taten gehen weiter. Geschichtstheologie als Grundvollzug neutestamentlicher Gemeinden, Freiburg-Basel-Wien, 1984, 10.

[94] Vgl. O. Fuchs, Denn für Gott ist nichts unmöglich, Würzburg, 1998.

[95] O. Fuchs, Im Brennpunkt Stigma. Gezeichnete brauchen Beistand, Frankfurt a. M., 1993, 17.

[96] Vgl. R. Guardini, Wunder und Zeichen, Mainz, 1991, 53.

[97] Vgl. Die Schriften des Heiligen Franziskus von Assisi, in: L. Hardick/E. Grau (Hg.), Franziskanische Quellenschriften, Bd. 1, TA, Werl/Westfalen, 1981, 31f.

[98] Vgl. G. W. Most, Der Finger in der Wunde. Die Geschichte des ungläubigen Thomas, München, 2007.

[99] Vgl. C. Scharfetter, der spirituelle Weg und seine Gefahren: Spiritualität, Begriff, Typen … Eine Übersicht für Berater und Therapeuten, Stuttgart, 2. Aufl. 1991, 1ff.

[100] Vgl. A. H. Maslow, Religious Values and Peak Experience, Columbus, 1964, II, XIV/XIII.

[101] U. Schmälzle, Leerformel oder Zauberformel? Die Wiederentdeckung des Spiritualitätsbegriffs, in: Bibel und Liturgie 67 (1994) 102–106.

[102] Vgl. J. Ratzinger, Dogma und Verkündigung, Donauwörth, 4. Aufl. 2005, 169f.

[103] Vgl. R. Bärenz, Die Wahrheit der Fische. Neue Situationen brauchen eine neue Pastoral, Freiburg-Basel-Wien, 2000, 159f.

[104] Vgl. Gotteslob, Nr. 226, 2.

[105] Vgl. G. Kittel/G. Friedrich (Hg.), Theologisches Wörterbuch zum Neuen Testament, Stuttgart, 1933, 73.

[106] Vgl. J. J. Rousseau, Träumereien eines einsamen Spaziergängers, Stuttgart, 2003. Dieses letzte Werk Rousseaus ist ein Zeugnis wiedergefundener Gemütsruhe, ja sogar ungeahnten Glücksgefühls in der Einsamkeit, und dies trotz aller Desillusionierung und Verbitterung.

[107] Vgl. N. Lüdecke, Feiern nach Kirchenrecht. Kanonistische Bemerkungen zum Verhältnis von Liturgie und Ekklesiologie, in: Jahrbuch für Biblische Theologie (JBTh), Bd. 18, Das Fest: Jenseits des Alltags, Neukirchen-Vluyn, 2003; vgl. zur ganzen Thematik auch die grundsätzlichen Ausführungen bei H. Schiepek, Der Sonntag und kirchlich gebotene Feiertage nach kirchlichem und weltlichem Recht. Eine rechtshistorische Untersuchung, Frankfurt a. M. u. a., 2003. – Bei H. Schiepek möchte ich mich an dieser Stelle für manche wertvollen Hinweise und Anregungen zu diesem Buch sowie für das Korrekturlesen ganz herzlich bedanken.

[108] M. Runge, Vom Zauber der christlichen Botschaft. Plädoyer für einen Dialog zwischen Pastoraltheologie und Popularkultur anhand der Harry-Potter-Romane, Münster, 2007, 35.

[109] E. Pluhar, Der Fisch lernt fliegen, München, 2002, 67.

[110] M. Buber, Die Erzählungen der Chassidim, Zürich, 1949, 709.

[111] Vgl. Gotteslob, Nr. 472.

[112] Vgl. R. Bärenz, Das Sonntagsgebot. Gewicht und Anspruch eines kirchlichen Leitbildes in Geschichte und Gegenwart, München, 1982, bes. im geschichtlichen Teil, 37ff.

[113] B. Steidle (Hg.), Die Benediktus-Regel, lateinisch-deutsch, Beuron, 4. Aufl. 1980, 170f.

[114] Vgl. T. Veijola, Verheißung in der Krise. Studien zur Literatur und Theologie in der Exilszeit anhand des 89. Psalms (AASF SerB 220), Helsinki, 1982.

[115] Justin, Erste Apologie, Nr. 67; zit. nach BKV 12 (1913) 82.

[116] Hier zitiert nach F. Lauchert, Die Kanones der altkirchlichen Konzilien nebst den apostolischen Kanones, Freiburg-Basel-Wien, 1896 (Nachdruck Frankfurt a. M., 1961), 17.

[117] Vgl. zum Ganzen J. M. Jungmann, Die Heiligung des Sonntags im Frühchristentum und im Mittelalter, in: H. Peichl (Hg.), Der Tag des Herrn. Die Heiligung des Sonntags im Wandel der Zeit, Wien, 1958, 59–75.

[118] Vgl. E. Salmann, La teologia è un romanzo. Un approccio dialettico a questioni cruciali, Mailand, 2000; der hier präsentierte Textabschnitt findet sich ins Deutsche übersetzt bei M. Runge, a. a. O., 97.

[119] J. Sellmaier, Der Priester in der Welt, Regensburg, 1939, 160–171.

[120] Vgl. J. Goldbrunner, Seelsorge – eine vergessene Aufgabe. Über die Erwartung der Gläubigen und die Arbeit des Priesters heute, Freiburg-Basel-Wien, 1971, 46: Auch Goldbrunner weiß offenbar um die tiefere Not, die in

vielen Seelsorgerinnen und Seelsorgern steckt, wenn er von dunklen, schlimmen Stimmungen spricht: „Schlechte Laune ist das Laster der Frommen' – sagt C. G. Jung. Das heißt, religiöses Leben ist schwer, anstrengend, beeinflußt das emotionale Leben, und dies gar nicht so sehr auf ‚Frohsinn' hin oder ‚Glück'."

[121] Entnommen aus: R. F. W. Diekstra, Psychotherapie. Ein Handbuch, Bd. 2, Stuttgart-Berlin-Köln-Mainz, 1985, 46.

[122] H. J. M. Nouwen, Ich hörte auf die Stille. Sieben Monate im Trappistenkloster, Freiburg-Basel-Wien, 12. Aufl. 1978, 185.

[123] E. Kästner, Stundentrommel vom heiligen Berg Athos, Frankfurt a. M., 1974, 170.

[124] Vgl. F. Weinreb, Gern möchte ich vom Messias erzählen … Aus der Überlieferung der jüdischen Mystik, in: Geist und Leben 56 (1983) 406–413.

[125] G. Bachl, Gottesbeschreibung, Innsbruck, 1990, 11f.

[126] Vgl. O. Fuchs, „Von solcher Hoffnung kann ich leben …" Predigten, Luzern, 1997, bes. Anm. 16.

[127] Vgl. R. Zerfaß, Menschliche Seelsorge, Freiburg-Basel-Wien, 1985 114–117.

[128] Vgl. R. Musil, Der Mann ohne Eigenschaften, Reinbeck b. Hamburg, 1981, 1240ff.

[129] P. Handke, Die Geschichte des Bleistifts, Salzburg-Wien, 1985, 248 u. 300.

[130] P. Handke, Wunschloses Unglück, Salzburg, 1972, 48 u. 90f.

[131] P. Handke, Kurzer Brief zum langen Abschied, Frankfurt a. M., 2001, 173.

[132] P. Handke, Kindergeschichte, Frankfurt a. M., 2002, 52.

[133] Vgl. W. Bühlmann, Von der Westkirche zur Weltkirche, in: V. M. Fels (Hg.), Träumen muss erlaubt sein. Texte der Hoffung für eine Kirche von morgen, Zürich, 1992, 135–142, bes. 135; vgl. L. Schulte, Gott suchen – Mensch werden. Vom Mehrwert des Christseins, Freiburg-Basel-Wien, 2006.

[134] Vgl. N. J. Hofmann, Zusagen der Ermutigung in der Bibel, in: L. Bily u. a. (Hg.), Ein Gott für die Menschen, FS O. Wahl, München, 2002, 45–62, bes. 45f.

[135] Belegt und kommentiert bei H. Fries, Theorie einer Praxis. Systematische Überlegungen zum Seelsorgegespräch, in: R. Bärenz (Hg.), Gesprächs-

seelsorge. Theologie einer pastoralen Praxis, Regensburg, 1980, 11–47, hier 21.

[136] Vgl. R. Brague, Die Weisheit der Welt, München, 2006, 66; O. Keel/S. Schroer, Schöpfung, 2002, 77.

[137] Vgl. C. Westermann, Theologie des Alten Testaments in Grundzügen, Göttingen, 1978, 77ff.

[138] Vgl. K. Schedl, Die Geschichte des Alten Testaments, Innsbruck, 1959, 170.

[139] H. Luther in seiner posthum veröffentlichten Aufsatzsammlung „Religion und Alltag. Bausteine zu einer Praktischen Theologie des Subjekts, Stuttgart, 1992, 45.

[140] Vgl. J. Kristeva, Fremde sind wir uns selbst, Frankfurt a. M., 1990, bes. 208–210.

[141] Vgl. E. Zenger, Gottes Bogen in den Wolken. Untersuchungen zu Komposition und Theologie der priesterlichen Urgeschichte (= SBS 112), Stuttgart, 1983; ders., „Du liebst alles, was ist" (Weish 11,24). Biblische Perspektiven für einen erneuerten Umgang mit der Schöpfung, in: Bibel und Kirche 44 (1989) 38–47.

[142] P. Handke, Die Geschichte des Bleistifts, Salzburg-Wien, 1985, 278.

[143] Vgl. Augustinus, De Civitate Dei. Vita Activa oder Vom tätigen Leben, München, 1981, 166; vgl. auch zum Ganzen: Th. Wild, Hannah Arendt. Leben, Werk, Wirkung, Frankfurt a. M., 2006.

[144] Vgl. L. Tolstoi, Vater Sergej, in: Die Erzählungen. Neu herausgegeben und mit einem Nachwort, Anmerkungen und Zeittafel von Barbara Conrad, Bd. II, Späte Erzählungen 1886–1910, Düsseldorf-Zürich, 2001, 333–384.

[145] Ebd., 336.

[146] J. Betz, Die Eucharistie in der Zeit der griechischen Kirchenväter, Freiburg-Basel-Wien, 1964, 205.

[147] Vgl. N. Lohfink, Das Alte Testament und der christliche Tagesablauf. Die Lieder in der Kindheitsgeschichte bei Lukas, in: Im Schatten seiner Flügel. Große Bibeltexte neu erschlossen, Freiburg-Basel-Wien, 1999, 218–236.

[148] Vgl. dazu L. W. Barnard, Art. Apologetik I, Die alte Kirche, in: TR III, 372–411.

[149] Vgl. H. Steinkamp, Diakonie – Kennzeichen der Gemeinde, Freiburg-Basel-Wien, 1985, 100; vgl. auch E. Arens, Gottesverständigung. Eine kommunikative Religionstheologie, Freiburg-Basel-Wien, 2007, 238.

[150] Vgl. zum Ganzen: N. Mette, (Religions-)pädagogisches Handeln, in: E. Arens (Hg.) Gottesrede – Glaubenspraxis. Perspektiven theologischer Handlungstheorie, Darmstadt, 1994, 164–184.

[151] Vgl. K. Kertelge, Suchen, was verloren ist. Die Sorge Jesu um den Menschen und ihre Bedeutung für die Seelsorge heute, in: R. Bärenz (Hg.), Gesprächsseelsorge. Theologie einer pastoralen Praxis, Regensburg, 1980, 49–68.

[152] Vgl. auch H. v. Hentig, Glaube. Von der Unmöglichkeit, ihn zu lehren, Düsseldorf, 1992.

[153] F.-X. Kaufmann befragt von G. Lange. „Sozialform" der Kirche – ein Hindernis für die Weitergabe des Glaubens?, in: Katechetische Blätter 112 (1987) 129–144.

[154] K.-P. Jörns, Die neuen Gesichter Gottes. Was die Menschen wirklich glauben, München, 1997, 223.

[155] Vgl. K. Rahner, Die anonymen Christen, in: Schriften zur Theologie, Bd. VI, Einsiedeln-Zürich-Köln, 1965, 545ff.

C WEN GOTT BERÜHRT

[1] Carl Borromeus, Acta Ecclesiae Mediolanensis, Mailand, 1559, 1178.

[2] Beda Venerabilis, Expositio in Lucam I,2 (92,330 D).

[3] Vgl. F. Kluge, Etymologisches Wörterbuch der Deutschen Sprache, Berlin, 21. Aufl. 1975, 64.

[4] Vgl. Augustinus, Brief 55, Kap. 7,12–13.

[5] Vgl. B. Studer, Mysterium Caritatis. Studien zur Exegese und zur Trinitätslehre in der Alten Kirche (= Studia Anselmiana 127), Roma, 1999, 37–66 („Die doppelte Exegese bei Origines"), bes. 38f.

[6] F. X. Arnold, Dienst am Glauben, Freiburg-Basel-Wien, 1948, 80.

[7] Ebd.

[8] F. X. Arnold, Renouveau de la catéchèse, in: Lumen Vitae 3 (1948) 488; vgl. auch insgesamt F. X. Arnold, Das gott-menschliche Prinzip der Seelsorge, in: ders., Seelsorge aus der Mitte der Heilsgeschichte, Freiburg-Basel-Wien, 16–63.

[9] Vgl. R. Brague, Die Weisheit der Welt. Kosmos und Welterfahrung im westlichen Denken, München, 2006.

[10] B. Brecht, Geschichten von Herrn Keuner, Frankfurt a. M., 2004.

[11] Vgl. N. Mette, „… dass Gott ein Tätigkeitswort werde", in: KatBl 129 (2004) 368–375.

[12] I. Bachmann, Werke IV, Frankfurt a. M., 1984.

[13] P. Nganang, Hundezeiten, Wuppertal, 2003, 284.

[14] Vgl. R. Bärenz, Gott suchen im Dunkel des Lebens. Eine Interpretation des „Psalm" von Paul Celan, in: R. Bärenz (Hg.), Der Mensch unter dem Kreuz. Wegweisung, Erfahrungen, Hilfen, Regensburg, 1980, 91–107.

[15] Vgl. K.-J. Kuschel, „Wir wissen ja nicht, was gilt". Paul Celan, Nelly Sachs und das Reden von Gott, in: W. Achleitner/U. Winkler (Hg.), Gottes-Geschichten. Beiträge zu einer systematischen Theologie, FS Gottfried Bachl, Freiburg-Basel-Wien, 1992, 34–52, bes. 50ff.

[16] Vgl. P. Celan, Der Meridian, Ausgewählte Gedichte. Zwei Reden, Frankfurt a. M., 1968, 144.

[17] Vgl. M. Horkheimer, In Selbstzeugnissen und Bilddokumenten, dargestellt von H. Gumnior und R. Ringguth, Reinbek b. Hamburg, 1973, 87.

[18] Vgl. V. Satura, „Aufrichtige Erzählungen eines Russischen Pilgers", in: Korrespondenzblatt des Canisianums 125 (1992) 40; E. Jungclaussen (Hg.), Aufrichtiger Erzählungen eines russischen Pilgers, Freiburg-Basel-Wien, 1974.

[19] Vgl. E. Cardenal, Das Buch von der Liebe, in: ders., Die Stunde Null, Wuppertal, 1979, 366.

[20] M. de Certeau, in: L'Etranger ou l'union dans la différence, Paris, 1991, 6.

[21] Vgl. H. W. Wolff, Anthropologie des Alten Testaments, München, 1973, 116.

[22] Vgl. P. Celan, Der Meridian. Ausgewählte Gedichte. Zwei Reden, Frankfurt a. M., 1968, 143.

[23] Vgl. P. Weimar/E. Zenger, Exodus. Geschichten und Geschichte der Befreiung Israels, Stuttgart, 1975, 95.

[24] K. Rahner, Das große Kirchenjahr. Geistliche Texte, hg. v. A. Raffelt, Freiburg-Basel-Wien, 531f.

[25] Augustinus, Confessiones I, 13.

[26] Vgl. P. Picasso, in: „Reich Gottes – jetzt", Wiesbaden-Berlin, 2006.

[27] Vgl. W. Sanders, Unsere Zukunftsnot, in: Christ in der Gegenwart 43 (1991) 408.

[28] K. Rahner, Erfahrungen eines katholischen Theologen, in: K. Lehmann (Hg.), Vor dem Geheimnis Gottes den Menschen verstehen, Freiburg-Basel-Wien, 1984, 105–119, hier 107.

[29] Vgl. R. Bärenz, Frisches Brot, Seelsorge, die schmeckt, Freiburg-Basel-Wien, 2. Aufl. 1999, 107ff.

[30] H. Böll, Gruppenbild mit Dame, Köln, 1971, 343.

[31] G. Theißen, Argumente für einen kritischen Glauben – oder: Was hält der Religionskritik stand? (Theologische Existenz heute), München, 1978, 104.

[32] Vgl. M. Frisch, Tagebuch 1946–1949, in: Gesammelte Werke, Bd. II/2, Frankfurt a. M., 1976, 378.

[33] L. Boff, Erfahrung von Gnade. Entwurf einer Gnadenlehre, Düsseldorf, 2. Aufl. 1985, 63.

[34] Ebd., 59.

[35] Vgl. L. Karrer, Erfahrung als Prinzip der Praktischen Theologie, in: H. Haslinger (Hg.), Handbuch Praktische Theologie 1, Mainz, 1999, 199–219, hier 202.

[36] H. Goldstein, Kleines Lexikon zur Theologie der Befreiung, Düsseldorf, 1991, 52.

[37] Vgl. S. Klein, Theologie und empirische Biographieforschung. Methodische Zugänge zur Lebens- und Glaubensgeschichte und ihre Bedeutung für eine erfahrungsbezogene Theologie, Stuttgart-Berlin-Köln, 1994, 77.

[38] Vgl. G. Haeffner, Den verborgenen Gott sehen, in: Geist und Leben 59 (1989) 31–34.

[39] Benjamin Minor 13; vgl. Thomas von Aquin, Sent. 3d. 35,1,2,1.

[40] Zitiert nach: Thorsten Paprotny, Wie ein Töpfergefäß. Ihr Philosophen, für wen haltet ihr mich? Thomas von Aquin, in: Geist und Leben 56 (2004) 143.

[41] V. Havel, zitiert nach: The Tablet, 7.–8. September 1993, 1025.

Herausgeber und Verlag haben sich bemüht, alle Rechtsinhaber ausfindig zu machen. Wenn in dem ein oder anderen Fall die Urheberrechtslage nicht hinreichend geklärt werden konnte, ist der Verlag für weiterführende Hinweise dankbar. Berechtigte Honoraransprüche werden selbstverständlich auch nachträglich abgegolten.

Quellenverzeichnis

Gottfried Bachl, Gottesbeschreibung © Tyrolia Verlag, A-Innsbruck.

Dietrich Bonhoeffer, Widerstand und Ergebung © by Gütersloher Verlagshaus, Gütersloh, in der Verlagsgruppe Random House GmbH, München.

Bertolt Brecht, Ach, wie sollen wir …, aus: Ders., Gedichte © Suhrkamp Verlag, Frankfurt am Main 2000.

Bertold Brecht, Der Zweifler, aus: Ders., Gesammelte Werke in 20 Bänden, Bd. 9 © Suhrkamp Verlag, Frankfurt am Main 1967, 587f.

Paul Celan, Psalm. Aus: ders., Die Niemandsrose. © S. Fischer Verlag GmbH, Frankfurt am Main 1963.

„Sind wir wirklich das Wesen … unser Erzeugnis, unser Opfer." aus: *Max Frisch,* Tagebuch. 1946–1949, © Suhrkamp Verlag, Frankfurt am Main 1950.

Peter Handke, Wunschloses Unglück © 1972 Residenz Verlag, Salzburg – Wien.

Robert Musil, „Der Mann ohne Eigenschaften" in: Robert Musil, Gesammelte Werke, hrsg. Von Adolf Frisé © 1978 by Rowohlt Verlag GmbH, Reinbek bei Hamburg.

Erika Pluhar, „Meine Vision gilt der Menschenwürde …" in „Menschenwürde und Lebensqualität (Der behinderte Mensch)" aus DER FISCH LERNT FLIEGEN, 2000 © 2000 Erika Pluhar; © 2000 der deutschsprachigen Ausgabe: Hoffmann und Campe Verlag, Hamburg.

Nelly Sachs, Alles beginnt mit der Sehnsucht © Suhrkamp Verlag Frankfurt am Main.

Jon Sobrino, Theologie der gekreuzigten Völker, Verlag Manumedia-Schnider, Graz 1992, 142.

Die Bibeltexte sind entnommen aus: Einheitsübersetzung der Heiligen Schrift © 1980 Katholische Bibelanstalt, Stuttgart.

Notizen aus der Seelsorge

Andrea Schwarz
Mitten im Leben
Momentaufnahmen aus der Seelsorge
Mit Illustrationen von Thomas Plaßmann
Format: 12,0 x 19,0 cm
192 Seiten, Kartoniert
ISBN 978-3-451-32143-6

Für viele Leserinnen und Leser der Zeitschrift »Anzeiger für die Seelsorge«
gehört sie zu den ersten Seiten, die sie aufschlagen: die Rubrik »Mitten im
Leben« von Andrea Schwarz. Seit Jahren gibt die Erfolgsautorin, die als pastorale Mitarbeiterin im Bistum Mainz tätig ist, allmonatlich ihre Eindrücke
aus dem Leben eines Christenmenschen und einer Seelsorgerin wieder. Mal
anrührend, mal launig, immer aber überraschend, gewinnt sie dem Alltag
die Leuchtspur des Unberechenbaren ab.

Eduard Nagel
Auf zwei Minuten
Gedanken und Impulse zur Feier des Gottesdienstes
Format: 12,5 x 20,5 cm
128 Seiten, Gebunden mit Lesebändchen,
ISBN 978-3-451-28966-8

Der Autor, Hauptschriftleiter der Zeitschrift »Gottesdienst«, greift in seiner
Glosse »Auf zwei Minuten« positive und negative Beobachtungen aus der
Praxis auf, spitzt sie zu und analysiert sie scharf und mit klarem Profil. An
seinen Kommentaren entzünden sich häufig Diskussionen. Das Buch bietet
das Beste aus mehr als 500 Beiträgen, zusammengestellt entlang dem Ablauf
der einzelnen Teile der Eucharistiefeier.

In jeder Buchhandlung!
HERDER

Wichtige Nachschlagewerke

Albert Urban / Marion Bexten
Kleines Liturgisches Wörterbuch
Mit Illustrationen von Benedikt Schaufelberger
Format: 13,9 x 21,4 cm
336 Seiten, Gebunden
ISBN 978-3-451-29179-1
Das neue Nachschlagewerk zur Liturgie. Von A wie Abendmahl bis Z wie
Zwischengesang – über 600 Begriffe werden anschaulich erklärt. Das Buch
wendet sich an den Lektor und Kommunionhelfer genauso wie an den Leiter
von Wort-Gottes-Feiern und Werktagsgottesdiensten (Andachten, Tagzei-
tengebet), die Mitglieder von Liturgiekreisen und Mesner. Zahlreiche Hinweise auf biblische Bezüge der liturgischen Elemente helfen dem Benutzer
beim natürlichen Nachspüren der spirituellen Dimension der Liturgie.

Jakob Torsy
Der große Namenstagskalender
3900 Namen und 1700 Lebensbeschreibungen der Heiligen und
Namenspatrone
Aktualisierte Neuausgabe 2008, hg. von Hans Joachim Kracht

Format: 15,1 x 22,7 cm
544 Seiten, Gebunden mit Lesebändchen
ISBN 978-3-451-32043-9
Ausführlichkeit, Sachkenntnis, Übersichtlichkeit und aktuellster Stand ha-
ben dieses Buch zu einem Standardwerk gemacht. Tag für Tag verzeichnet
»Der Torsy« alle Heiligengedenken in chronologischer Reihenfolge vom 1.
Januar bis zum 31. Dezember. Der Band bietet einen raschen Überblick
über das Leben und die wichtigsten Legenden. Darüber hinaus gibt er Hin-
weise zu den Patronaten der Heiligen und Seligen, auf ihre Darstellungen in
Kunst und Volksfrömmigkeit sowie auf die Bedeutung der Namen. Zum
Nachschlagen und Schmökern einfach ideal!

In jeder Buchhandlung!
HERDER